李 妍 等/著

会计教学设计：
原理、方法与案例

KUAIJI JIAOXUE SHEJI:
YUANLI、FANGFA YU ANLI

中国财经出版传媒集团

经济科学出版社
Economic Science Press

图书在版编目（CIP）数据

会计教学设计：原理、方法与案例/李妍等著． -- 北京：经济科学出版社，2020.11
ISBN 978 - 7 - 5218 - 2054 - 6

Ⅰ.①会…　Ⅱ.①李…　Ⅲ.①会计学-教学设计-中等专业学校　Ⅳ.①F230

中国版本图书馆 CIP 数据核字（2020）第 219857 号

责任编辑：杜　鹏　刘　悦
责任校对：蒋子明
责任印制：王世伟

会计教学设计：原理、方法与案例

李　妍 等/著

经济科学出版社出版、发行　新华书店经销
社址：北京市海淀区阜成路甲 28 号　邮编：100142
编辑部电话：010-88191441　发行部电话：010-88191522
网址：www.esp.com.cn
电子邮箱：esp_bj@163.com
天猫网店：经济科学出版社旗舰店
网址：http://jjkxcbs.tmall.com
固安华明印业有限公司印装
710×1000　16 开　18 印张　320 000 字
2021 年 2 月第 1 版　2021 年 2 月第 1 次印刷
ISBN 978 - 7 - 5218 - 2054 - 6　定价：88.00 元
(图书出现印装问题，本社负责调换。电话：010 - 88191510)
(版权所有　侵权必究　打击盗版　举报热线：010 - 88191661
QQ：2242791300　营销中心电话：010 - 88191537
电子邮箱：dbts@esp.com.cn)

前　言

教育部制定的《中等职业学校教师专业标准（试行）》的通知（以下简称《专业标准》）（见附录1），明确指出教学设计是中等职业学校教师的专业能力之一，中等职业学校教师能够根据培养目标设计教学目标和教学计划；能够基于职业岗位工作过程设计教学过程和教学情境；能够引导和帮助学生设计个性化的学习计划。《专业标准》是国家对合格中等职业学校教师专业素质的基本要求，因此，掌握会计教学设计技能是中等职业学校会计专业教师开展教育教学活动的重要保障之一。

《广东省中等职业学校专业课教师和实习指导教师资格考试面试大纲》（以下简称《面试大纲》）（见附录2）明确提到面试内容，其中包括教学设计并进行课堂教学实施。教学设计占面试总分的30%。大纲明确了评价教学设计的三个角度标准。从行业角度判断，教学设计能否体现所任专业对应行业的产业发展和技术发展的现状和趋势，了解教学课程在专业人才培养中的地位、作用。从专业学科性判断，教学设计能否根据所任专业的基础知识和专业特点，准确把握教学目标、教学内容、教学重点和难点。从学生发展需要判断，教学设计能否体现学习的主体性，教学方法和手段能否符合中等职业学校学生特点、内容要求和场景要求。因此，掌握会计教学设计技能也是考取中等职业学校专业课教师资格的重要条件之一。

教学设计能力和课堂教学能力是会计专任教师的核心竞争力，因此，全面提高准师范生和广大教师群体的教学设计和课堂教学能力是教学改革的重中之重。《会计教学设计：原理、方法与案例》将从职业教育政策法规、职业教育规律、会计专业学科特点介绍会计教学设计的内涵、原则、内容以及会计教学设计的教学分析、教学策略和教学评价等内容，并结合典型的会计教学设计案例，特别是引用全国职业院校技能大赛教学能力比赛官网公开发布的获奖教学设计作品案例，以帮助读者更好地学习领会会计教学设计的相关思想内涵。

《会计教学设计：原理、方法与案例》共有五章，由岭南师范学院李妍组织策划全书的整体结构并撰写第一至第四章，广东第二师范学院梁钰和广州商贸职业学校张爱芬共同参与撰写第五章，广东第二师范学院梁钰审阅全书。

会计教学设计相关的著作很少，《会计教学设计：原理、方法与案例》是我们长期从事会计教育理论教学与研究的点滴思考和收获。我们衷心希望本书能与师范院校的财务教育专业师范生、新入职和在职进修的职业院校会计教师分享。由于受自身水平能力所限，疏漏之处在所难免，恳请各位读者批评指正。

本书在撰写过程中参阅了有关著作和论文，吸收了多方面研究成果，并引用了许多文献、教学设计案例和图片，在此向各参考文献、教学设计案例和图片的作者表示衷心的感谢！

衷心感谢经济科学出版社的杜鹏编审和编辑们对本书的大力支持与辛勤付出！

李妍

2020 年 8 月 1 日

目 录

导读案例：全国首例"教案官司" ······················· 1

第一章 会计教学设计理论概述 ······················· 3
【本章导读】 ······················· 3
【学习目标】 ······················· 3
第一节 教学设计的相关理论 ······················· 4
第二节 会计教学设计的意义 ······················· 8
第三节 会计教学设计的概念 ······················· 9
第四节 会计教学设计的原则 ······················· 11
第五节 会计教学设计的内容 ······················· 17
第六节 会计教学设计的形式 ······················· 19
【知识巩固】 ······················· 33
【实践训练】 ······················· 34

第二章 会计教学设计的教学分析 ······················· 35
【本章导读】 ······················· 35
【学习目标】 ······················· 35
第一节 学习需要分析 ······················· 35
第二节 学习者学情分析 ······················· 38
第三节 教学内容分析 ······················· 42
第四节 教学目标分析 ······················· 47
第五节 教学重难点分析 ······················· 50

【知识巩固】······57

【实践训练】······58

第三章　会计教学设计的教学策略······59

【本章导读】······59

【学习目标】······59

第一节　教学策略概念······59

第二节　教学方法选择······70

第三节　教学媒体选择······151

第四节　教学过程设计······185

第五节　教学流程图绘制······193

【知识巩固】······198

【实践训练】······198

第四章　会计教学设计的教学评价······199

【本章导读】······199

【学习目标】······199

第一节　教学设计评价概述······199

第二节　教学设计评价标准······201

【知识巩固】······207

【实践训练】······207

第五章　会计说课······208

【本章导读】······208

【学习目标】······208

第一节　说课的概念特征······208

第二节　说课的模式与内容······215

【知识巩固】······238

【实践训练】······238

附录 1　中等职业学校教师专业标准（试行） ………………………………… 239

附录 2　广东省中等职业学校专业课教师和实习指导教师资格考试
　　　　面试大纲 ……………………………………………………………… 243

附录 3　中等职业学校会计专业教学标准（试行） ……………………………… 247

附录 4　中等职业学校会计电算化专业教学标准（试行） ……………………… 259

附录 5　高等职业学校会计专业教学标准 ………………………………………… 272

参考文献 ………………………………………………………………………………… 280

导读案例：全国首例"教案官司"

2004年3月5日，中央电视台《今日说法》节目播出全国首例"教案官司"。原告高丽娅老师曾经是重庆市南岸区四公里小学的语文教师，从1990年开始，她每学期按规定将编写的教案交给学校。2002年4月，高老师因撰写教学论文集需要，向学校索要自己的教案，但是学校只还给她4本教案，而其余的44本教案被告知已销毁或当废品处理掉。高老师认为教案是她的劳动成果，有她自己的思想和对知识的理解，有她的个人创作在里面，学校没有理由扔掉，而学校认为这种说法根本站不住脚，而且根据该校的管理规定，从事教学工作的教师必须在课前备课，编写教案，并在每学期期末向学校上交教案。双方各执一词。

2002年5月，高老师以学校漠视自己的劳动成果，侵犯了自己对教案的所有权为由，将学校告到重庆市南岸区人民法院，要求法院判决学校返还教案本并赔偿损失。在审判过程中，南岸区人民法院法官针对教师教案是否有自己的思想调查了重庆市许多小学教师，绝大多数教师认为，教师的教案大多是从教学参考书上抄来的，基本上没有自己的思想在里面。2003年10月，重庆市南岸区法院做出判决，高丽娅败诉。一方面由于她的教案已经找不到了，许多教师的教案成了她的教案里没有自己的思想的旁证。法院认定"教案不属'作品'范畴，不受《中华人民共和国著作权法》的保护。另一方面教师的教案属工作成果，学校有占有、使用和处分的权利。本案中的原告和被告之间就学校收回的教案是否予以返还并无明确约定。因此，原告高丽娅要求返还教案的请求于法无据，不应支持"。

高老师不服，提起上诉。2004年3月，重庆市第一中级人民法院判决维持原判，高老师要求学校返还教案的要求再度被驳回。2004年5月，对终审判决仍然不服的高老师，向检察院递交民事申诉书，并提出抗诉。2005年12月，高老师以侵犯著作权为由向重庆市第一中级人民法院提起诉讼，第一中级人民法院做出判决，确认被告重庆市南岸区四公里小学侵犯了高老师的著作权，判令被告赔偿原告经济损失5 000元。

教师的教案里有没有自己的思想以及是否属于智力创作成果是全国首例"教案官司"的关键点之一。此案例引发我们的许多思考，现阶段教师的教案是否应有教师的个人观点和见解？教案是否应该体现教师的教学风格？教案与教学设计的区别与联系又是什么？

第一章　会计教学设计理论概述

【本章导读】

现代教育不仅是全面发展教育也是个性化教育。全面发展教育要求学生的德智体美等基本素质都得到提高。而个性发展教育则要顾及学生个体身心发展的特点，因材施教，使学生的兴趣和特长得以不断发展。人的个性化发展，是人自身目标的需要，是社会进步的需求。社会发展程度越高，对人的个性化要求也就越高。而教师对促进学生个性化发展的作用是巨大的。曾有学者一针见血地指出："没有个性化的教师，怎能培育出个性鲜明的学生。"的确，个性化的教育需要个性化的教师，而教师的个性化需要通过个性化的教学设计展现出来。

课堂教学是一门科学，也是一门艺术，教师就像导演，不同的导演导同一部戏会产生不同的戏剧效果，正如不同的教师教授同一门课也会有不一样的教学效果，这正是因为他们的个性化课堂教学设计所形成的。课堂教学设计是成功课堂的重要因素之一，是教师展现自己教育观和个性化教学风格的途径。科学的教学设计可以为教学活动提供合理的行动纲领，帮助教师在教学工作中事半功倍，取得良好的教学效果。

本章节从经典教学设计的相关理论出发，结合职业教育政策法规、职业教育理念，主要介绍会计教学设计的意义、概念、原则、内容和表现形式等内容。

【学习目标】

深刻理解教学设计的相关理论、会计教学设计的意义和概念，明确教学设计和传统教案的区别与联系。

掌握会计教学设计应遵循的基本原则，掌握会计教学设计的基本内容和形式。

第一节　教学设计的相关理论

一、教学设计的内涵

教学设计也称教学系统设计，是教育技术学科的重要分支，形成发展于20世纪60年代。国内外学者对于教学设计的内涵有不同的观点。

教学设计大师加涅认为："教学是以促进学习的方式影响学习者的一系列事件，而教学设计是一个系统化规划教学系统的过程，教学系统本身是对资源和程序做出有利于学习的安排。"教学设计理论家史密斯和雷根在其《教学设计》一书中指出："教学设计是指将学习与教学的原理转化为教学材料、教学活动、信息资源和教学评价的系统化和反思性过程。"

国内学者何克抗教授认为："教学设计是运用系统方法，将学习理论与教学理论的原理转换成对教学目标、教学内容、教学方法、教学评价等环节进行具体计划，创设教与学的系统'过程'或'程序'，而设计教与学系统的根本目的是促进学习者的学习。"乌美那教授认为："教学设计是运用系统方法分析教学问题和确定教学目标，建立解决教学问题的策略方案，试行解决方案、评价试行结果和对方案进行修改的过程。"谢幼如教授认为："教学设计是应用系统方法分析、研究教学的问题和需求，确定解决它们的教学策略、教学方法和教学步骤，并对教学结果做出评价的一种计划过程与操作程序。教学设计的发展受到相关理论和技术的影响，其内涵并非一成不变。"

一般认为，教学设计是指在传播理论、教学理论和学习理论指导下，运用系统论的观点和方法，以实现教学效果最优化为目的，分析教学系统中各要素及要素之间的联系，将教学诸要素有序安排，确定合适教学方案的一种计划过程或操作程序。

教学设计是一个问题解决过程。依据系统论的观点，教学设计可分为宏观和微观两个层次。规模大的项目，如课程或学习系统开发、培训方案的制定等都属于宏观层次的教学设计，而对于一门具体课程、一个教学单元、一堂课以及一个媒体材料的设计都属于微观层次的教学设计。本书主要面向会计类专业职教青年教师和职教师范生的教学设计技能提升，主要介绍的是课堂教学设计，属于微观层面的教学设计。

二、教学设计的理论基础

教学设计是植根于多学科的理论和技术而发展起来的。从教学设计的发展历程可以看出，系统科学理论、学习理论、教学理论和教育传播理论对其发展起着重要的作用。

（一）系统科学理论

教学设计又称教学系统设计，它以系统方法为其核心思维方式，其目的是设计一个有效的教与学的系统。教学系统是由一定数量相互联系的组成部分有机结合起来，具有某种教学功能的综合体。教案系统设计的系统观，是强调从整体性来看待影响教学效果的各种条件，强调将各个部分有机地联系起来构成一个整体，各个环节相互关联。

所谓系统方法，就是运用系统论的思想、观点去研究和处理各种复杂的系统问题而形成的方法，即按照事物本身的系统性把对象放在系统的形式中加以考察的方法。它侧重系统的整体性分析，从组成系统的各要素之间的关系和相互作用中去发现系统的规律性，从而指明解决复杂系统问题的一般步骤、程序和方法。无论是宏观教学系统设计，还是微观教学系统设计，都强调系统方法和运用。

系统教学设计的根本特征是追求教学系统的整体优化。系统理论把事物看作由相互关联各部分组成的具有特定功能的整体。它要求人们着眼于整体，从整体与部分、整体与环境之间的相互联系、相互制约中选择解决问题的优化方案。因此，对于一堂课而言，不仅要考虑这堂课的各要素，并且要把各要素本身作为整体看待，而且还要考虑这堂课与本单元教学甚至本课程教学的关系。因此，教学系统作为一种"人为系统"，其本身是分层次的，由于参照点不同，系统的组成要素也是灵活多样的。

（二）教育传播理论

教育传播学综合运用传播学和教育学的理论和方法，去研究和揭示教育信息传播活动的过程与规律，以获得最优化的教学效果。传播理论把教学过程看作一个动态的信息双向传播过程。传播理论强调教学过程是信息从教师或媒体传播到学生的过程和信息从学生传播到教师的过程，即师生人际交流的过程。教学过程中不仅仅要关注教师和学生，还要考虑信息传播过程中的其他影响因素，因为不同传播媒体的选择以及它们与传递信息的匹配也会引起对人们感官的不同刺激，从而影响传播效果。

教学设计正是在教育传播理论的基础上把教学传播过程作为一个整体来研究的，为了保证教学效果的优化，既要注意每一个组成部分（信源—教师、信息—教学内容、通道—媒体、接受者—学生）及其复杂的制约因素，又要对各组成部分间的本质联系给予关注，并运用系统方法在众多因素相互联系、相互制约的动态过程中探索真正影响教学传播效果的因素，从而最终确定富有成效的教学设计方案。传播理论强调传递者与接受者都是积极的主体，接受者不仅接收信息、理解信息，还对信息做出反应；传播是一种双向的互动过程。教学信息的传播同样是通过教师和学生双方的传播行为来实现的，教学过程的设计必须要重视教与学两个方面的分析与安排，传播过程要素构成教学设计过程的基本要素。要利用传播理论解释某些教学现象，找出某些教学规律。

（三）学习理论

学习理论是探究人类学习本质及其形成机制的心理学理论。教学设计是为学习而创造环境，根据学习者的需要设计不同的教学计划，充分发挥人类潜力的活动。因此，教学设计必须要广泛了解人类行为特点及其本质，以学习理论作为理论基础。

20世纪学习理论的两大流派——行为主义和认知主义。行为主义者认为人类的心理行为是内隐的，无法直接观察和测量。人类的思维是与客观外界环境相互作用的结果，即形成"刺激—反应"的联结。行为主义学习理论应用在学校教育实践上，要求教师掌握塑造和矫正学生行为的方法，为学生创设一种环境，尽可能地强化学生的恰当行为，消除不恰当行为。

随着脑科学的发展，人们对心理认知的研究逐渐增多，认知学派逐渐占据主导地位。认知学派否定行为主义所倡导的学习是机械的、被动的论点，主张研究个体的内部心理活动。认知学派认为学习是个体积极的信息加工过程，教师教学应该按照学生的信息的心理加工顺序准备教学活动。

而建构主义是学习理论从行为主义发展到认知主义后的进一步发展。建构主义主张世界是客观存在的，但是对事物的理解却是由每个人自己决定的。不同的人由于原有经验不同，对同一事物会有不同理解。它对当代学习创新提供了许多有益的启示：在教学目标上，变知识传输为知识建构；在学习方式上，倡导自主、探究、合作学习和情景学习，与之相适应，在教学上，要从知识传授向全面促进学生学习转变。

（四）教学理论

学习理论虽然为教学设计提供了许多有益的启示，但它本身并不研究教学，揭示教学的本质和规律是教学理论的任务。教学理论研究范围涉及教学基本原理（包括教学的地位和作用、教学任务和目标、教学过程的本质和规律以及教学原则等），教学内容（课程与教材等）和教学方法（包括教学方法和手段、教学组织形式、教学评价等）等方面内容。教学设计从其指导思想到教学目标、教学内容的确定和学习者学情的分析，从教学方法、教学活动过程、教学组织形式等一系列具体教学策略的选择，再到教学评价，都从各种教学理论中吸取精华，综合运用从而保证教学设计过程的成功。以下介绍对教学设计影响较大的三种教学理论。

1. 赞可夫的发展教学理论

赞可夫的基本观点是，以最好的教学效果来促进学生的一般发展。要把一般发展作为教学的出发点和归宿。"只有当教学走在发展前面的时候，这才是好的教学"。要把教学目标确定在学生的"最近发展区"之内；要有一定的难度，要让学生"跳一跳"能伸手够到"桃子"。其五条教学原则是：以高难度进行教学的原则（引导学生克服障碍和积极努力）；以高速度进行教学的原则（克服传统教学中的单调重复）；理论知识起主导作用的原则（认为传统教学片面地强调感性认识）；使学生理解学习过程的原则（教会学生怎样学）；使全班学生包括"差生"都得到发展的原则（克服高难度、高速度对部分学习困难学生的忽视）。

2. 布鲁纳的"结构—发现"教学理论

布鲁纳的基本观点是：学习一门学科最重要的是掌握它的基本结构。因而在教学中，教师应抓住学科的基本结构进行教学，要想学生学得好，就要采取发现法。发现法是指教师创设情境，使学生在设定情景中产生矛盾，进行主动、积极的思考，提出自己对问题解决的设想，通过分析、运算、操作等过程，对教师进行加工、改组，最终主动发现原理、原则，达到掌握知识的目的。

3. 巴班斯基的教学最优化理论

巴班斯基的基本观点是：应该把教学看作一个系统，用系统观点、方法来考察教学；教学效果取决于教学诸要素构成的合力，对教学应综合分析、整体设计、全面评价；教学最优化就是在一定条件下，用最少的教学时间取得最佳的教学效果。

第二节 会计教学设计的意义

2014年国务院印发了《关于加快发展现代职业教育的决定》，提出以促进就业为导向，培养高素质劳动者和技术技能人才。2019年教育部印发了《关于职业院校专业人才培养方案制订与实施工作的指导意见》（以下简称《职校人才培养方案指导意见》），提出职业院校积极对接国家教学标准，优化专业人才培养方案，创新人才培养模式，加快培养复合型技术技能人才。从国家关于职业教育文件解读，职业教育人才培养目标从"技术技能人才"发展到"复合型技术技能人才"。

"技术"往往是指某一领域的专业理论知识，即理论性较强。"技能"则是把技术知识广泛应用到生活和工作中的能力，强调实践性。"复合"是指不同的两者或两者以上的合成。因此，"复合型技术技能人才"可理解为具有两个（或两个以上）专业（或学科）的基本知识和基本能力的人才，又称为综合型人才和全面型人才。复合型技术技能人才的培养是适应我国社会经济发展的需求。

随着"互联网+"、大数据的应用和人工智能的发展，整个社会日新月异，会计正面临着严峻的挑战与转型。会计由财务会计向管理会计转型，由线下会计向在线会计转型，由数据孤岛向财务共享转型。面临会计转型的同时，会计人也有着前所未有的机遇，2013年开始，财政部陆续发文我国管理会计体系建设和管理会计师培养等若干文件，2017年《会计法》修改，会计从业资格考试被取消。职业院校会计人才培养定位面临新的思考和转变。

职业院校肩负着为社会经济发展培养新时代德技兼修的复合型技术技能人才的重任，因此，职业院校会计专业教学是一项明确培养会计专业复合型技术技能人才的社会实践活动，其目的是要培养学生的会计职业道德、职业综合能力和就业创业能力。为实现既定的会计专业人才培养目标，需要将会计专业人才培养目标转化为各门会计课程目标，而课堂教学目标则是课程目标的具体化和细化，最终课堂教学目标的实现则要以科学的教学设计作为前提和保障。

科学的会计课堂教学设计对专业人才培养目标的实现起着举足轻重的作用。会计教学设计的过程是制定会计专业教学活动蓝图的过程。优秀的会计教学设计为专业教学活动提供了科学的行动指导纲领，使会计教师在教学工作中事半功倍，取得良好的教学效果。忽视教学设计，则不仅难以取得好的教学效果，而且容易使教学走弯路，影响教学任务的完成，难以实现专业人才培养目标。

做好会计教学设计不仅是教师讲好课的重要前提、提高课堂教学质量的基本保障，同时也是教师不断积累教学经验、提高教学基本功的重要途径。苏联著名教育实践家和教育理论家苏霍姆林斯基在其著作中提到了一件事：一位有30年教龄的教师上了一节极其成功的公开课。课后有人问教师："您这堂课讲得精彩，请问您备课用了多长时间？"教师说："对每一节课，我都是用终生的时间来准备的，不过，对于这节课的直接准备，仅用了约15分钟。"这个教学案例告诉我们厚积才能薄发。无数优秀教师的经历表明，精心准备每次课堂教学是他们成长和进步的历程。

第三节　会计教学设计的概念

会计人才培养是多层次的，本书会计教学设计侧重的是职业院校复合型技术技能型会计人才培养。职业院校是指经政府有关部门依法批准建立，实施全日制中等学历教育的各类中等职业学校、实施全日制高等学历教育的高等职业学校和高等专科学校，含高等学校附属的高职（专科）学院、中专部、中等职业学校等。

职业院校会计教学设计是指会计教师依据教学设计理论和现代职业教育理念，根据职业院校会计类专业教学标准和课程标准，在充分分析会计教学内容和职业院校学生特征的基础上，根据自己的教学理念、教学经验和风格，分析教学内容，确定教学目标，选择适当的会计教学方法，采用有效的教学媒体手段，创设良好的会计教学环境，科学合理安排会计教学过程，实施可行的评价方案对师生双边活动进行精心设计和系统规划。

定义了会计教学设计基本概念，还有必要说明教学设计与传统教案的联系与区别。教学设计与教案都是课前撰写的，可以说都是为一节课"预设"了教学目标、教学重难点、教学方法、教学资源、教学过程和教学评价等内容。

传统教案与教学设计在指导思想有较大的区别。传统教案编写以"课堂、教师、教材"为中心的传统教学理念，其最终目的是指导教师把握教材教学内容，讲好一堂课。传统的教学理念认为，知识、技能是客观的，可以传授给学生；学生就是知识、技能的接受者；教学就是教师向学生传授知识、技能的过程。因此，教案是教师教什么，学生学什么，学生根据教师安排的教学内容进行学习、思考、模仿等。教案的编写重视对学生进行封闭式的知识传授和技能训练，发挥教师的主导地位，便于高效率地将前人所创造的知识系统传递给学生，虽然学生学到了基本知识和基本技能，但忽视了学生的学习主体作用，不利于培养学生的学习能力、创新思维和创新能力，会导致学生的社会适应能力不足，理论联系实际能力缺乏、思维不活跃、模仿能力强，不能体现现行的社会人才培养目标。

而教学设计编写则秉持以人为本、基于学习与知识创新的以"学生为中心"教学理念。该教学理念认为学生应由知识灌输对象转变为知识信息加工的主体，成为知识意义的主动构建者，教师应由知识灌输者转变为学生主动意义构建的帮助者、促进者；课堂教学设计不仅重视教师的教、更重视学生的学，怎样使学生学得更好，达到更好的教学效果是教学设计的指导思想。所以对学习者进行特征分析，根据学生的实际情况，精心设计教学，让学生在做中学，在探究中体会学习的过程和快乐，教师充分利用学生的自主性，完成课程的教学。而且教学设计非常重视对现有媒体的设计和充分利用，以创造良好的学习环境和学习效果、教学情境，以此来吸引学生的眼球，激发学生学习的积极性和兴趣。

职业院校会计专业教学目的就是使学生提高会计职业道德、职业综合能力和就业创业能力。因此，会计教学设计不仅要重视教师的"教"，更应重视学生的"学"，要给学生留出自主性、生成性学习的空间，以怎样使学生学得更好、取得更好的学习效果为核心目的。这就需要对学习者进行特征分析，还要合理利用现有教学资源媒体，要注意相关的反馈，一切为了提高学生的学习能力。

传统教案与教学设计在具体内容上也有一定区别。传统教案一般包括教学目的、教学方法、重难点分析、教学进程、教具使用、课的类型、教法的具体运用、时间分配等因素，更多体现了课堂教学的计划和安排。而教学设计包括学习者需求分析、教学内容分析、学习者学情分析、教学目标分析、教学重难点分析、教学方法、教学媒体、教学过程和教学评价等若干元素。

第四节 会计教学设计的原则

一、系统性原则

教学设计是一项系统工程，由学习需求分析、学习者学情分析、教学内容分析、教学目标分析、教学重难点分析、教学策略分析、教学方法选择、教学媒体选择、教学过程设计以及教学评价等子系统组成，各子系统既相对独立，又相互依存、相互制约，组成一个有机的整体。会计教学设计把教学过程视为一个由诸要素构成的系统，需要用系统思想和方法对参与教学过程的各个要素及其相互关系做出分析与判断。先是对专业教学标准、课程标准和学生学习状况分析，确定学生的学习需要，即明确"为什么教"，然后分析确定"教什么"，对教材和学生学情进行深入分析，确定具体的教学目标和教学重难点，然后思考"怎么教"，选择恰当的教学方法和教学媒体，进而制定行之有效的教学过程实施步骤，最终用恰当的教学评价标准判断教学目标的达成度。

二、科学性原则

会计教学设计的科学性，即会计教学设计要以相关教育教学理论、会计科学为基础，遵循科学性原则是为了使会计教学更加有效。会计教学要通过各种科学系统的教学方法论，来进行设计规划会计教学活动并付诸实践，从而促进教学目标的达成。总的来说，会计教学设计的科学性，表现为会计教学设计的系统科学性、会计教学目标确定的科学性、会计教学内容选取的科学性、会计教学过程结构的科学性、会计教学方法和教学媒体选择的科学性以及会计教学评价设计的科学性等。

三、定向性原则

定向性，即职业定向性，这是职业教育的最大特点。我国沿用多年"学科导向"教学模式虽然可为学生提供系统的学科理论基础，按照学科内容的先后顺序开设课程教学科目，注重归纳、演绎、分析、综合，在教学上以学习内容和教师为中心，教学侧重解决"是什么"和"为什么"。"学科导向"教学模式有其优势，但不利于"职业人"综合能力培养，无法提供受企业欢迎的"工作过程知识"和基本工作经验，学校提供的职业学习机会与职业实践的环境和社会真实的工作状况有很大距离，因而无法从根本上满足企业和劳动市场的需求。

德国是世界上职业教育比较成功的国家。德国职业教育提倡"行动导向"教学模式，核心是用"学习领域"课程方案取代以专业分科课程为基础的课程模式，并确定行动导向教学在专业教学中的重要地位。它要求职业学校的教学计划要按企业生产任务、工作过程的要求组织教学，要用职业行为体系代替专业学科体系，要求职业教育的目标要全面包含"知识、技能和关键能力"。与"学科导向"教学模式相比，行动导向教学模式侧重解决"怎么做"和"怎么做更好"，对于教师来说，教学方式从讲授为主转变为组织学生行动为主；对于学生来说，学习方式从被动听讲、领悟为主转变为主动行动、建构为主。

目前，"行动导向"教学模式已被我国职业教育界广泛认识并运用到职业教育实践中。会计职业教育倡导"行动导向"教学模式，以会计专业学生为教学主体，培养学生的动手操作能力以及创新能力等综合职业能力。所以会计教学设计要体现鲜明的职业定向性，其应有明确的具体行业和职业方向，也就是说要有明确的职业定向性和职业针对性。具体来说，会计教学目标要为学生未来的职业发展服务，能满足学生将来从事的职业岗位的需要，会计教学内容应注重学生已有知识与技能的重组、建构和迁移。会计教学环境和资源，尽可能与实际工作场景相似，让学生在仿真情境中学习专业理论和习得岗位技能，促进学生职业素养和职业综合能力的发展。会计教学评价可参照行业或者具体职业的相关标准，借用行业企业职业工作岗位的技术标准来评价学生的学习成果等。在坚持职业定向性原则的同时，坚持将学生综合素质的培养与职业能力的培养紧密结合。

四、生本性原则

教育的主体是学生，教育的目的是"育人"，我国近代职业教育先驱、理论家黄炎培先生曾提出，职业教育的目的："一是为谋个性之发展；二是为个人谋生之准备；三是为个人服务社会之准备；四是为国家及世界增进生产力之准备。"

可见，职业教育不仅仅是为社会奉献"职业人"，而且要培养社会需求的要生存和发展的"生物人"。"以生为本""以学生为中心"的教育理念，是我国职业教育科学发展的前提，也是职业教育教学的重要原则，因此，会计教学设计应体现出生本性原则，设计学生活动要充分，活动的时间和空间具有适度开放性，将学生的内在需求、个性发展和未来职业发展作为设计出发点和落脚点，注重学生的职业能力培养，并将职业能力的各个构成部分与学生的未来发展有机结合，实现学生全面提高综合职业能力发展。

五、发展性原则

会计教学设计从静态来看，要求能够与行业企业的生产经营活动紧密相关，适应行业企业对职业人的需求；但是随着科技进步、生产力发展，行业企业对职业人不断提出新标准和高要求，因此，从动态来看，会计教学设计应遵循发展性原则，能够预测会计信息技术发展和行业变化的新趋势，使会计教学设计体现出前瞻性。会计职业的现状和发展两者并不是互斥的，教师可以灵活地将两者结合起来，在教学设计中综合考虑现状和发展，将稳定性与灵活性结合起来，注意提炼行业的基本技能，形成稳定的会计教学内容，同时紧密跟踪行业技术发展的前沿，如现阶段"互联网""人工智能""财务共享""区块链"等新技术给会计行业带来了巨大机遇和挑战，导致会计工作方式发生翻天覆地的改变，会计行业呈现出业务迅速聚集、会计作业智能化、新兴会计业务迅速发展等新态势。我们需要经常更新和充实教学内容，以使教学内容保持对变化着的劳动世界的适应性。这样才能有效提高学生学习的时效性，提高他们在未来就业中的竞争力。

六、可行性原则

教学设计要成为现实，必须具备两个可行性条件。一是符合主客观条件。主观条件应考虑学习者的年龄特征和已有的知识基础，还有教师的教学水平；客观条件应考虑学校地区差异、教学设备等因素。二是具有操作性。教学设计是教学实施的蓝图，所制定的教学目标、教学过程必须是可以操作的，否则就失去了教学设计的意义。

〔案例1-1〕"加速折旧及其双倍余额递减法"教学设计。（依据2008年全国财经专业说课比赛一等奖"加速折旧及其双倍余额递减法"说课稿整理而成，

说课稿作者：卓茂荣）

【教学内容分析】

《企业财务会计》是一门理论性和实践性都很强的专业课。固定资产是财务会计核算和管理的重要内容之一。因为固定资产是企业生产经营重要的物质技术基础，其折旧直接计入成本费用，既影响当期利润，也关系到固定资产将来的更新及企业的长远发展。科技进步和全球经济一体化，使固定资产的无形损耗日益严重，加速折旧法在固定资产的核算及管理中必将更受重视。

【教学目标】

（1）知识目标：理解掌握加速折旧法的原理、意义以及所依据的会计原则。

（2）能力目标：能运用双倍余额递减法准确、熟练地计算固定资产折旧。

（3）素质目标：努力提升自我学习能力；重视培养学生现代经营管理理念，以适应市场竞争及全球经济一体化。

【教学重点、难点】

采用什么方法提取折旧，不仅是专业技能的选择，更是经营管理理念的体现，所以加速折旧的意义及所依据的会计原则设定为教学的主重点，理解和运用双倍余额递减法作为教学的次重点及难点。

【教学方法】

1. 总的策略

拟采用皮亚杰的认知和发展教学策略，如图1-1所示。

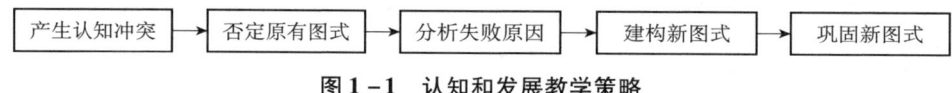

图1-1　认知和发展教学策略

2. 具体教法

（1）问题导向教学法。围绕本课的重点、难点设计一系列问题，创设问题情境，以"问题"为导向，激发学生的求知欲。具体提问时，不同层次的学生应分别设计问题，尽量让每位被提问的同学都能答出问题，树立他们在学习中的信心。

（2）演示法与练习法。本课的难点是用双倍余额递减法计算固定资产折旧，教师应完整演示其计算过程，明确解题步骤，并设计课堂练习，让学生通过练习构建自己的认知结构，完成知识的学习。

（3）启发式教学法。启发学生心智，开发学生潜能。通过诱导学生发现并推算双倍余额递减法的简明的表达式，是攻克难点的最好方法之一。

【教学过程设计】

1. 复习前课内容，导入新课（约6分钟）

（1）请同学做习题一，复习前课内容。

例：中华有限公司2013年初购入一台笔记本电脑，原值18 800元，预计使用5年，预计净残值800元，请采用平均年限法计算其年折旧额及2015年初的账面折余价值。

（2）请同学将计算出的账面折余价值与市场重置净值相比，产生认知冲突，引起思考，否定原有图式：即不是所有的固定资产都适宜采用平均年限法或工作量法计提折旧。

（3）分析失败原因（小组讨论，师生共同归纳总结）。

平均年限法及工作量法较少反映固定资产的无形磨损，而电子计算机正是无形磨损较为严重的高科技设备，故不宜采用平均年限法，而应采用加速折旧法。

2. 传授新课内容，建构新图式（约22分钟）

（1）创设问题：加速折旧法特点是什么？（可采用比较法，与平均年限法进行比较）

早期计提较多的折旧，然后逐期递减，使大部分固定资产的价值在使用早期已摊入产品生产成本或企业期间费用。

（2）创设问题：面对科技进步和全球经济一体化，加速折旧有何意义？（讨论、举例）

①有利于防范经营风险；

②有利于固定资产的更新及企业的长远发展；

③有利于面对市场挑战，参与国际竞争。

（3）创设问题：加速折旧依据的会计原则？（提问——答对的给予肯定；答错的给予鼓励）

①谨慎性原则；

②配比性原则。

（4）加速折旧法具体种类（采用列举法）。

①双倍余额递减法；

②年数总和法。

(5) 双倍余额递减法。

①原理（同学自学）：该法是在不考虑固定资产净残值的情况下，根据每年初固定资产账面折余价值乘以双倍直线折旧率来计算固定资产折旧的一种方法。

创设问题：如何计算期初账面净值？

②公式：由原理推出计算公式，可让同学当场完成。

③演示：教师演示双倍余额递减法在习题一的运用，在演算进程中回答所设问题，理清解题思路，明确计算步骤。

④质疑：学生提出，老师或其他学生回答。（根据教学经验，学生一般会质疑最后两年为什么要改为平均年限法）

3. 巩固新图式（约15分钟）

(1) 请同学做习题二，同学练习时，老师深入同学中去，了解课堂学习效果，指导接受新知识程度较慢的同学模仿书本例题尝试着做习题二。（约3分钟）

(2) 没做完习题二的同学继续做，请已做完的同学认真分析上下年折旧额的关系，尝试着发现规律，老师引导他们推算双倍余额递减法计算公式的简明表达式。即：

本年应提取的年折旧额 = 上年年折旧额 × (1 − 双倍直线年折旧率) （约3分钟）

(3) 请同学用简明表达式重新做刚才的那道课堂练习。（约3分钟）

(4) 请几位同学用投影设备展示他们的练习，另请几位同学现场点评。（约3分钟）

(5) 围绕本课重点、难点进行总结，并布置适量的课后练习。（约3分钟）

4. 课后拓展（约2分钟）

(1) 要求同学利用课余时间，对所在城镇的企业进行调查，看有没有企业采用加速折旧法提取折旧。如果没有，请分析一下原因。如果有，也分析一下，哪一类型的企业对哪些设备采用加速折旧法，具体计算过程是否与学校所教一致。这样就将知识的教学从课堂拓展到社会，有利于学生把书本理论与社会实践有机结合起来，有利于学生将来就业。

(2) 登录中华人民共和国财政部官网，查阅2014年《财政部、国家税务总局关于完善固定资产加速折旧企业所得税政策的通知》、2015年《财政部、国家税务总局关于进一步完善固定资产加速折旧企业所得税政策的通知》等政策。了解国家允许企业新购进固定资产可使用加速折旧法举措对鼓励企业扩大投资，促进传统产业改造升级，增强经济发展后劲的重要意义。

第五节　会计教学设计的内容

　　教学设计重在对程序化步骤的探讨，实质是指明以怎样的步骤和方法进行教学的设计。总体来说，目前教学设计的模式有三大类："以教为主"的教学设计模式，"以学为主"的教学设计模式和"教师为主导、学生为主体"的教学设计模式。

　　"以教为主"的教学设计模式，也称传统教学设计，主要基于行为主义学习理论或认知学习理论，设计的焦点在"教学"上，强调教师的主导作用，突出循序渐进地运用系统方法对教学进行设计。以美国心理学家加涅和布里格斯的系统分析模式、美国教学设计专家迪克和科瑞的目标模式、美国新泽西州立大学教授肯普的过程模式和史密斯—雷根模式为代表。

　　"以学为主"的教学设计模式是基于建构主义理论提出的，关注学习者的认知特点和认知能力。

　　"教师为主导、学生为主体"的教学设计模式无论是从理论基础还是从实际的设计方法上看，都是"以教为主"和"以学为主"这两种教学设计模式相结合的产物，学教并重的教学设计模式，提出了教学中既要发挥教师的主导作用，又要创设有利于学生主动探索、主动发现，有利于体现学生主体地位与创新精神的新型学习环境的"双主"教学设计思想。无论哪种教学设计模式，都无一例外地探讨教学设计最基本的五个要素，包括学习者、教学内容、教学目标、教学策略及教学评价。

　　会计教学设计是一个系统化设计会计教学的过程，是在现代职业教育理论指导下的"教师为主导、学生为主体"的教学设计。其首先是对其存在的必要性与合理性进行分析，也就是对学习需要的分析，即从"为什么教"入手；其次是选择什么教学内容、设计哪些教学目标的问题，即"教什么"，包括对学习者、学习内容、教学目标的分析；再其次是"怎么教"才能达成教学目标，涉及教学策略的制定，包括教学方法的选择、教学媒体的选择和教学过程的设计；最后是怎样确定已达成教学目标，完成教学任务，这就涉及教学效果评价的设计。正如美国学者马杰（R. Mager）指出，教学设计依次由三个基本问题组成：首先是"我们将去哪里？"，即教学目标的制定；其次是"我们如何去那里？"，包括学习者起始状态的分析、教学内容的确定、教学方法的选择；最后是"我们如何知道我们是否已经达到了那里"，即教学的评价和监控。

具体而言，会计教学设计主要包括教学分析、教学策略和教学评价三大环节十一项具体设计内容如图1-2所示。接下来的章节，将结合教学设计案例，介绍会计教学设计的教学分析、教学实施和教学评价三大部分内容。

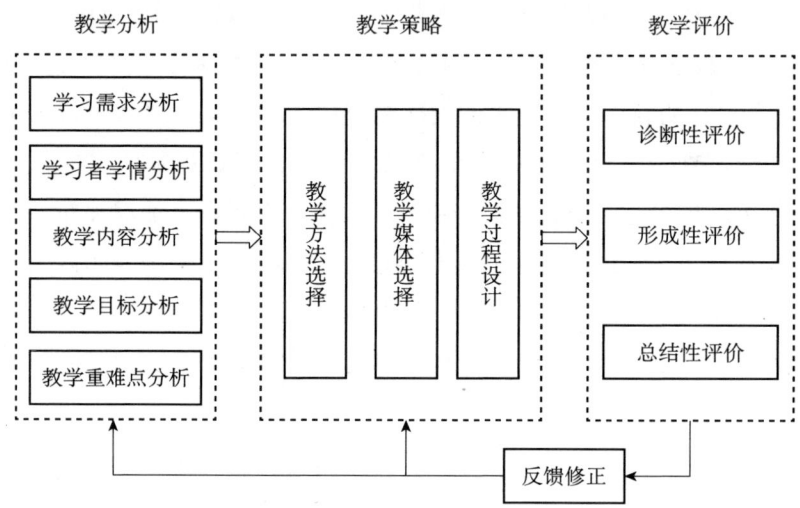

图1-2　会计教学设计基本内容

一、教学分析

会计教学设计的教学分析主要是分析课堂教学中影响教学设计但不属于具体设计事项的问题，具体包括学习需要分析、学习者学情分析、教学内容分析、教学目标分析和教学重难点分析。即分析"为什么教"和"教什么"的问题。

二、教学策略

通过教学设计的教学分析，下一步便是设计一种经济有效的教学策略，以达成教学目标，完成教学任务。教学策略是教学设计的一部分，是在对"教什么"的分析基础上，对"如何教"才能达成教学目标的策略制定。教学策略的宗旨是设计一种教学，使学习者积极主动地去生成或建构有意义的知识联结，它可以帮助学习者进行有趣、积极有效的学习。选择有效的教学策略包括教学方法选择、教学媒体选择以及教学过程设计等内容。

三、教学设计评价

教学设计过程是一个问题解决过程，也是一个教学科学研究过程。教学设计者为了找到解决问题的最佳途径，在设计过程中需要对自己设计的教学过程不断进行反思和评价工作。教学分析是否恰当，教学策略是否有效、高效，教学设计过程是否合理等，都需要经过一系列评审、测试与评价过程。教学设计评价一般包括教学之前的诊断性评价、教学过程中的形成性评价和教学之后总结性评价。

教学设计方案的诊断性评价主要涉及对教学的分析是否准确，教学策略的设计是否合理，对教学评价的设计是否客观科学等。形成性评价是教学设计者为改善教学设计过程而实施的评价。形成性评价实施在教学设计的过程中，是教学设计的一个组成部分。总结性评价一般是由非教学设计人员在教学方案经过形成性评价和修改以后主导实施的评价，其目的是决定教学方案是否有继续采用的价值。

教学设计内容需要经过不断的推敲和反思，不断修改和再修改而形成适合课堂实施的教学设计。

第六节　会计教学设计的形式

会计教学设计结果的呈现，通常有两种不同表现形式，一种是提纲文本形式；另一种是"一表双线三环节"表格形式。

提纲文本形式教学设计是指运用语言文字将教学目标、教学内容、教学过程等要素按一定规律，层次清晰、循序渐进地反映教学实施过程。

表格式教学设计是指将常规项目（课题、班级、课时、教学内容分析、学生学情分析、教学目标分析、教学重难点分析等）与教学过程等要素以相对固定的有专门栏目的表格形式呈现的教学设计。"一表双线三环节"的"一表"指课时计划以表格的形式展示，"双线"指对活动主体采用师生两条线索同时进行，"三过程"即将活动的过程细分为三个阶段——课前活动、课中活动、课后活动。"一表双线三环节"的教学设计框架，很好地解决了教师教学设计无头绪的困境，也便于教师分析学生学习中的困难，找出对策。表格式教学设计的优点是简洁明了，提纲挈领，更容易体现师生双边活动，其缺点是不能完整呈现细节设计，尤其是教学流程的起承转合，难以体现出来。

两种的教学设计主要是表现形式的不同，并没有实质性的差异，还可以将提纲式和表格式两者结合。不管那种形式的教学设计都不是一成不变的，可以根据具体的内容和要求灵活展现，不拘一格。

一、提纲文本式的教学设计

"××××××"教学设计

【教学内容分析】

说明学科、年级、教材版本、所需课时，概述学习的内容和本节课内容的价值及重要性。

【学生学情分析】

了解学习者的认知结构、初始学习能力以及学习风格等方面的情况。

【教学目标分析】

从知识、能力、素质三个维度对该课题预计要达到的教学目标进行整体描述。

（1）知识目标。

（2）能力目标。

（3）素质目标。

【教学重难点分析】

（1）教学重点。

（2）教学难点。

【教学方法选择】

依据教学内容、学生学情、教学目标、教师教学风格、教学资源等选择灵活多样的教学方法。

【教学媒体选择】

依据教学内容、学生学情、教学目标、教师教学风格、教学方法等选择多种顺利达成教学目标的教学媒体。

【教学过程设计】

构建层层递进的"问题链"，对问题设计的意图或依据进行分析，并对提出问题之后可能出现的各种情况，进行详细的预判和分析。

问题1：设计意图。

问题2：设计依据。

【教学评价设计】

采用师评、互评和自评相结合的方式。

二、表格式的教学设计

表格式教学设计如表1-1所示。

表1-1　　　　　　　　　　表格式教学设计

课题名称		教材版本	
授课班级		课时安排	
设计教师			
一、教学内容分析			
二、学生学情分析			
三、教学目标分析			
四、教学重难点分析			
五、教学方法选择			
六、教学媒体选择			
七、教学过程设计			
课前教学活动			
教学环节	教师活动	学生活动	设计意图或依据
课中教学活动			
教学环节	教师活动	学生活动	设计意图或依据
课后教学活动			
教学环节	教师活动	学生活动	设计意图或依据
八、教学评价设计			

注：若无课前和课后教学活动，"课中教学活动"改为"课堂教学活动"。

三、会计教学设计参考案例

〔**案例 1-2**〕"现金折扣"教学设计。

【**教学内容分析**】

《财务会计》是会计专业基础课程，会计理论知识与实务操作并重。现金折扣是企业日常经营管理的重要内容，企业提供现金折扣能有效缩短收款时间，及时收回应收账款，减少坏账损失。企业会计人员应该理解现金折扣的意义和掌握现金折扣的财务处理。

【**学生学情分析**】

学生已学习了商业折扣概念及账务处理，有利于课堂利用旧知迁移进行新知的学习；学生对新事物充满好奇和渴求并且动手操作能力较强。

【**教学目标分析**】

（1）知识目标：理解现金折扣基本概念和意义。

（2）能力目标：掌握企业现金折扣业务流程及现金折扣总价法的账务处理。

（3）素质目标：提高会计职业素养，强化会计职业道德。

【**教学重难点分析**】

（1）教学重点：现金折扣概念、现金折扣总价法。

（2）教学难点：现金折扣总价法账务处理。

【**教学方法选择**】

1. 教学策略

采用布鲁纳的概念形成策略，如图 1-3 所示。

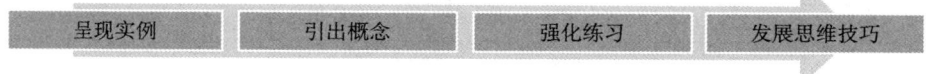

图 1-3 概念形成策略

2. 具体教学方法

（1）情景教学法。

充分利用职教学生对社会的潜在认知和对任何事物都想尝试的心理，采用情境教学法。学生以企业会计工作人员的身份，处理企业日常实际会计业务并进行财务处理，从而激发学生学习兴趣，活跃课堂气氛。

（2）提问法与问题法。

教师将以提出问题的方式引出本课的重点与难点，并且对学生进行提问从而提高学生的求知欲，吸引学生关注，让课堂教学更有效率。

（3）练习法。

学生在教师的指导下，依靠自觉的控制和校正，反复完成一定动作或活动方式，借以形成技能、技巧或行为习惯的教学方法。练习法对于巩固知识，引导学生把知识应用于实际，发展学生的能力以及形成学生的道德品质等方面具有重要的作用。

【教学过程设计】

1. 呈现情景，抛砖引玉（10分钟）

（1）提出案例：企业应付供应商一笔货款且企业有能力支付，那么企业会第一时间支付货款吗？

大部分同学们回答：许多企业并不会马上支付货款。

结论：应付账款的存在，相当于企业免费占用销货方的资金，能够有效缓解企业资金周转。

（2）课堂提问：应收账款的概念（复习旧知）。

应收账款是指企业在正常的经营过程中因销售商品、产品、提供劳务等业务，应向购买单位收取的款项，包括应由购买单位或接受劳务单位负担的税金、代购买方垫付的各种运杂费等。

（3）课堂提问：请同学们以小组形式讨论以下问题：如果你是供应商，你有什么办法迅速收回应收账款，减少坏账的发生？（小组讨论后，鼓励同学们积极回答问题）

2. 情景模拟，初探奥秘（8分钟）

（1）师生间进行情景模拟小游戏，以游戏初体会现金折扣。

情景模拟游戏：在课堂上，教师选出幸运学生进行情景模拟游戏。教师借给一名同学现金100元，并且假设学生已将100元消费使用了。接着教师提出以下还款规则：如果同学在5分钟内还款，只需还90元；超过5分钟但在10分钟内还款则只需还95元；若下课前还款，则需归还100元；若在下课后还款，则要以日利率1%来计提利息，直到该学生还款。

学生可能的行为：学生迅速向周围同学借钱，在5分钟内凑齐现金90元还给老师。通过情景模拟游戏，学生初步感性认识现金折扣概念。

（2）提出企业现金折扣案例，掌握现金折扣概念。

案例：4月1日，A企业向B公司赊销一批商品，增值税专用发票上注明商品价款为100 000元，增值税税率为13%，付款条件为2/10，1/20，N/30。

现金折扣概念：现金折扣是指销货企业为了鼓励客户在一定期间内早日偿还货款，对销售价格所给予的一定比率的扣减。

3. 传授新课内容，形成知识体系（22分钟）

（1）加深了解，明晰基础知识。

①现金折扣的类型（见图1-4）。

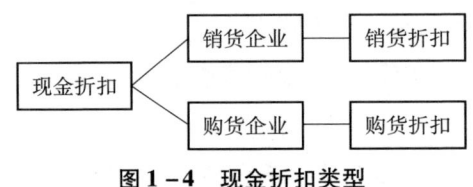

图1-4 现金折扣类型

②现金折扣表示形式："折扣/付款期限"。

如：2/10，1/20，N/30。

2/10：10天内付款给予2%的折扣；

1/20：20天内付款给予1%的折扣；

N/30：30天内付款无折扣。

（2）提出问题：随着客户付款时间的推延，如何进行现金折扣财务处理？

①活用图表，展示现金折扣财务处理方法（见图1-5）。

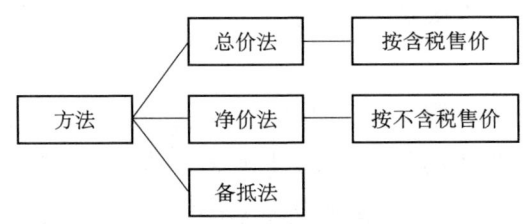

图1-5 现金折扣财务处理

②解释总价法、净价法与备抵法的概念与核算基础。

总价法：将未减去现金折扣前的金额作为实际售价，记作应收账款的入账价值。现金折扣只有客户在折扣期内支付货款时，才予以确认并计入"财务费用"。

净价法：按减去现金折扣的金额作为实际售价，记作应收账款的入账价值。

备抵法：销售商品时以发票价格记录应收账款，以扣除现金折扣后的净价记录销售收入,设备抵账户"备抵销售折扣"反映现金折扣,"备抵销售折扣"是指应收账款的对销账户。

③根据我国企业会计准则,现金折扣核算采用总价法。

《企业会计准则第 14 号——收入》第六条:销售商品涉及现金折扣的,应当按照扣除现金折扣前的金额确定销售商品收入金额。现金折扣在实际发生时计入当期损益。

④总价法的优缺点。

优点:a. 总价法可以记录销货退回与折让,优于净价法。

　　　b. 记录简便,核算方便,得到广泛应用。

　　　c. 总价法现金折扣数额的高低不影响企业缴纳增值税的多少,既不影响销售收入,也不影响增值税。

缺点:a. 从理论上讲,净价法和备抵法以可变现净值计量应收账款,并能恰当地反映销售收入和利息收入,优于总价法。

　　　b. 在现实中,多数顾客期望享受现金折扣,总价法会高估当期的收入和期末的应收账款。

⑤通过案例,讲解含税售价总价法与不含税售价总价法。

案例:本年 4 月 1 日,A 企业向 B 公司赊销一批商品,专用发票上注明成交价格为 100 000 元,增值税税率为 13%,信用条件为 2/10,1/20,N/30,如图 1-6 所示。

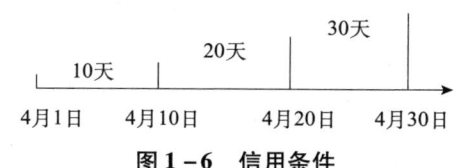

图 1-6　信用条件

(1) 含税售价的总价法。

① 4 月 1 日 A 公司核算销售赊销收入:

借:应收账款——B 公司　　　　　　　　　　　　　　　　　113 000
　　贷:主营业务收入　　　　　　　　　　　　　　　　　　　100 000
　　　　应交税费——应交增值税(销项税额)　　　　　　　　 13 000

②假设 B 公司在 4 月 10 日前付款:

现金折扣 = 113 000 × 2% = 2 260(元)

借:银行存款　　　　　　　　　　　　　　　　　　　　　　110 740

  财务费用   2 260
    贷：应收账款——B 公司   113 000

③假设 B 公司在 4 月 20 日前付款：

现金折扣 = 113 000 × 1% = 1 130（元）

  借：银行存款   111 870
    财务费用   1 130
    贷：应收账款——B 公司   113 000

④假设 B 公司在 4 月 30 日前付款：

  借：银行存款   113 000
    贷：应收账款——B 公司   113 000

（2）不含税售价的总价法。

① 4 月 1 日 A 公司核算销售赊销收入：

  借：应收账款——B 公司   113 000
    贷：主营业务收入   100 000
      应交税费——应交增值税（销项税额）   13000

②假设 B 公司在 4 月 10 日前付款：

现金折扣 = 100 000 × 2% = 2 000（元）

  借：银行存款   111 000
    财务费用   2 000
    贷：应收账款——B 公司   113 000

③假设 B 公司在 4 月 20 日前付款：

现金折扣 = 100 000 × 1% = 1 000（元）

  借：银行存款   112 000
    财务费用   1 000
    贷：应收账款——B 公司   113 000

④假设 B 公司在 4 月 30 日前付款：

  借：银行存款   113 000
    贷：应收账款——B 公司   113 000

⑤通过对比计算结果，分析含税售价总价法与不含税售价总价法异同点，指出采用两种方式进行现金折扣的处理都是可行的。由于计算现金折扣的依据不

同，销货方在总价法下比净价法少收银行存款，相应的理财费用（财务费用）增加。在两种不同的处理方式下，对销货方企业应交增值税的金额不产生影响，只是因为理财费用不同会影响企业的利润总额，这也是企业理财结果的体现。

4. 练习巩固，拓展思维（5 分钟）

练习题：A 企业在 4 月 5 日赊销一批商品给 C 企业，每件售价 250 元（不含增值税），共 100 件，增值税税率为 13%。付款条件为 3/10，2/15，N/30（现金折扣按含税售价结算）。C 企业于 4 月 17 日付款，请编制 A 企业的会计分录。

拓展思考题：若在 A 企业赊销商品业务时，A 企业给予 C 企业 20% 的商业折扣，那么现金折扣的计算基础为多少？如何处理 20% 的商业折扣？

〔案例 1-3〕"年度汇算清缴"教学设计（见表 1-2）。

表 1-2　　　　　　　　　　"年度汇算清缴"教学设计

课题名称	年度汇算清缴	授课类型	新授课
教学时间	1 课时	授课班级	会计专业
教学内容分析			
◆ 使用教材 高等教育出版社出版的《税费计算与缴纳》。 ◆ 教学内容 个人所得税《年度汇算清缴》。 ◆ 教材分析及处理 《税费计算与缴纳》是职业教育国家规划的重点教材，内容包括：认识我国现行税制体系和税务管理，计算和缴纳增值税、消费税、企业所得税、个人所得税、房产税等十大类税种，是中等职业学校会计专业核心课程，教材有较强的实用性，内容设计合理，符合中职学生的要求。课堂根据教材知识点，通过设计三个活动引导学生理解和掌握个人所得税年度汇算清缴的业务流程和核算，教学过程中引入视频和游戏环节，给予学生更多的锻炼和展示平台，提高学生课堂参与积极性。			
教学对象分析			
教学对象为中职会计班的学生。学生为专业二年级学生，在税费前期课程中，已经学习了增值税、消费税以及企业所得税等知识，已对税费基本知识有一定的了解。但由于学生没接触过实际操作，虽对实践操作以及实际练习较为感兴趣，但学习方法有欠缺，所以学生要从基础知识开始，一点一滴学习，打下良好的基础。该班学生活泼主动，喜欢通过参与典型工作任务来领会知识和习得技能，喜欢通过带奖励性竞争的形式参与课堂学习，有一定自主学习能力。			
教学目标			
◆ 认知目标 （1）了解新个税的实施政策和年度汇算清缴的含义。 （2）理解政策所规定的各项费用扣除额以及税率表。 ◆ 能力目标 （1）掌握累计预扣法的计算以及预扣预缴额的计算。 （2）能判断纳税人的各类所得并进行纳税。 ◆ 情感目标 （1）通过习题案例讨论，培养学生的团队合作意识。 （2）增强学生依法纳税的法律意识。			

续表

教学重点、难点				
◆ 教学重点 （1）个人所得税应纳税额、预扣预缴个人所得税额的计算。 （2）个人所得税税率表的理解和运用。 ◆ 教学难点 个人所得税应纳税额以及预扣预缴个人所得税额的计算。				
教学策略及方法				
运用回忆复习法、启发思考法等教学方法以及运用合作学习策略。运用回忆复习法，在教师的引导下，学生积极回答问题，引领同学们复习个人所得税纳税义务人的分类和区别、综合所得法定扣除费用额以及预扣预缴等相关重要知识点，为本节课所涉及的计算内容做好铺垫。另外，通过希沃白板展示游戏环节以及个人所得税小视频，启发学生回忆起上节课所学的劳务报酬所得、稿酬所得以及特许权使用费所得的区别和易错点。在练习题的学习和评讲过程中，采用合作学习的学习策略，学生在互相讨论中逐步巩固新知识。				
教学手段				
讲授法、练习法与讨论法相结合，黑板板书、PPT课件以及希沃白板教学媒体相辅助。运用希沃白板开展个人所得税的课前游戏复习环节，让学生在游戏中边复习边记忆。另外，在课前以及课中相应教学内容点，播放个人所得税新政策以及年度汇算清缴的小视频，加深学生们对知识点的理解，在知识点理论讲解的同时，增加课堂趣味性，与此同时，也让学生相互讨论课堂练习，并且做好相应的黑板板书，让学生积极地参与到课堂活动中。				
教学过程设计				
教学环节	教学内容	教师活动	学生活动	教学意图
一、知识回顾导入新课	个人所得税纳税义务人类型；工资、薪金、劳务报酬、稿酬以及特许权使用费的区别。	（1）利用班级优化大师软件进行课堂小组分组。 （2）通过提问的方式，引导学生回忆个人所得税前期所学的纳税义务人的两种类型。 （3）通过希沃白板开展选择题、判断题、小组PK比赛答题等形式的综合所得区分的小游戏，让学生做好课堂分组，并到讲台进行游戏的PK，进而过渡到本节课的汇算清缴的内容。	（1）学生在老师的带领下，能准确地回答出纳税义务人的两种类型。 （2）学生积极踊跃地参与到希沃白板的小游戏中。	（1）通过提问复习以及小游戏活动，学生能回忆个人所得税前期所学的内容并对综合所得做好区分。 （2）活跃课堂的氛围，激发学生的学习兴趣，为同学们进入本节课的学习做好热身，从而为本节课的税费计算做好铺垫。

续表

教学环节	教学内容	教师活动	学生活动	教学意图
二、布置任务一	什么是个税年度汇算清缴。	（1）通过PPT展示年度汇算清缴的政策规定以及汇算清缴的流程图，并进行讲解。 （2）播放相关讲解新个税政策的有趣小视频。 （3）设疑："是不是所有综合纳税人都需要汇算清缴呢？"，并且通过PPT讲解需要汇算清缴的三点要求。	（1）学生观看PPT和视频资料，认真做好笔记和标记。 （2）学生在老师的引导下，积极踊跃回答问题。	通过认识什么是个税年度汇算清缴，进入本节新课内容学习。

续表

教学环节	教学内容	教师活动	学生活动	教学意图
三、布置任务二	什么情况需要办理年度汇算清缴。	（1）通过播放"哪些情况需办理综合所得个人所得税汇算清缴"小视频以及展示PPT，并通过生活实例，讲解需办理年度汇算清缴的几种情况。 （2）展示个人所得税税率表，并且讲解政策对应纳税所得额计算的相关规定。	学生通过边看讲义边观看视频，跟随老师的思路，归纳总结出个人所得税的计算公式。	将所学的内容联系实际，初步了解个人所得税的计算思路。
四、布置任务三	如何进行个税年度汇算清缴。	（1）学生在作业本上练习习题1，并进行分小组讨论和上讲台展示成果讲解做题思路。 ①计算全年工资、薪金个税预扣预缴额： 累计预扣预缴应纳税所得额 = 累计收入 - 累计免税收入 - 累计减除费用 - 累计专项扣除 - 累计专项附加扣除 - 累计依法确定的其他扣除 应预扣预缴税额 =（累计预扣预缴应纳税所得额 × 预扣率 - 速算扣除数）- 累计减免税额 - 累计已预扣预缴税额	学生分组学习做课堂练习，小组讨论，积极踊跃上讲台展示做题思路和成果。	学生在老师的指导下，一步步思考，并计算出各项的预扣预缴额；同时学生可以学习小组互相发现问题、解决问题，互相评价，学生更容易理解和掌握计算过程。

续表

教学环节	教学内容	教师活动	学生活动	教学意图
四、布置任务三	如何进行个税年度汇算清缴。	②计算劳务报酬、稿酬以及特许权使用费所得的预扣预缴个人所得税额： 劳务报酬所得预扣预缴税额＝{（每次收入－800）或每次收入×（1－20%）}×预扣率－速算扣除数 稿酬所得预扣预缴税额＝{（每次收入－800元）或每次收入×（1－20%）}×70%×预扣率 特许权使用费所得预扣预缴税额＝{（每次收入－800元）或每次收入×（1－20%）}×预扣率 ③计算年度汇算应补退税额： a. 年收入额＝工资、薪金所得收入＋劳务报酬所得收入＋稿酬所得收入＋特许权使用费所得收入 b. 综合所得应纳税所得额＝年收入额－6万元－专项扣除－专项附加扣除－依法确定的其他扣除 c. 应纳税额＝应纳税所得额×税率－速算扣除数 d. 预扣预缴税额＝工资、薪金所得预扣预缴税额＋劳务报酬所得预扣预缴税额＋稿酬所得预扣预缴税额＋特许权使用费所得预扣预缴税额 e. 年度汇算应补退税额＝应纳税额－预扣预缴税额	学生分组学习做课堂练习，小组讨论，积极踊跃上讲台展示做题思路和成果。	学生在老师的指导下，一步步思考，并计算出各项的预扣预缴税额；同时学生可以学习小组互相发现问题、解决问题，互相评价，学生更容易理解和掌握计算过程。

续表

教学环节	教学内容	教师活动	学生活动	教学意图
四、布置任务三	如何进行个税年度汇算清缴。	（2）学生在作业本上练习习题2，并进行小组讨论和上讲台展示成果讲解做题思路。 ①计算全年工资薪金个税预扣预缴额； ②计算劳务报酬、稿酬以及特许权使用费所得预扣预缴个人所得税额； ③计算年度汇算应补退税额。 （3）强化其他综合所得三项的预扣预缴个人所得税的计算并讲解。	学生分组学习做课堂练习，小组讨论，积极踊跃上讲台展示做题思路和成果。	学生在老师的指导下，一步步思考，并计算出各项的预扣预缴额；同时学生可以学习小组互相发现问题、解决问题，互相评价，学生更容易理解和掌握计算过程。
五、归纳小结课后延伸	（1）归纳教学重难点。 （2）对获胜的小组进行加分。	（1）归纳本节课所学新个税政策对应纳税所得额计算的相关规定，并对税率表进行复习。 （2）抽查学生对所用公式的理解和运用。 （3）巡堂指导，启发学生的思路，解答学生做题过程中遇到的疑难问题。 （4）通过班级优化大师进行课堂加分展示。	学生紧随老师的讲解思路复习本节课教学重难点。	巩固已学知识，培养学生发现问题、自主学习的能力。

续表

教学环节	教学内容	教师活动	学生活动	教学意图
归纳总结	年度汇算清缴是个人所得税知识学习里面的重点内容,也是前面纳税义务人、综合所得各项知识在计算中的运用。通过本节课的讲解和学习,可进一步掌握应纳税额的相关计算知识,并且增强学生依法纳税的法律意识。			
布置作业	(1) 复习本节课所学知识,重温所学个人所得税的扣除规定、个人所得税预扣率表以及计算公式和过程。 (2) 根据例题尝试完成讲义的习题。			
教学反思	本次课堂信息化手段运用得当,教学很好地结合了课堂讲解与练习,并且通过课前学习、小组分组以及有针对性地设置课堂练习任务,引领学生进行竞争学习、探究学习,让学生在小组竞争中锻炼对知识的灵活运用能力,进一步增强了课堂的趣味性、有效地提升了学生的学习兴趣。同时,通过小组竞争上台展示练习成果和讲解解题思路,给学生搭建展示平台,鼓励学生大胆踊跃展示自己。另外,由于学生尚未接触过所得税计算操作,教师讲解时需多进行些课外知识的拓展以及生活实例讲解的引入,且在任务设计以及课堂活动方面可以进一步增加趣味性和生活性,提高学生学习的积极性和课堂教学效果。			
板书设计	年度汇算清缴 (1) 什么是个税年度汇算清缴。 汇总综合所得 → 减除已缴税额 → 申请清税 ↓　　　　　　　↓ 计算应纳税额　　确定应补应退 (2) 何种情况需办理年度汇算清缴。 ①劳务报酬所得、稿酬所得、特许权使用费所得; ②稿酬所得。 (3) 如何进行个税年度汇算清缴。 ①劳务报酬所得预扣预缴税额 = {(每次收入 - 800) 或每次收入 × (1 - 20%)} × 预扣率 - 速算扣除数 ②稿酬所得预扣预缴税额 = {(每次收入 - 800 元) 或每次收入 × (1 - 20%)} × 70% × 预扣率 ③特许权使用费所得预扣预缴税额 = {(每次收入 - 800 元) 或每次收入 × (1 - 20%)} × 预扣率 (4) 课堂总结。			

【知识巩固】

(1) 什么是会计教学设计?

(2) 会计教学设计应遵循哪些原则?

(3) 会计教学设计主要包括哪些内容?

(4) 会计教学设计包括哪些形式?

【实践训练】

（1）选择一份优秀的会计教学设计方案，分析该方案遵循的教学设计原则。

（2）借鉴模仿本章节的〔案例1-1〕"加速折旧及其双倍余额递减法"教学设计基本框架和设计思路，选择会计课程某一知识内容，按会计教学设计基本原则，以提纲式教学设计形式，初步编写一份会计教学设计方案。

（3）登录"全国职业院校技能大赛教学能力比赛"官网，参考学习历届获奖教学设计作品资源。选择某一优秀会计类教学设计作品，分析其优缺点。

第二章　会计教学设计的教学分析

【本章导读】

会计教学设计主要包括教学分析、教学策略和教学评价三大环节，本章节主要介绍会计教学设计的教学分析。会计教学设计的教学分析主要是分析课堂教学中影响教学设计但不属于具体设计事项的问题，具体包括学习需要分析、学习者学情分析、教学内容分析、教学目标分析和教学重难点分析。

【学习目标】

了解学习需要分析和学习者学情分析的基本内容，掌握学习需要分析和学习者学情分析的一般方法。

了解会计教学内容分析、教学目标分析和教学重难点分析的基本内容，掌握教学内容分析、教学目标分析和教学重难点分析的一般方法。

第一节　学习需要分析

若将会计教学设计视为问题解决的过程，那么对职业院校学生的学习需要分析则是问题解决过程的起点。学习需要分析的实质就是分析会计教学设计的必要性和可行性，指出目前职业院校学生会计学习中存在的问题，为会计教学设计提供解决问题的逻辑起点，即厘清"为何教"的问题。

"需要"是由现实和渴望之间的差距引起的，即"是什么"和"应该是什么"之间的差距。"需要分析"就是以系统的方法，找出"是什么"和"应该是什么"之间的差距。那么"学习需要"是指学习者目前学习状况与期望两者之间的差距。期望主要是由社会经济发展、未来职业岗位对学习者提出的学习要求，具体表现为依据专业人才培养目标、专业教学目标和课程目标对学习者提出的要求。目前学习状况是指学习者群体或个体在知识、技能、素质等方面的现状。

差距是学习需要的前提，有差距才有了教学的必要，通过学习需要分析，可以让教师与学生的精力和时间以及其他资源被有效地利用来解决教学中真正的问题，从而有效提高教学效益。对学习需要的分析方法，包括内部参照需要分析法和外部参照需要分析法，主要以不同的期望值作为参照系，从而形成两种不同的确定学习需要的方法。

一、内部参照分析法

内部参照分析法是由学习者所在的组织机构内部，根据既定人才培养目标、专业教学目标等期望与学习者的学习现状进行比较，找出两者差距，从而鉴别学习需要的方法。对于职业院校会计教学设计来说，将职业院校学生在会计专业方面已有的知识、技能和素质等与会计专业人才培养目标、专业教学标准中既定的目标期望状态做比较，找出两者之间的差距，就是学习需要。这种基于既定的期望标准要求，对学习需要分析比较容易进行。会计教师需要把期望状态的目标具体化，用学习者的术语描述出来，作为收集职业院校学生目前学习状况相关数据的依据。

收集学习者目前学习状态的信息，可以利用期望目标形成的指标体系设计测验题、调查问卷或观察表，通过分析学生对试卷的作答情况、调查问卷及观察记录获取信息；也可根据指标体系，分析学习者近期的学习情况、材料记录等确定现有状况；还可通过访谈等方法从其他教师处了解学习者目前的状况。

内部参照分析法存在一个假设前提，期望值即既定的目标是合理的，既定的目标能够充分反映机构内外的要求，充分考虑职业院校学生发展的特点和要求，它能揭示学习者学习的真正需要。由教育部颁布的《中等职业学校会计专业教学标准（试行）》（2017年）（以下简称《中职会计专业教学标准》）（见附录3）、《中等职业学校会计电算化专业教学标准（试行）》（2017年）（以下简称《中职会计电算化专业教学标准》）（见附录4）以及《高等职业学校会计专业教学标准》（2019年）（以下简称《高职会计专业教学标准》）（见附录5）是科学化、标准化、规范化的专业教学标准，教育部明确指出其是开展会计专业和会计电算化专业教学的基本文件，是明确培养目标和规格、组织实施教学、规范教学管理等的基本依据。

《中职会计专业教学标准》制定的人才培养目标是"面向中小企业和会计服务机构，培养从事出纳、会计核算及财经相关服务工作，德、智、体、美全面发展的高素质劳动者和技能型人才"。《中职会计电算化专业教学标准》制定的人才培养目标是"面向中小企业和会计服务机构，培养从事会计核算、出纳、收银、财务软件应用与维护、财务软件营销与服务等工作，德智体美全面发展的高素质劳动者和技能型人才"。《高职会计专业教学标准》制定的人才培养目标是"面向各类中小微型企业和非营利组织的会计专业人员职业群，能够从事会计核算会计监督等工作的高素质技术技能人才"。职业院校会计教师运用内部参照分析法进行学习需要分析时，可直接依据不同层次的会计类专业的教学标准中的既定目标对学习者的期望与学习者的学习现状进行比较，找出差距，从而确定职业院校学生的学习需要。

二、外部参照分析法

外部参照分析法是以社会发展和职业岗位的需要为准则和价值尺度，寻找学习者目前的学习状况与社会实际需求之间的差距，从而确定学习需要的方法。职业教育主要培养复合型技术技能人才，职业院校会计教学设计的学习需求分析应当参照行业的会计职业素养和职业综合能力相关标准，寻找职业院校学生目前的学习现状与社会行业岗位能力需求之间的差距，从而确定学生学习需要。使用这种方法时，可以从以下三种途径收集社会需要的数据：对毕业生进行调查或访谈，了解他们对社会需求的看法；通过对企业工作岗位的问卷调查，获得企业对人才素质要求的信息；通过访谈行业专家，获取他们对社会发展所需人才素质的意见和建议。这种分析法需要消耗大量人力物力，操作程序烦琐。虽然这种分析方法在操作层面有一定客观困难，但符合职业教育职业性原则。

前面提到的不同层次的会计类专业的教学标准以及各省份的会计类课程标准都是在充分调研企业对会计相关岗位工作人员综合素质和能力需要的基础上制定的。我们可以直接将职业院校学生在会计专业方面已有的知识、技能等与会计类专业教学标准和课程标准中既定的目标期望状态做比较，两者之间差距就是职业院校学生学习的需要。

第二节 学习者学情分析

教学设计是围绕学习者进行的,学习者才是教学活动的中心,因此,教学任务能否顺利完成,教学目标能否实现,一定程度上取决于教师对学习者的了解程度。学习者学情分析是教学设计前期分析的重要环节之一。对学习者学情分析包括学习者的起点能力分析、学习风格分析、学习动机分析和学习自我效能感分析,进而为设定教学目标、确定教学重难点、选择教学方法、设计教学过程等提供科学依据。

一、起点能力分析

起点能力分析是指学习者在学习某一特定的学科内容时,已经具备的相关知识与技能的基础,以及他们对这些学习内容的认识与态度。具体包括认知结构分析、认知能力以及学习者对所学内容态度的分析。

学习者的认知结构包括了解学习者的先有知识经验和习得经验,建构主义理论认为在学习过程中,任何学习者都将带着自己的原有知识参与到之后的学习中,而学习者之前的认知结构是学习者之后有意义学习实现的关键。

学习者认知能力分析,主要是了解学习者在不同认知发展阶段表现出来的感知、记忆、思维、逻辑想象等方面的特征,从而依据学习者的不同认识发展特征设计和实施教学,以达到有效教学的目的。

学习态度分析,主要是了解学习者对将要学习的内容有无兴趣,对这门学科是否存在偏见和误解,有没有畏难情绪,以及如何培养学习者正确的学习态度。这些都是教学设计过程中必须考虑的因素。学习者对教学内容所持的态度对教学效果也会产生一定的影响。判断学习者态度的常用方法是态度量表,态度量表是常用的且较为客观的测量态度的工具。态度量表大致可分为单维度量表(simple attitude scales)和多维度量表(category scales)两类。单维度量表根据其编制方法有李克特的累加评定法、格特曼的量表解析法、瑟斯顿的等距测量法等。其中,李克特量表一直是流行较广且具有影响的一种量表。多维度量表中以语义差异量表和社会距离量表较为常见。观察和访谈也可以用于学习态度分析。

二、学习风格分析

由于学习者之间存在生理上和心理上的个体差异，不同学习者获取信息的速度不同，对刺激的感知及反应也不同，所以在学习过程中就会形成不同的学习风格。谭顶良教授认为，"学习风格是指学习者持续一贯的带有个性特征的学习方式和学习倾向。学习方式是指学习者为完成学习任务而采用的方法、技术；而学习倾向是指学习者对学习活动的情绪、态度、动机、坚持性，以及对学习环境、学习内容的不同偏好"。学习风格分析方法主要是利用信度和效度都比较高的量表进行测量，从而判断学习者的学习风格特点。目前较常用的量表主要有科伯测量表和费莱明测量表。

三、学习动机分析

学习动机是指引起学习者学习活动、维持学习活动，并指引学习活动趋向教师所设定目标的心理倾向。在教学中，学习动机对学习者的学习有着极为重要的影响，它决定着个体活动的自觉性、积极性、倾向性和选择性。

学习动机有多种分类标准，按照动机产生的诱因来源，学习动机分为内部动机和外部动机。内部动机是指由对学习本身的兴趣所引起的动机，动机的满足在活动之内，不受外界因素的影响。例如，学生的求知欲、学习兴趣、改善和提高自己能力的愿望等内部动机因素，会促使学生积极主动学习。外部动机是指由外部诱因所引起的动机，动机的满足不在活动之内，而在活动之外。例如，某些学生为了得到教师或父母的奖励或避免受到教师或父母的惩罚而努力学习，他们从事学习活动的动机不在学习任务本身，而是在学习活动之外。

按照学习动机内容的社会意义，学习动机分为高尚的动机和低级的动机。高尚的动机，核心是利他主义，学生把当前的学习同国家和社会的利益联系在一起。例如，学生勤奋、努力学习各门功课，是因为他们意识到自己在不久的将来是国家建设的中坚力量，肩负着祖国繁荣昌盛的重任，所以当前要打好基础，掌握科学知识。低级的动机，核心是利己的，以自我为中心的，学习的动机只来源于自己眼前的利益。

根据学习动机的作用与学习活动的关系，可以分为近景的直接性动机和远景的间接性动机。近景的直接性动机是与学习活动直接相连的，来源于对学习内容或学习结果的兴趣。例如，学生的求知欲、成功的愿望、对某门学科的浓厚兴趣，以及教师生动形象的讲解、教学内容的新颖等都直接影响学生的学习动机。这类动机作用的效果比较明显，但稳定性比较差，容易受到环境或一些偶然因素的影响。例如，一个小学三年级的学生数学成绩很好，这是因为任课教师讲得很生动，使枯燥的数字变成了一串串美丽的音符，容易理解与记忆，因此，学生在课后认真预习和复习，取得了好成绩。但这个学生对数学的兴趣并没有保持下去，因为换了任课教师，而这位教师讲得比较死板、乏味，学生觉得没意思，因而不怎么用心，成绩自然下降了。远景的间接性动机是与学习的社会意义和个人的前途相连的。例如，大学生意识到自己的历史使命，为不辜负父母的期望，为争取自己在班集体中的地位和荣誉等都属于间接性的动机。那些高尚的、正确的间接性动机的作用较为稳定和持久，能激励学生努力学习并取得好成绩。而那些为父母、教师的期望或是为了自己的名声、地位的动机作用的稳定性和持久性相对比较差，容易受到情境因素的冲击。例如，在学习活动中遇到困难是常事，但受低级的、错误的间接性动机支配的学生在这种时候容易出现情绪波动，缺乏克服困难的勇气与力量，常常半途而废。

华南师范大学周步成教授编制的学习动机诊断测验，适用于小学四年级至高中三年级的学生。学习动机诊断测验是为了分析和测定学生学习活动的内在动机而制定的。该测验由成功动机、考试焦虑、自己责任性和要求水平四个分量表组成。成功动机是测量学生追求成功动机的强度。考试焦虑是测量学生对考试结果关心程度。自己责任性是测量学生在经历过成功和失败，或受到赏罚时，是把原因归于自己的行为，还是归于别人的行为和其他的环境因素。要求水平是测量学生期望的完成课题的水平，即预想的"能完成多少"的水平。

四、学习自我效能感分析

学习自我效能感是指个体的学业能力信念，是学习者对自己能否利用所拥有的能力或技能去完成学习任务的自信程度评价，是个体对自己学习行为和学习成绩能力的一种主观判断。学习自我效能感影响学生的学习努力程度、学习的坚持性、学习策略和元认识策略应用等各方面。所以它是学习者学习成效的良好"预测器"。学习自我效能感是一种复杂的心理现象，在实际操作中，对它的测量一直非常困难。

作为职业院校教师,要了解职教会计专业学生智力特点和认知特征并有针对性地实施教学,帮助学生正确认识自己、积极学习并能适应社会,培养其综合职业能力。

中等职业学校的学生年龄一般在16~18岁,属于青春期,是人生认知能力、情感特征形成的关键时期。中职学生大部分是基础教育中经常被忽视的弱势群体。大部分中职学生学习基础较薄弱,学习目的性不够明确,专业学习兴趣不高,学习主动性不强,学习方法不当,学习习惯不良,学习的认识能力水平较低,学习的焦虑现象比较普遍。但中职学生的智力和认知能力也有其优势特点。

(1) 中职学生的形象思维能力发展较好。中职教师要充分利用形象思维实施课堂教学,同时用形象思维的方法来循序渐进地发展中职学生的抽象逻辑思维,是提高中职学生抽象思维能力有效的途径。

(2) 中职学生具有一定观察力的动手能力,能在实操的过程中完成学习任务。中职学生的感性认识高于理性认识,他们潜意识里不注重理论知识、希望直观地感受专业技能,注重看与做。若专业课堂教学能仿真企业工作环境,以工作过程为导向,具有直观性和可操作性,他们更易于理解和掌握。同时中职学生喜欢用触摸觉、角色扮演或实验(实训)的方式学习,在动手操作时,他们会兴趣盎然、乐此不疲,"活儿"做得像模像样,他们也会为自己智力个性的开发而兴奋不已,进而促进学习信心和学习兴趣倍增。

(3) 中职学生的心理调适能力、承受挫折能力较强。中职学生多数在初中经受过很多挫折,例如成绩不理想、老师批评、家长打骂、同学看不起、考试失利等一连串挫折、打击,甚至面对不公平的待遇,他们仍能"笑容"挂在脸上,仍能"愉快"地度过每一天,他们的心不再那么脆弱,而是"坦然"地、"勇敢"地承受了下来,形成了较强心理调适能力、承受能力,这些能力比普高学生稍显强些。

高等职业学校的学生年龄一般在19~22岁,大多数同学进入高职院校后一开始并没有完全摆脱高考失利的阴影,在他们的内心世界里或多或少有一种自卑感,认为高职院校是高考失利后无奈的选择。虽然高职生相对于本科院校招收的高中生,文化素质较差,没有形成良好的学习或生活习惯,自主学习能力较差,但也有其优势特点。

(1) 高职生思想比较解放,价值选择方面呈现多样化的趋势。绝大部分大学生能逐渐确立科学的价值观，先人后己的意识和集体观念比较强。当然也有极少部分大学生出现了"个人至上""以自我为核心"，只看重个人私利，漠视国家整体利益的言行。

（2）高职生自信心比较强，富于竞争意识和挑战精神。多数大学生能做到自我接纳、自我开放、自我展示、自我超越，具有较强的独立性和责任心。随着市场经济全球化和高新技术迅猛发展的趋势，他们已感受到激烈的国际、国内竞争环境的压力，有一定的危机意识和竞争意识，敢于冒险，不惧挫折。

（3）高职生比较重视人际交往，有一定的团队意识。市场经济的大潮使人际交往状态和团队协作精神成为事业有成的一个重要条件，因此，多数大学生都比较重视人际交往和团队意识。

（4）高职生求知欲望强烈，尤其对实用性技术和获利较多的行业知识更为关注。当代大学生处于信息化的现代社会中，他们体会到在知识爆炸的时代知识更新的速度和宽度都很大，因此，他们求知的渴望十分强烈。另外，随着市场"效益观"的日趋增强，大学生更偏重于学一些比较实用的知识和技能。

（5）高职生性格相对独立，遇事开朗，与人相处比较能合群。大学生正处于青春期，又是个性渐趋成熟的阶段。他们无论在生理上还是心理上都有独立自主处事的愿望与要求，在开放的环境中成长，眼界比较开阔，能从大处着眼，性格比较开朗，不拘泥细节，不计较小事，容易合作共事。

第三节　教学内容分析

学习需要分析是为了解教学过程中存在的问题及原因，学习者学情分析是为了明确教学对象的学习特征，这些分析都为教学设计工作奠定了初步基础。在学习需要分析和学习者学情分析之后就要分析教学内容，即分析教师"教什么"以及学生"学什么"的问题，确定学习者应学习和掌握哪些知识、技能和素质态度等。只有正确地分析教学内容，才能保证教学效果的最优化。教学内容分析是进行教学设计的基础。

《职校人才培养方案指导意见》明确指出，课程内容要紧密联系生产劳动实际和社会实践，突出应用性和实践性，注重学生职业能力和职业精神的培养。及时将新技术、新工艺、新规范纳入课程标准和教学内容。

《全国职业院校技能大赛教学能力比赛方案》（2020年）提到，教学内容要落实职业教育国家教学标准，对接职业标准（规范）、职业技能等级标准等，关注有关产业发展新业态、新模式，对接新技术、新工艺、新规范，结合专业特点，有机融入劳动教育、工匠精神、职业道德等内容。实训教学内容应基于真实工作任务、项目及工作流程、过程等。同时还提到涉及1+X证书制度试点的专业，还应对接有关职业技能等级标准。教材的选用和使用必须遵照《职业院校教材管理办法》等文件规定和要求。

教学内容分析具体来讲，不是一成不变的，而要随着专业发展和学生特点发生相应的变化。教师对教学内容的认识不仅仅是其本身所具有的学科知识，而是要将自身对会计专业发展、对所教课程教材内容结合职业院校学生特点进行分析和处理，使其更适合职业院校学生的知识建构。这就要求教师在对教学内容进行分析时，要能够准确把握知识中蕴含的会计专业思维方法、充分考虑到所教知识与企业实务工作和学生已有知识经验的联系，并且对教材不适合教学生的地方做出恰当的处理、创造性地使用教材，使所教内容更适合于教学对象，使教和学都达到最大化的实现。

《中职会计专业教学标准》设计了八门专业核心课程、两个专业（技能）方向各五门课程，还有专业选修课、综合实训和顶岗实习等课程内容。《中职会计电算化专业教学标准》设计了九门专业核心课程、两个专业（技能）方向各四门课程，以及专业选修课、综合实训和顶岗实习等课程内容。两份《专业教学标准》清晰地列示各门课程的主要教学内容。《高职会计专业教学标准》设计了八门专业基础课程、八门专业核心课程以及三类专业拓展课程，并清晰列示八门核心课程的主要教学内容。在《专业教学标准》的统一指导下，现阶段职业院校出版了基于"行动导向"的会计课程教材。该课程教材是教学内容的主要载体，主要是对会计课程教材进行分析。对课程教材具体内容进行分析时，要求教师通读整本教材，对内容知识体系、深度、广度、逻辑结构和编写意图等要有整体的认识，结合教学目标的三个维度（知识、能力与素质）对会计课程教材内容进行分析。

一、知识方面

对会计学知识内容的分析主要涉及对知识类型的分析及重难点知识的确定。

会计学中的知识类型主要有会计基本概念、基本原理和基本方法等。

基本概念性知识是对会计工作现象和本质属性的概括，例如会计内涵、会计基本职能、固定资产折旧等概念。基本原理性知识是由一系列概念组成的判断，是对会计工作过程的逻辑性、规范性的阐述，例如会计基本恒等式、权责发生制、借贷记账法等。基本方法性知识是会计工作过程的基本方法、步骤、技术和准则等的知识，例如借贷记账规则、固定资产双倍余额计算步骤、科目汇总表核算组织程序等知识。这类知识是指导学生完成某项学习活动或操作步骤的一套知识体系，即"程序性知识"，较为容易获得和提取。

与时俱进地更新会计专业知识也是教师教学能力的基本要求，目前在人工智能背景下，会计工作方式及工作内容发生了新变化，例如财务机器人、业财融合、财务共享等。会计教学内容也应及时反映领域产业升级的新技术、新工艺、新规范。

二、能力方面

为培养职业院校学生的会计核算能力、一定的收集分析财务信息数据能力、初步形成严谨的创新探究能力，大多数的课程教材配套了基于工作过程的会计实训教学内容，实训教学内容源于真实会计工作任务、项目或工作流程、过程等。学生在"学中做，做中学"，学习知识与习得能力交织在一起。例如，学生依据原始凭证填写记账凭证，先需要具备借贷记账规则、会计分录编制方法等方法性知识，还需要有记账凭证概念、记账凭证基本要素等事实性知识，才能进行实训操作。另外，在财务智能化背景下，不仅要侧重职业院校学生的会计"核算"能力，也要同时强化职业院校学生一定的会计"管理"能力。教师在进行会计教学设计时，要尽可能提供给学生动手操作、收集资料的机会，适当使用小组讨论、个别化学习等组织形式，以培养学生实训操作、合作学习、思考分析、表达交流等能力。

三、素质态度方面

基于各种原因，很多会计课程教材并未将素质情感教育清晰列出来。中等职业教育肩负着为社会经济发展培养新时代德技兼修的复合型技术技能人才的重任，课程教材知识作为素质情感教育的载体，其中蕴含的工匠精神、职业道德等素质情感需要教师拥有敏锐的眼光深入挖掘，梳理会计课程的德育元素，充分发挥会计课程的德育功能。正如《全国职业院校技能大赛教学能力比赛评分指标》所提到，"专业课堂教学内容能够有机融入思想政治教育元素，落实课程思政要求，加强劳动教育，弘扬劳动精神、劳模精神"。教师要善于提炼专业课程中蕴含的文化基因和价值范式，将其转化为社会主义核心价值观具体化、生动化的有效教学载体，在"润物细无声"的知识学习中融入理想信念的精神指引。

〔案例2-1〕2018年全国职业院校技能大赛职业院校教学能力比赛中职组教学设计比赛一等奖《匠心麦香之吐司面包烘焙》作品的思政教育设计赏析。（资料来源："全国职业院校技能大赛教学能力比赛"官网视频资料，经作者整理形成文字稿）

本课的情感目标确定为"感悟吐司面包制作过程中所孕育的文化意义、修为之道和敬畏之心"。将面包人性化，将面包制作程序与婴儿、少年、青年、壮年相对应，让学生真正把面包烤制当作生命的培育，并在培育过程中感受西方面包文化与中国匠厨文化，减少浮躁，增强对职业的敬畏和热爱。教学过程设计如图2-1、图2-2所示。

图2-1　教学过程（1）

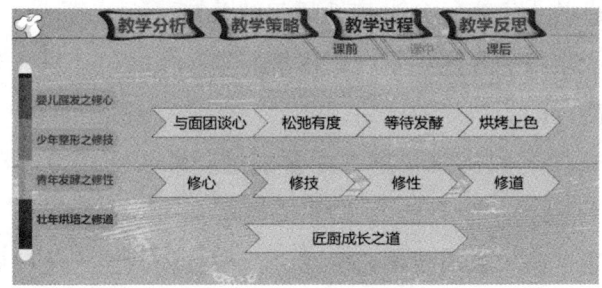

图2-2　教学过程（2）

1. 婴儿醒发之修心（5分钟）

回放课前录制发酵过程的视频，并提高32倍速播放，要求学生在观看时发布弹幕。当看到面团发酵时，你联想到了什么？有哪些要点？

学生弹幕中多数显示的是联想到婴儿的出生，教师将面团发酵的过程与婴儿在妈妈肚子里从小到成型的过程做一个并列的对比。面团和小婴儿一样，在一个有温度与湿度的环境中慢慢成长成型，如同生命的孕育，引导学生感受到面包师工作的神圣，同时归纳和面、依次发酵和分割要点。

2. 少年整形之修技（10分钟）

上次课作业显示，整形是大部分学生的难点，面团的松弛对于面包最后的成型有着非常大的影响。过松会导致面包烤制后质地粗糙的问题，而过紧则会导致表皮破裂或者影响发酵。如果说面包中的和面和依次发酵，代表人生的婴儿阶段，那么擀卷、松弛阶段正如少年不经世的我们应当踏实收放自如地去做好每一件事。

（1）老师讲解整形的核心要点。

（2）学生边做边查看微课，学习正确的擀面以及卷面的手法。

（3）学生通过平台直播自己的操作步骤，老师实时在平台上查看学生的直播情况，发现问题及时纠正，突破教学难点。

3. 青年发酵之修行（40分钟）

（1）学生将卷好的面团放入模具中，并放入湿度为75%、温度为35度的发酵箱中进行二次发酵。教师先针对二次发酵程度控制这一难点进行理论疏通，通过动画讲解发酵原理和控制要点，学生边观察边等待发酵。

（2）通过拼图教学法分析面包失败常见问题。三个拼图小组中，课前负责八个问题的学生，先重新组成八个专家组，进行专题问题的讨论，完善思维导图，然后回到自己的小组进行分享，教师归纳总结。

接着学生进入烘焙仿真实训系统，模拟制作一条吐司，只有当完全选择正确的原料工具、发酵时间、烘烤温度后，才会制作出一条完美的吐司面包。如果出现系统错误，会自动返回初始状态，重新来过。举一反三，对常见问题进行纠错，突出教学重点1。

等待面团的第二次成长需要耐心。这一阶段犹如我们人生的青年时期，需要不断学习、犯错、纠错和沉淀。大部分学生能够做到及时准确判断二次发酵程度，突破教学难点 2。

4. 壮年烘焙之修道（35 分钟）

（1）学生将发酵完成的面包以上火为 170 度、下火为 200 度的温度进行烤制，烤制的 30 分钟内，教师先组织学生进行西方面包文化和中国匠厨文化的讨论，并对自己的制作过程进行反思。

（2）面包如同中国的米饭，是西方文化和精神的寄托。教师引导学生归纳匠厨成长之路，从修心、修技、修性到修道，从心所欲、不逾矩。

（3）烘焙完成后，教师组织学生互评，大部分学生第 2 次烤制的面包比第 1 次大幅改善，至此教学重点 2 得以破解。

第四节　教学目标分析

教学目标是指对学习者通过教学后应该表现出来可见行为的具体明确的表述，它是预先确定的、通过教学可以达到的并且能够用现有技术手段测量的学习结果或标准。因此，教学目标对教学设计活动起着导向、激励和测量的功能。教学设计中教学内容的选择与设计、教学方法和教学媒体的选择与组合、教学过程的安排等都受到教学目标的指导和制约，它起着指示方向、引导轨迹的作用。

作为教育工作者，需要厘清"教育目的""培养目标""课程目标""教学目标"等术语。从层次性来看，上述术语之间有着具体与抽象的层次关系，即教育目的—培养目标—课程目标—教学目标，其中教育目的由教育部确定，培养目标由各级各类学校制定，课程目标和教学目标则由课程负责人和课程授课老师依据教育目的和培养目标，结合专业课程确定。可见教育目的起着统领作用，逐级细化。教学目标是基础，教学目标日积月累得以最终实现教育目的。

《职校人才培养方案指导意见》提出职业院校积极对接国家教学标准，优化专业人才培养方案，创新人才培养模式，加快培养复合型技术技能人才。传授基础知识与培养专业能力并重，强化学生职业素养养成和专业技术积累，将专业精神、职业精神和工匠精神融入人才培养全过程。职业院校根据学校办学层次和办学定位，科学合理确定专业培养目标，明确学生的知识、能力和素质要求，保证培养规格。要注重学用相长、知行合一，着力培养学生的创新精神和实践能力，增强学生的职业适应能力和可持续发展能力。

《会计专业教学标准》明确提出会计专业培养目标，本专业坚持立德树人，面向中小企业和会计服务机构，培养从事出纳、会计核算及财经相关服务工作，德智体美全面发展的高素质劳动者和技能型人才。《会计电算化专业教学标准》明确提出会计电算化专业培养目标，本专业坚持立德树人，面向中小企业和会计服务机构，培养从事会计核算、出纳、收银、财务软件应用与维护、财务软件营销与服务等工作，德智体美全面发展的高素质劳动者和技能型人才。

会计类专业教学标准为中等职业学校会计类专业人才培养目标明确了方向，然而它还是较宏观的大方向，需要通过《会计基础》《财经法规与会计职业道德》《会计电算化》《商品流通企业会计》等专业核心、专业技能和专业选修等课程落实。当会计类专业课程目标反映到具体教学内容上时，就有了教学目标。教学目标在层次上也可进行分类，由宏观到微观，依次包括课程教学目标、单元教学目标、课时教学目标（即课堂教学目标）。这样的层次说明了会计课程目标的不断具体化，通过"小"的近期目标不断实现，逼近"大"的远期目标。

教学目标是对学习者接受教学后所应展示行为的清晰描述。作为教学设计活动的出发点和归宿，教学目标具有导向、控制、激励、中介、测度等重要功能。根据布卢姆的教学目标分类理论与加涅的学习结果分类理论，教学活动所要实现的整体目标分为认知、动作技能、情感三大领域。

按《职校人才培养方案指导意见》，职业教育教学目标分为三个维度，分别是知识目标（认知目标）、能力目标（动作技能目标）、素质目标（情感目标）。知识目标即要了解、掌握和灵活运用的支撑性知识。能力目标包括技术、业务操作能力和智力操作能力。素质目标包括对课程、职业的兴趣、热爱等感情，从业态度、价值观等，把立德树人融入专业知识教育、技术技能培养、社会实践教育各环节。这三个维度的教学目标，如同三角形的三个顶点，是相互联系、互为一体，不可分割的。

德国职业教育以双元制著称。德国职业教育从能力内容的角度将职业能力分成专业能力、方法能力和社会能力三大类。根据姜大源教授对职业能力的定义，其中：(1) 方法能力，具备从事职业活动所需要的工作方法和学习方法，是劳动者在职业生涯中不断获取新知识、新技能，掌握新方法的重要手段。(2) 专业能力，具备从事各专业都必须要具有的基础能力，是劳动者胜任职业工作的核心能力。（3）社会能力，具备从事职业活动所需要的行为能力，包括人际交往、公共关系、职业道德等。

在进行教学目标设计时，关键是要科学设计和恰当表述三维目标。教学目标的设计和表述，一般至少包括三个明确的部分，分别是行为主体、行为对象和行为动词。有时为了陈述简便，在不会引起误解或歧义的情况下，可以省略行为主体。

1. 行为主体

课堂教学目标是预期学生的学习结果，即预期学生通过学习后在知识的掌握、应用及能力、情感水平方面存在哪些方面的变化，变化水平程度如何。教学目标的陈述应从学生的角度出发，陈述学生经过教学活动之后的变化，而判断教学效果的直接依据是学生有没有获得具体的进步，而不是教师有没有完成任务。正确表述教学目标应期望学生在教学过程中做什么为依据，即学生为目标的主体，把教学的重心指向学生和期望他们达到的学习结果。规范的课堂教学目标应表述为"学生应该……""学生能够……""学生可以……"。行为的主体必须是学生，而不能以教师为目标的行为主体。例如"使学生……""提高学生……""培养学生……"等陈述都是不规范的。在表述课堂教学目标时行为主体可以省略不写，但在设计思想上应牢记课堂教学目标是针对特定的学习者而制定的，即目标的主体是学生。

2. 行为对象

行为对象即具体的教学内容。学习目标是针对学生的行为而写的，所以描述学习目标时应指明特定的学习内容。例如学生能理解资产负债表的概念、内容和作用，并能依据报表编制原理和方法，编制资产负债表及分析资产负债表。

3. 行为动词

对于知识目标和能力目标常常采用结果性目标方式，即明确告诉学生会计学习的结果是什么，应尽可能选用意义明确、易于观察的行为动词，应避免使用意义含糊、难以观察的动词。采用的行为动词一般较为明确、可测量、可评价。

了解：对知识的含义有感性的、初步的认识，能知道"是什么"。

理解：对概念和原理等达到了理性认识，能说清"为什么"。

运用：在理解的基础上，能运用所学知识迅速、灵活地解决问题，即知晓"做什么""怎么做"，从而形成能力。

对于素质目标这一维度，常应用体验性目标方式，即描述学生的心理感受、体验。所采用的行为动词常是体验性和过程性。例如"感受""体会""领悟"等。

第五节　教学重难点分析

教学重点是指教学中的重点内容，是依据学生学情、教学目标在对教材进行科学分析的基础上，所确定的最核心、最基本的部分，是课堂教学中的亟待解决的主要矛盾，是教学的重心所在。会计专业的基础知识和技能方法，例如基本概念、基本原理、核算方法、公式等，都可以确定为课堂教学的重点内容。一般来说，教学重点是针对教材中的专业知识系统、人文素质教育功能和学生的学习需要而言的。从专业知识系统而言，教学重点是指紧密联系教材前面的知识技能，并对后续教学具有重要影响的知识技能内容；从人文素质教育功能而言，教学重点是指对学生人文修养、职业道德素质培养有着深远教育意义和功能的内容；从学生的学习需要而言，教学重点是指学生学习将会遇到的疑难问题，需要得到及时帮助解决的困难。

教学难点是根据学生的学习水平特征来确定，在一般情况下，学生不易理解或不易掌握的知识技能，是使普遍学生都感觉到理解困难的内容。针对教学难点，教师要恰当运用不同的教学方法和教学媒体，适当降低学生学习难度等有效办法加以突破，否则学生听不懂，学不会这部分教学内容，会影响后续课程知识技能的理解掌握。

教学难点和重点具有不同性质。由于教学难点针对学生而言，因而教学难点具有暂时性和相对性。教学难点暂时性是指难点内容经过教师的教、学生的学后，学生真正理解和掌握后，那么难点就不再存在。教学难点相对性是指某些知识技能对于一部分学生（一般学校、一般学生）可能是难点，而对于另一部分学生（示范学校、重点学校、优秀学生）就可能不是难点。而教学重点针对会计专业而言，一般具有稳定性和长期性，它并不会因为学生的理解和掌握了就不再是重点，而是会持续存在并贯穿一定教学阶段的始终。教学难点与重点又有一定的联系，有些内容是重点而不是难点，有些内容是难点而不是重点，而有些内容既是重点又是难点。教学重点和难点需要教师依据教学内容和学生学情具体分析确定。正如《全国职业院校技能大赛教学能力比赛评分指标》所提到的,"技术技能教学重点、难点的解决,能够针对学习和实践反馈及时调整教学,突出学生中心,强调知行合一,实行因材施教。针对不同生源特点,体现灵活的教学组织形式"。

〔案例 2-2〕2018 年全国职业院校技能大赛职业院校教学能力比赛高职组教学设计比赛一等奖《方寸之间显智慧——增值税发票的填开》作品的教学分析内容,如图 2-3、图 2-4 所示。(资料来源:"全国职业院校技能大赛教学能力比赛"官网视频资料,经作者整理形成文字稿)

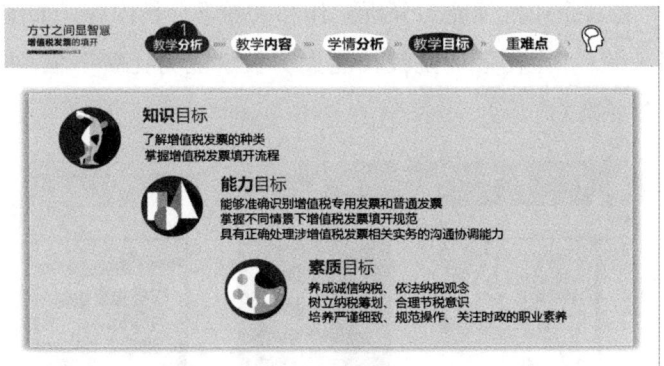

图 2-3 教学过程(1)

图 2-4 教学过程(2)

本科授课对象为会计专业二年级学生,在此之前他们已经具备了基本的税法知识和手工填制原始凭证的能力,但是在税务系统中如何正确填开增值税发票,尚存盲点,同时学生纳税节税等法规意识不强,传统教学重申报轻填开也导致学生实操规范性薄弱。结合人才培养方案，行业趋势和岗位要求，确定本次课堂的知识目标是了解增值税发票的种类，掌握增值税发票填开流程；能力目标是能够准确识别增值税专用发票和普通发票，掌握不同情景下增值税发票填开规范，培养正确处理增值税发票相关实务的沟通协调能力；素质目标是养成诚信纳税，依法纳税观念，树立纳税筹划，合理节税意识，培养严谨细致规范操作，关注时政的职业素养。教学重点是正数增值税发票填开流程，清单增值税发票填开流程，增值税发票作废条件及操作流程。教学难点是折扣增值税发票填开流程，赠品增值税发票填开流程，红字增值税发票适用条件及操作流程。

〔案例 2-3〕2018 年全国职业院校技能大赛职业院校教学能力比赛高职组教学设计比赛一等奖《企业偿债能力分析》作品的教学分析内容，如图 2-5、图 2-6 所示。（资料来源："全国职业院校技能大赛教学能力比赛"官网视频资料，经作者整理形成文字稿）

图 2-5　教学过程（1）

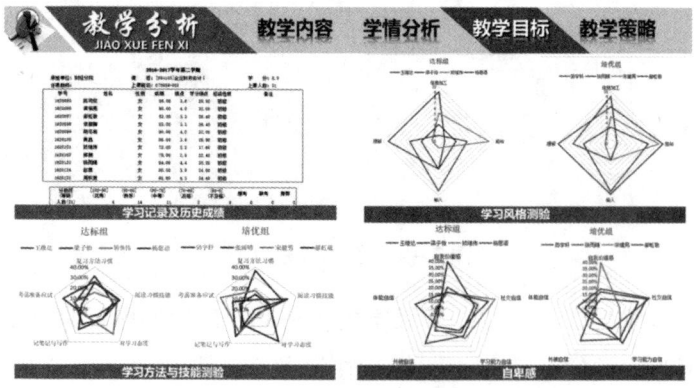

图 2-6　教学过程（2）

依据教育部财经大类高等职业学校专业教学标准和企业会计准则，结合职业教育国家规划教材，基于会计岗位工作过程，将财务报表编制与分析课程整合为五部分教学内容，本节课选自第三部分"分析财务报表"的子项目五"分析资产负债表"中的任务三"分析企业偿债能力"内容，计划两学时完成。本门课程开设于会计专业第四学期，学生已经完成财务会计等前导课程的学习，能够熟练操作用友 ERP U8，能使用用友 BA 编制财务报表，能熟练操作办公软件。课前优慕课调查问卷及微信沟通，发现学生不喜欢记忆公式，对偿债能力分析的言语表达缺乏信心。依据以上教学内容和学情分析，制定以下知识目标、能力目标和素质目标。知识目标，掌握企业长短期偿债能力财务指标。能力目标，能够综合分析企业偿债能力。素质目标，培养学生诚信意识，合规意识和服务意识，培养学生财务报告公文写作能力。确定教学重点为长短期偿债能力指标计算，教学难点为综合分析企业偿债能力。

〔案例 2-4〕2018 年全国职业院校技能大赛职业院校教学能力比赛中职组教学设计比赛一等奖《平衡膳食宝塔及应用》作品的教学分析内容，如图 2-7、图 2-8 所示。（资料来源："全国职业院校技能大赛教学能力比赛"官网视频资料，经作者整理形成文字稿）

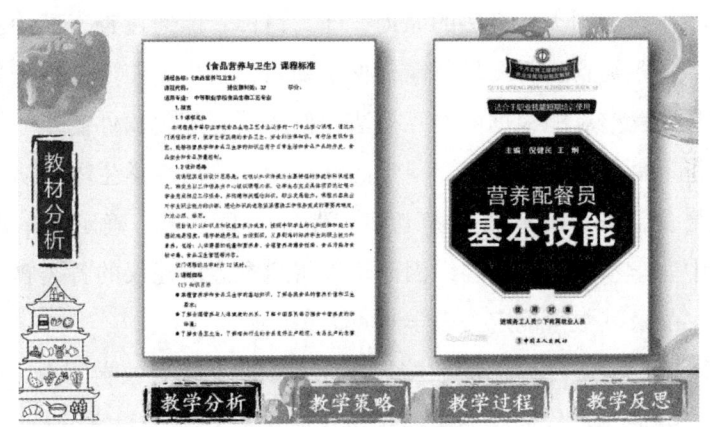

图 2-7 教学过程（1）

本课题选自高等教育出版社出版的中等职业教育国规教材。食品安全与营养第 5 章中的平衡膳食宝塔及应用一节，是对中国居民膳食指南的综合型应用。根据课程标准和营养配餐员的岗位能力要求，对本次课教学内容做以下处理，以为高龄社（养老院）配餐为例，帮助学生掌握根据平衡膳食宝塔为特定人群做膳

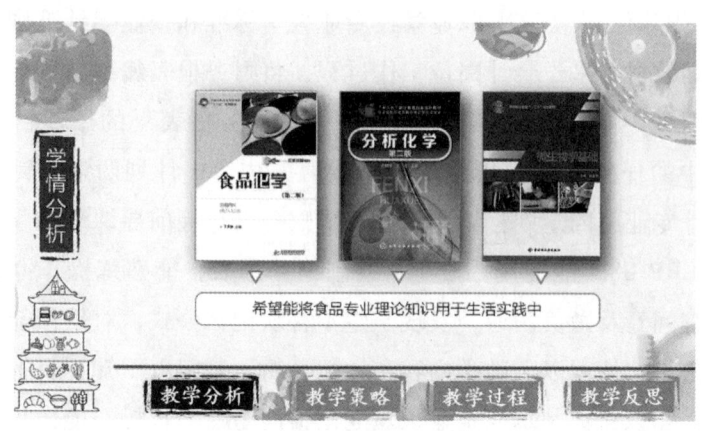

图 2-8 教学过程（2）

食指导的一般方法。本次授课对象为食品生物工艺专业二年级学生。学生计算能力弱，对理论知识的理解能力差，喜欢游戏的学习方式，通过之前的学习，学生已经掌握了人体所需的六大营养素及各类食物的营养价值，有合理营养与平衡膳食的理念，他们希望能将食品专业理论知识用于生活实践，指导日常饮食。基于以上分析，结合课程标准，确定了本次课的知识、能力和情感目标。知识目标：熟记平衡膳食宝塔各层食物的种类和建议摄入量，掌握运用平衡膳食宝塔进行营养配餐的步骤，理解同类互换法的原理；能力目标：能通过查表准确获取特定人群的能量水平和各类食物需要量，能根据平衡膳食宝塔，使用营养配餐软件，为高龄社制定一日食谱。能根据同类互换法，使用营养配餐软件制定一周食谱；情感目标：纠正不良饮食结构，树立科学的饮食观念，培养学生团队协作能力。其中根据平衡膳食宝塔为高龄社（养老院）制定一日食谱，确定为本次课的教学重点。由于中职学生计算能力弱，因而正确将膳食宝塔建议的各类食物摄入量转化为具体的菜品及其数量确定为教学难点。

〔案例 2-5〕2018 年全国职业院校技能大赛职业院校教学能力比赛中职组教学设计比赛一等奖《现代插花的实用技巧及应用》作品的教学分析内容。（资料来源"全国职业院校技能大赛教学能力比赛"官网视频资料，经作者整理形成文字稿）

依托区域产业背景，花艺设计是我校园林技术专业大多数女生的首选就业岗位，强化技能训练是园林技术专业的核心课程。现代插花的使用技巧及应用为第三单元任务，是本单元的核心内容，一共 4 个课时，主要让学生学会现代插花技巧的制作与应用。教材以"十二五"职业教育国家规划教材《插花与花艺设计》为主,并参考国家职业资格培训同步教程《插花教程图解》,强化教学内容的职业要求。教学对象是园林技术专业二年级学生,通过《设计基础》和《园林制图与 CAD》课程,学生掌握了手绘和构图技巧。通过《园林植物》与《花卉栽培》课程,学生掌握了植物的特性。通过前期东西方花型的制作,学生表现为动手能力较强,但插花手法比较单一,技巧的运用比较薄弱、缺乏变化。注重作品视觉美但常忽略作品与环境的关系。课程对接花艺师职业标准,根据人才培养目标,确定了本单元的知识、能力和素质三维目标。知识目标:知道现代插花艺术的特点和现代插花 12 种设计技巧的类型及特点。能力目标:学会制作现代插花 12 种设计技巧以及合理运用设计技巧提高插花作品的装饰效果。素质目标:"以花启美"培养学生的审美能力。根据教学内容和教学目标确定教学重点为两个,一是现代插花 12 种技巧的制作;二是将技巧合理地应用于插花作品。根据准确的学情分析,确定教学难点是插画作品与环境的合理搭配,教学环境是安装有 3D 虚拟情景实现系统的一体化课室。

〔案例 2-6〕2018 年全国职业院校技能大赛职业院校教学能力比赛高职组教学设计比赛一等奖《结构化面试,慧眼识英才》作品的教学分析内容,如图 2-9、图 2-10 所示。(资料来源:"全国职业院校技能大赛教学能力比赛"官网视频资料,经作者整理形成文字稿)

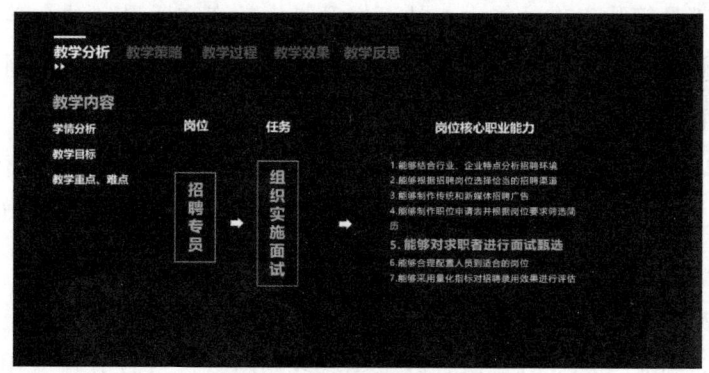

图 2-9 教学过程(1)

本课程为人力资源管理专业大一核心课程,采用国规教材给予招聘专员岗位工作过程分析结果和职业资格标准设置培养目标。本次课对应面试甄选人才专项技能开展教学,选自员工招聘与配置课程模块 3 的项目。结构化面试共 4 课时,

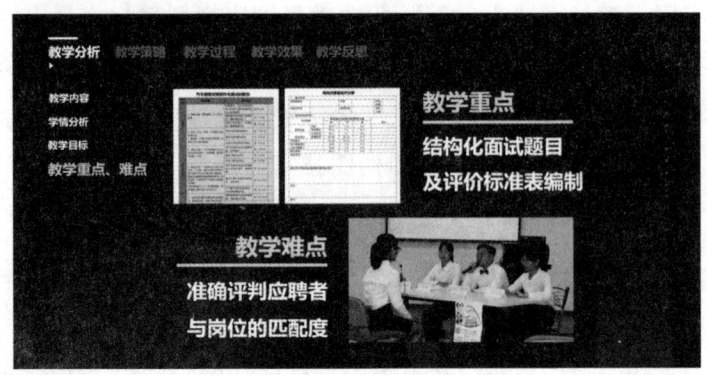

图 2-10 教学过程（2）

基于对我校从事招聘专员岗位毕业生调查的结果及多年的教学经验发现，学生在本教学内容的学习上有以下特点：学生已掌握招聘基础知识，但不了解岗位工作实际情况；能完成结构化面试流程，但设计的题目千篇一律，评判不准确；能够自学知识，实践积极性高，但课后总结能力差，技能掌握不牢固。根据招聘专员职业资格标准设立任务，确立知识、技能和素养的三维教学目标。知识目标：理解结构化面试的定义，熟悉结构化面试的实施步骤，了解结构化面试题目和评价标准表的编制原则与方法；技能目标：编制符合岗位要求的结构化面试题目及评价标准表，组织实施结构化面试及选出匹配人才；素养目标：培养求真务实、客观公正、诚信友善的社会主义核心价值观，树立团队合作、团队竞争意识，提高运用信息化工具简化工作的能力，从而提升工作效率和质量。结合学情分析和岗位实操应用瓶颈，确定教学重点是结构化面试题目及评价标准表编制，难点是准确评判应聘者与岗位的匹配人才素养。

〔案例 2-7〕2018 年全国职业院校技能大赛职业院校教学能力比赛中职组教学设计比赛二等奖《漫绘画卷，致敬匠心》作品的教学分析内容，如图 2-11、图 2-12 所示。（资料来源："全国职业院校技能大赛教学能力比赛"官网视频资料，经作者整理形成文字稿）

本课题选自中等职业教育课程改革国家规划新教材《计算机应用基础》第 7 章"制作演示文稿"，这是最后一个章节内容。授课对象为 2017 级计算机专业学生，对接职业标准，从 6 个方面调查学生学情，根据各团队期中之后 10 次任务的得分情况，制作学情分析图。可以看出学生在挑战欲，团队精神和创造性方面是比较出色，但是在耐性和思维方面不具优势，时间操作方面则参差不齐，根据

图 2-11 教学过程（1）

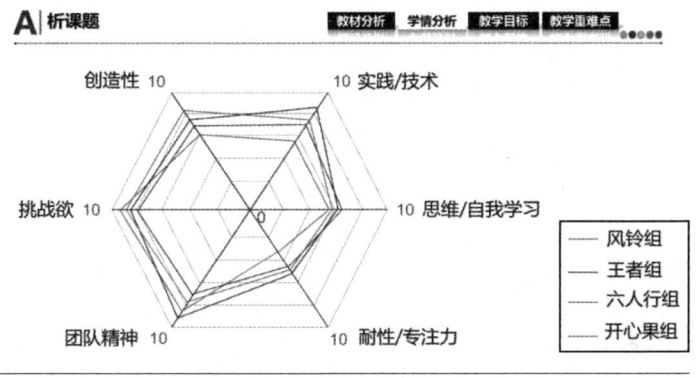

图 2-12 教学过程（2）

学情分析，教学目标设置如下，知识目标：了解卷轴动画的用途及制作原理。能力目标：能够灵活运用 PPT2010 软件制作符合任务主题的卷轴动画。素质目标：（1）致敬匠心，增强使命感；（2）磨炼耐性，提升持之以恒，精益求精的职业素养。通过对课题、学情、目标的分析，确定本课的重点为选择卷轴动画的制作方法，难点为卷轴动画的同步效果。

【知识巩固】

（1）会计教学设计中教学内容分析的具体内容包括哪些？

（2）你认为会计专业知识内容如何能够有机融入思想政治教育元素，落实课程思政要求？

【实践训练】

（1）有条件的学习者，可以到附近学校选取会计类专业某一年级（或班级）的学习者，从学习起点能力、学习风格、学习动机和学习自我效能感四个方面开展学习者学情分析。

（2）借鉴模仿章节案例内容，选择会计课程某一知识内容，思考该知识内容如何有机融入思想政治教育元素，落实课程思政要求，加强劳动教育，弘扬劳动精神和劳模精神，并编写一份课程思政教学设计方案。

（3）根据会计教学设计的教学分析要求，修正第一章实践训练编写会计教学设计方案（1.0版），形成2.0版教学设计方案。

第三章 会计教学设计的教学策略

【本章导读】

通过教学设计的教学分析,设计者已经明确教学问题、学习者学情、教学内容及教学目标,教学重难点。教学设计的下一步便是设计一种经济有效的教学策略,以达成教学目标,完成教学任务。选择有效的教学策略是棘手的事,困难可能不在于我们是否有多少教学策略可供选择,更多的情况是我们需要依据什么原则选择教学策略。本节首先介绍教学策略基本概念和代表性的教学策略;其次从教学策略的基本要素出发,结合会计职业教育特点,分别介绍会计教学方法选择、教学媒体选择以及教学过程设计等内容。

【学习目标】

深刻理解自主学习策略和合作学习策略两大类教学策略,并能将其渗透和运用到会计教学设计当中。

掌握和灵活运用会计专业常用讲授法、演示法、讨论法、情境教学法、对比教学法、案例教学法、游戏教学法、角色扮演法、任务驱动法、混合式教学法等教学方法。掌握和熟练运用多媒体课件、微课和移动教学工具等现代教学媒体。掌握三类教学过程模式并能将熟练进行会计课堂教学过程设计。掌握和熟练运用 Inspiration 和 Mindmapper 等教学流程图软件。

第一节 教学策略概念

一、教学策略概念

《现代汉语词典》对"策略"概念界定是:"根据形势发展而制定的行动方

针和斗争方式，讲究斗争艺术，注意方式方法。"联合国教科文组织国际教育发展委员会编著的《学会生存》一书中认为：策略是把各个要素通过一定的手段或方法组织在一起，使其成为一个融会贯通的整体，同时能估计到其中可能会出现的问题，并具有对这些问题加以控制的意志。书中还指出，策略就是要根据可能出现的各种情况，来决定所采取的具体实际行动，根据具体的政策，灵活地做出正确有效的决定。从上述概念界定可以看出，策略是为实现某种目标所采用的方法或手段，侧重预见性以及对方法和手段的灵活选择和运用。

"教学策略"是"教学"和"策略"的有机结合。美国学者埃金等编写的《课堂教学策略》认为，"教学策略是教师根据教学任务的类型特点选择有效的方法"。我国教育心理学家皮连生教授认为，"教学策略不是指具体教学方法，而是指为达到一定教学目标的一整套教学步骤、方法、媒体的选择等"。台湾教育心理学家张春兴把教学策略定义为，"教师教学时有计划地引导学生学习从而达到教学目标的一切方法"。

教学策略是教学设计的一部分，是指为了完成特定的教学目标，依据一定的教学内容，基于对学习者学情分析的基础上对教学方法和教学媒体的选择以及教学过程设计的总体考虑。是在对"教什么"的分析基础上，对"如何教"才能达到教学目标的策略制定。教学策略的宗旨是设计一种教学，使学习者积极主动地去生成或建构有意义的知识联结，它可以帮助学习者进行有趣、积极有效的学习。因此，教学策略的设计是实现教学目标极为关键的一环，对教学的成功助益甚大。

二、教学模式与教学策略

教学模式与教学策略有着密切联系，两者都是连接教学理论和教学实践的重要教学设计研究范畴。它们既有相同点也有不同点。

教学模式与教学策略都是教学理念、教学原理、教学原则的具体化，并且有一定的理论支撑。教学模式与教学策略都不是抽象的理论，而是具有可操作性的方法、程序，且多以精练的语言、象征的图形和明确的符号来概括和表达教学活动过程。

然而，教学模式与教学策略又有区别，主要表现为：（1）教学模式是相对稳定的，它不是某具体的教学经验反映，而是对同一类教学实践经验的综合反映。教学策略则是灵活多样的，它可以根据实际情况对教学内容、媒体、组织形式、方法、过程步骤等各要素进行变通和调整，使之更符合特定的教学目标、教学内容、学生学情和环境条件等。（2）教学模式指向整个教学过程，对整个教学过程中各要素之间的结构关系与活动进程的序列进行抽象化表征。而教学策略聚焦于单个教学活动或教学行为，针对具体的教学情境或教学问题做出灵活变化。在这意义上，一个教学模式可以内含多种教学策略。教学策略比教学模式更加具体。

三、教学策略与教学方法

教学策略是对完成特定教学目标而采用的教学活动程序、教学方法、教学组织形式和媒体等因素的总体考虑。教学策略基于一定教育教学理论，是教育教学理论的具体化，教学策略的选择反映了教学设计者的教育思想和主张，是教师在现实的教学过程中对教学活动的整体性把握和推进的措施。

教学方法是在教学过程中，教师和学生为实现教学目的、完成教学任务而采取的教与学相互作用活动方式的总称。教学方法是教学策略的具体化，介于教学策略与教学实践之间，是具体的可操作的详细方式、手段和途径。教学展开过程中选择和采用什么方法，受到教学策略的支配。

教学策略从层次上高于教学方法。教学策略属于"战略"范畴，教学方法属于"战术"范畴。

四、代表性教学策略

选择合适的教学策略为课堂有效教学奠定基础。依据不同的角度，教学策略有不同的类型。

按功能分类，教学策略可分为组织策略、传递策略和管理策略。"组织策略"是指教师对教学（课程）内容的选择（包括增减、换序、整合、改编等）和排序。"传递策略"是指教师所选择的教学具体方式和互动形态。"管理策略"是指教师创设人性化的学习环境和提供丰富、相关的学习资源。

按学习者对信息加工过程的控制程度分类，教学策略可分为替代性策略、生成性策略和指导性策略。"替代性策略"是指在学习过程中，教师代替学生处理信息，为学生提供学习目标、选择教学内容、安排教学顺序以及设计教学活动等。"生成性策略"是指让学生成为学习的主要控制者，学生自己形成学习目标、自己对学习内容进行组织加工、安排学习活动顺序，并鼓励学生自己从教学中建构具有个人风格的学习。"指导性策略"是指学生在教师的指导下，通过学习教材和借助相关资料及教学实践的辅助性过程，运用思考、分析、探究及归纳等方法，从而获取知识、掌握基本技能。

教学策略按学习方式分，可分为自主学习策略和合作学习策略，以下对这两种策略概念及设计进行重点介绍。

（一）自主学习策略

从学习心理学关于"人是如何学习的"这一逻辑起点考虑，自主学习策略可分为"支架式策略""抛锚式策略""随机进入式策略"。

1. 支架式策略

苏联著名心理学家维果斯基的"最近发展区"理论认为，学生在独立解决问题时的已有知识水平和在教师的指导下解决问题时潜在的发展水平之间存在着差异。欧盟"远距离教育与训练项目"文件，将支架式教学定义如下：支架式教学应当为学习者提供知识学习的概念框架，学生沿着框架逐步深入学习以实现对知识的意义建构。框架中的概念是发展学习者对问题的进一步理解所需要的，为此，就需要事先把复杂的学习任务加以分解，以便于将学习者的理解逐步引向深入。由此可见，支架式教学策略来自"最近发展区"理论。而支架式教学理论的核心就是将学生已有的发展水平和潜在的发展水平联系起来，教师要围绕学习主题建立概念框架，在教师引领及扶助下，通过这一概念框架把学生的智力发展从现有水平引到更高水平。

支架式教学设计的一般组成环节。

（1）搭脚手架——围绕课堂教学的主题，按"最近发展区"的要求建立概念框架。

（2）进入情境——将学生引入一定的问题情境（概念框架中的某个节点）。

（3）独立探索——让学生独立探索。探索内容包括确定与给定概念有关的各种属性，并将各种属性按其重要性大小顺序排列。探索开始时要先由教师启发引导（例如演示或介绍理解类似概念的过程），然后让学生自己去分析探索，过程中教师要适时提示，帮助学生沿着概念框架逐步攀升。起初的引导帮助可以多一些，以后逐渐减少，慢慢地放手让学生自己探索最后要争取做到无须教师引导,学生自己能在概念框架中继续攀升。

(4) 协作学习——进行小组协商、讨论。讨论的结果有可能使原来确定的、与当前所学概念有关的属性增加或减少,各种属性的排列次序也可能有所调整,并使原来多种意见相互矛盾、且态度纷呈的复杂局面逐渐变得明朗、一致起来。在共享集体思维成果的基础上达到对当前所学概念比较全面、正确的理解,即最终完成对所学知识的意义建构。

(5) 效果评价——对学习效果的评价包括学生个人的自我评价和学习小组对个人的学习评价。评价内容包括:①自主学习能力;②对小组协作学习所做出的贡献;③是否完成对所学知识的意义建构。

2. 抛锚式策略

抛锚式教学策略是由温特比尔特认知与技术小组开发的,也被称为"基于问题的教学"或"实例式教学"。这种教学策略强调把有感染力的真实事件或问题作为"锚",确定这类真实事件或问题被形象地比喻为"抛锚",当这类事件或问题被确定后,整个教学的主要内容和教学进程也就被确定了(就像轮船被锚固定一样)。建构主义认为,学习者要想完成对所学知识的意义建构,达到对该知识所反映事物的性质、规律以及该事物与其他事物之间联系的深刻理解,最好的办法就是让学习者到现实世界的真实环境中去感受、去体验问题,而不是仅听教师经验的间接介绍和讲解。若要设计抛锚式教学策略,教师要根据学习主题,在一定的实际情境中选定某个典型的事件或真实问题,然后围绕该事例案例组织进一步的学习。

抛锚式教学设计的一般组成环节。

(1) 创设情境——使学习能在和现实情况基本一致或相类似的情境中发生。

(2) 确定问题——在上述情境下,选择与当前学习主题密切相关的真实性事件或问题作为学习的中心内容(让学生面临一个需要立即去解决的现实问题)。选出的事件或问题就是"锚",这一环节的作用就是"抛锚"。

(3) 自主学习——不是由教师直接告诉学生应当如何去解决面临的问题,而是由教师向学生提供解决该问题的有关线索(例如需要收集哪一类资料、从何处获取有关的信息资料以及现实中专家解决类似问题的探索过程等),并要特别注意发展学生的"自主学习"能力。自主学习能力包括:①确定学习内容表的能力(学习内容表是指为完成给定问题有关的学习任务所需要的知识点清单);

②获取有关信息与资料的能力（知道从何处获取以及如何去获取所需的信息与资料）；③利用、评价有关信息与资料的能力。

（4）协作学习——讨论、交流，通过不同观点的交锋，补充、修正、加深每个学生对当前问题的理解。

（5）效果评价——由于抛锚式教学要求学生解决面临的现实问题，学习过程就是解决问题的过程，即由该过程可以直接反映出学生的学习效果。因而对这种教学效果的评价往往不需要进行独立于教学过程的专门测验，只需在学习过程中随时观察并记录学生的表现即可。

3. 随机进入式策略

随机进入教学是指学习者可以通过不同途径、不同方法进入同样教学内容的学习，从而获得对同一事物或同一问题多方面的认识和理解。由于事物的复杂性和问题的多面性，要做到对事物内在性质和事物之间相互联系的全面了解和掌握，即真正达到对所学知识的全面而深刻的意义建构是很困难的，往往从不同的角度考虑可得到不同的理解。因此，在教学中就要注意对同一教学内容，要在不同的时间与不同的情境，为不同的教学目的、用不同的方式加以呈现。学习者在不同的情境中、从不同的角度理解和建构知识，进而获得广泛而灵活的非结构性知识，使学习者获得对事物全貌的理解与认识上的飞跃。

随机进入式教学设计的一般组成环节。

（1）呈现基本情境——向学生呈现与当前学习主题的基本内容相关的情境。

（2）随机进入学习——取决于学生"随机进入"学习所选择的内容而呈现与当前学习主题的不同侧面特性相关联的情境。在此过程中教师应注意发展学生的自主学习能力，使学生逐步学会自己学习。

（3）思维发展训练——由于随机进入学习的内容通常比较复杂，所研究的问题往往涉及许多方面，因此，在这类学习中，教师还应特别注意发展学生的思维能力。其方法是：①教师与学生之间的交流应在"元认知级"进行（即教师向学生提出的问题，应有利于促进学生认知能力的发展而非纯知识性提问）；②要注意建立学生的思维模型，即要了解学生思维的特点（例如教师可通过这样一些问题来建立学生的思维模型："你的意思是指？""你怎么知道这是正确的？""这是为什么？"等）；③注意培养学生的发散性思维（这可通过提出这样一些问题来达到："还有没有其他的含义？""请对 A 与 B 做出比较""请评价某种观点"等）。

(4) 小组协作学习——围绕呈现不同侧面的情境所获得的认识展开小组讨论。在讨论中，每个学生的观点在和其他学生以及教师一起建立的社会协商环境中受到考察、评论，同时每个学生也对别人的观点、看法进行思考并做出反应。

(5) 学习效果评价——包括自我评价与小组评价。评价内容包括：①自主学习能力；②对小组协作学习所做出的贡献；③是否完成对所学知识的意义建构。

（二）合作学习策略

对于合作学习概念，美国的斯莱文和约翰逊兄弟的观点最具代表性。斯莱文认为，合作学习就是学生以小组的形式从事学习活动，并依据整个小组成绩获得认可或奖励的课堂教学技术。约翰逊兄弟认为，合作学习是在教学中运用小组形式开展学习活动，通过共同活动，最大限度地促进学生自己以及他人的学习。国内的王坦教授认为，合作学习是一种旨在促进学生在异质小组中互助合作，达成共同的学习目标，并以小组的总体成绩作为奖励依据的教学策略体系。

合作学习策略有以下四个特点：（1）小组活动。将学生按不同的需要分成若干小组，开展教学活动，组内、组间都有交流互动。（2）伙伴协作作用。通过小组形式，能使每位学生都能与伙伴相互交流、互相合作，通过协作作用来提升自己与他人。（3）特定教学目标。合作学习是围绕着特定教学目标来展开教学活动的，最终也以教学目标完成程度来调控和评价教学活动。（4）以小组总成绩为主要考核标准。尽管个人的成绩也会被纳入考核体系，但合作学习讲究的是团队意识、团队力量和团队协作，所以主要依据整个小组完成教学目标的总体成绩进行评估和奖励。

教学策略是一种选择行为。在教学中，选择的主体是教师，选择的标准是特定的教学目标，而选择的客体则是各种各样的教学方法和教学资源。选择行为要真正有效，取决于可供选择的教学方法和教学媒体的充分性，教学过程设计的科学性以及教学目标的达成度。同时，教学策略这种选择行为是一个不断反思修正调整的过程。基于教师教学反思，教学策略呈现"目标—选择—反思—新情境—调整—再反思……"持续递进展开的过程。从特定教学目标出发，教师对所掌握的各种教学方法和教学媒体进行判断选择，并应用于具体教学情意中，在教学过程中，对教学方法、教学媒体和相应的情境进行反思，当有新情境发生时，对教学方法和教学媒体再选择，教学过程再设计，并应用于新情境中，同时进行再反思……如此循环重复，直至达成教学目标。

〔案例 3-1〕2018 年全国职业院校技能大赛职业院校教学能力比赛高职组教学设计比赛一等奖《企业偿债能力分析》作品的教学策略内容，如图 3-1、图 3-2 所示。（资料来源："全国职业院校技能大赛教学能力比赛"官网视频资料，经作者整理形成文字稿）

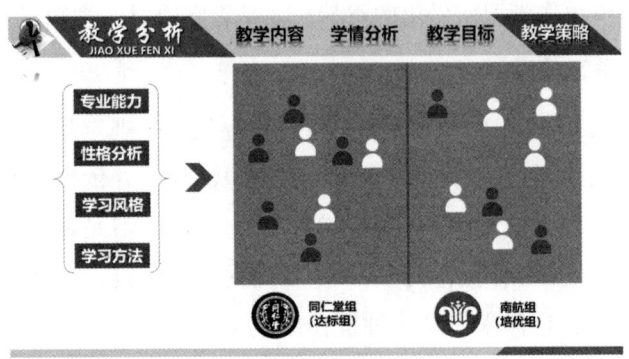

图 3-1　教学过程（1）

图 3-2　教学过程（2）

本门课程需综合运用前三学期所学知识，教师根据学生的专业能力、学习风格、学习方法和性格差异，将学生分为培优组和达标组，实行动态分组，因材施教，实现差异化教学。会计行业正处于变革时期，学生需要具备运用商业智能软件处理分析财务数据的能力，为此引入用友 BA 商业分析和网中网财务岗位虚拟实习平台，借助优慕课等现代化教学手段，结合任务驱动法和项目教学法设置多重情境，针对学生的差异设计"必做任务"和"挑战任务"，小组在探究中完成任务，逐步突破重难点。

〔案例 3-2〕2018 年全国职业院校技能大赛职业院校教学能力比赛中职组教

学设计比赛一等奖《轻器械健身操第一组合》作品的教学策略内容，如图3－3、图3－4所示。（资料来源："全国职业院校技能大赛教学能力比赛"官网视频资料，经作者整理形成文字稿）

图3－3　教学过程（1）

图3－4　教学过程（2）

根据以上教学分析，制定以下教学策略。（1）从社会体育指导员的工作岗位出发，重视专业技能的训练，更注重职业素养的培养。（2）借助信息技术，优化教学过程。传统健美操教学中，教师需要靠肉眼来观察，判断出哪个学生的哪个动作出错，并逐个指导，教学效率极低。本课程我们开设在智慧形体室，引入步伐定位和运动技术分析系统等信息化手段来辅助教学，实现精准练习，有效提高动作技术的规范度，实现高效课堂。

〔案例3－3〕2018年全国职业院校技能大赛职业院校教学能力比赛中职组教学设计比赛一等奖《匠心麦香之吐司面包烘焙》作品的教学策略内容，如图3－5、图3－6所示。（资料来源："全国职业院校技能大赛教学能力比赛"官网视频资料，经作者整理形成文字稿）

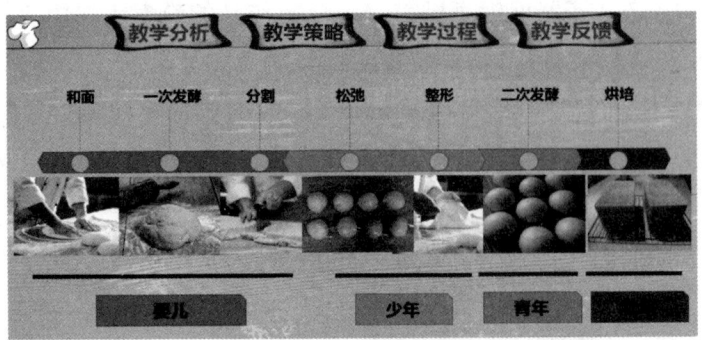

图 3-5 教学过程（1）

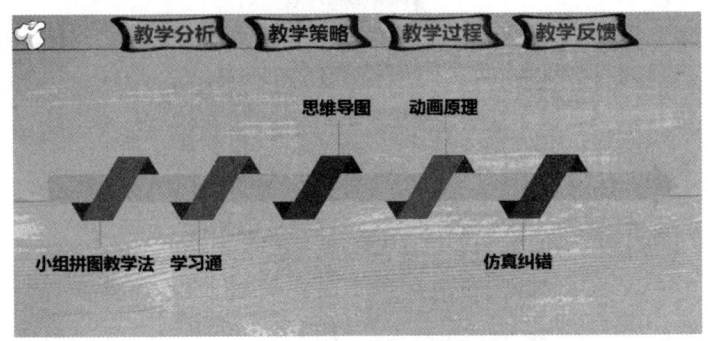

图 3-6 教学过程（2）

将面包人性化，将面包制作程序与婴儿、少年、青年、壮年相对应。让学生真正把面包烤制当作生命的培育，并在培育过程中感受西方面包文化与中国匠厨文化，减少浮躁，增强对职业的敬畏和热爱。通过学生创新创业创意实训室，使学生接收真实订单，融产教一体，体验实体经营销售模式，提升市场意识。针对面包失败常见问题和关键工序，通过小组拼图教学法，组建小专家团队，充分发挥学生主动性，采用学习通、思维导图、动画原理、仿真纠错等手段，突破教学重难点。

〔案例 3-4〕2018 年全国职业院校技能大赛职业院校教学能力比赛中职组教学设计比赛一等奖《头面部常用穴位及点按指法》作品的教学策略内容。（资料来源："全国职业院校技能大赛教学能力比赛"官网视频资料，经作者整理形成文字稿）

为了达成教学目标，突破重点化解难点，主要采用两种教学策略：（1）先学后教。"学"是让学生意识到自己不足，从而产生学习的意愿。"教"可以更有针对性地解决问题，让学生更容易学会本节课枯燥难以理解的知识和技能。

（2）综合运用现代信息化手段。本节课学习难度大，教学主要运用自制感应头模、Flash 交互动画、微课视频、创编顺口溜、平板 App 和互动平台等信息化手段。特别是两个动画视频的应用，让学生在轻松愉快情境中获得知识。然后运用自制位置感应头模与力度感应头模，变点按感觉为视觉与听觉，使学生直观形象地了解位置与力度的变化，从而掌握技能。

〔案例 3-5〕2018 年全国职业院校技能大赛职业院校教学能力比赛中职组教学设计比赛一等奖《编排幼儿园大班表演舞〈红星闪闪〉》作品的教学策略内容，如图 3-7、图 3-8 所示。（资料来源："全国职业院校技能大赛教学能力比赛"官网视频资料，经作者整理形成文字稿）

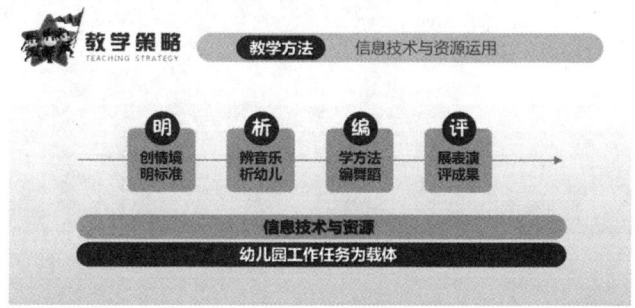

图 3-7　教学过程（1）

图 3-8　教学过程（2）

本节课教学策略，以幼儿园工作任务为载体，将教学过程优化为"明"（创情境，明标准）、"析"（辨音乐，析幼儿）、"编"（学方法，编舞蹈）、"评"（展表演，评成果）四个环节。采用线上线下混合式教学模式。支持学生自主探究，学练结合，实现做中学，做中教。教法为情境教学法、示范模仿法。学法为合作探究法、练习反馈法。依托学习平台的舞蹈资源库，动画队形编排软件，游戏等信息技术与资源。构建以学习者为中心的学习环境，满足个性化需求。通过沉浸式投影创设情境动作，动作队形实时投屏，表情姿态摄入对比等手段提升学生学习效果，高效解决重难点。

〔案例3-6〕2018年全国职业院校技能大赛职业院校教学能力比赛中职组教学设计比赛一等奖《现代插花的实用技巧及应用》作品的教学策略内容，如图3-9所示。（资料来源："全国职业院校技能大赛教学能力比赛"官网视频资料，经作者整理形成文字稿）

图3-9 教学过程

本节课教学策略计划如下，为了让学生掌握重点，突破难点，教学全程依托优慕课平台，以国家教学资源库为在线辅助资源，采用线上线下混合式教学模式。已完成前台场景的现代插花作品为任务驱动，课前学生通过微课视频自主学习技巧制作，通过优质案例资料，小组合作探究完成前台插花作品的制作。课中通过导、学、练、用、评等教学环节，采用任务驱动、小组探究等方法让学生学会学习，实现作品前后"变身"，课后通过作品展览、作品赠送、"易企秀"等活动，让学生学习成就感油然而生，享受学习。采用动画游戏3D虚拟情景实训系统等信息化手段，实现做中学、做中教、学中用，全程贯穿审美意识的培养，最终达成教学的三维目标。

第二节 教学方法选择

教学方法是教师和学生为了实现共同的教学目标、完成共同的教学任务，在教学过程中运用的方式与手段的总称。既包括教师教的方法，也包括学生学的方法，是教法和学法的统一。教学方法是完成教学任务的重要保证，是实现教学目标的重要手段。

教育学家李秉德教授按照教学方法的外部形态，以及相对应的形态下学生认识活动的特点，将教学方法分为五大类：第一类方法是："以语言传递信息为主的方法"，包括讲授法、谈话法、讨论法等。第二类方法是："以直观感知为主的方法"，包括演示法、参观法等。第三类方法是："以实际训练为主的方法"，包括练习法、实验法、实习作业法等。第四类方法是："以欣赏活动为主的教学方法"，包括陶冶法等。第五类方法是："以引导探究为主的方法"，包括发现法、探究法等。

《专业教学标准》对专业技能课教学实施提出了按照相应职业岗位（群）的能力要求，强化理论实践一体化，突出"做中学、做中教"的职业教育教学特色。对于知识性、理论性教学内容，建议采用案例教学、对比教学等方法；对于方法、技能性教学内容，建议采用任务教学、角色扮演、情境教学等方法。

职业院校会计专业教学方法选择应注意以下三个方面：第一，互动性。会计专业教学应坚持"以学生为中心"的教学理念，重视学生的课堂参与度，让学生多参与，亲自动手，亲自操作。第二，合理确定会计理论教学与实践教学的比例，加强学生的专业技能培养。《职校人才培养方案指导意见》提出职业院校专业人才培养要加强实践性教学，实践性教学学时原则上占总学时数的50%以上。第三，要把学生的学习与就业、创业紧密结合，注重学生职业道德和职业素质的培养，努力使学生通过理论和实训教学获得就业的技能和创业的本领。

职业院校会计专业常用教学方法分别有讲授法、讨论法、演示法、练习法、情境教学法、对比教学法、案例教学法、游戏教学法、角色扮演法、任务驱动法、混合式教学法、头脑风暴法等方法。以下就各种教学方法的基本概念和操作步骤做简要介绍，并以典型教学设计案例举例说明。

一、讲授法

讲授法是教师通过口头语言系统，以讲解、讲述、讲演等方式向学生传递知识的教学方法。它可以通过科学的分析、生动的描绘、有启发的设疑等，使学生能在较短时间内获得较多、较完整的知识。讲授法是一种最古老、最常用的教学方法。

教师的讲授并不仅是依赖其口头语言，还需要依赖教师的面部表情与肢体动作配合，需要与教师的板书、演示等方法相结合。讲授法有三种具体形式，分别是讲述、讲解和讲演。讲述是指教师对事物、事件作系统性的叙述和描绘。讲解是指教师对概念、原理进行解释、分析和论证。讲演是指教师不仅描述事实，分析和论证事实，并在此基础上进行实验和演算得出结论。会计教学课堂上，教师要向学生讲述概念、阐释原理、演示分录、演算账目、分析报表、介绍案例，这些均离不开讲授法。

现阶段对讲授法的非议声音客观地指出了讲授法的"以教师为中心""单向传授""满堂灌""注入式"的问题。但今天的教学改革不是单纯地取消讲授法，而是要改善讲授法本身，克服"填鸭式""满堂灌"现象。优秀的教师运用讲授法时，总是边讲授边板书，边讲授边比画，边讲授边演示，边讲授边演练。这样的讲授，不仅能达到清楚准确、生动形象的境界，而且能吸引学生学习注意力、激发学生学习兴趣，给学生一种如沐春风的感觉。

二、讨论法

讨论法是指为了实现一定的教学任务，在教师的指导下，学生们围绕中心问题，通过讨论或辩论活动，各抒己见，互相学习，相互启发，激发思维碰撞，产生思想火花，达到收获知识、习得技能的教学方法。讨论形式多样，按讨论人数规模，可分为全班式讨论和分组式讨论；按是否与其他教学方法结合，可分为全程式讨论和穿插式讨论。讨论法的首要原则是学生参与原则，尽可能全体学生参与，才能将讨论课的优势充分普及到所有学生；其次是平等性原则，主要是指师生之间的平等。在分析探究问题时，教师和学生都可以畅所欲言，纷纷表达自己不同的观点，当然平等并不否定教师的主导作用。

〔案例3-7〕"会计含义和会计基本职能"教学设计。
【教学内容】
第一章"总论"中的第二节"会计含义"和第三节的"会计基本职能"。
【教学课时】
1课时45分钟。
【教学内容分析】
《初级会计学》主要介绍会计基本理论、基本知识和基本技能。会计含义和会计基本职能属于基本知识内容。学习会计含义概念，对学生理性认识会计的本质有重要作用。通过学习会计两个基本职能，学生更加清晰了解会计工作的两个不同侧重点，知道会计职业岗位的区别。

【学情分析】

财务会计专业一年级学生刚进入大学生活，对大学学习充满期待，对自己所学专业充满未知的迷茫。学生普遍对专业的第一门课程的学习充满期待，希望汲取更多的新知识。从整体上说，《初级会计学》课程的授课对象具有以下特征。

（1）对专业迷茫。财务会计专业一年级学生对自己选择的专业是什么并不了解，在进入大学之前也没有受到过系统或专业的会计学训练，因此，对专业普遍感到迷茫。

（2）对知识渴望。虽然对所学专业不了解，但学生学习积极性高，对专业知识的好奇与渴求成为学生学习的驱动力。课堂上学生积极发言，参与讨论，课下主动与教师交流，正是渴求新知识的具体表现。从与学生的交流中明显感到，一年级学生在学习上的投入是较多的，课前预习、课后复习和课程作业都做得比较好，经常主动思考会计学问题。

【教学目标】

（1）知识目标：理解和掌握会计的两个经典概念、会计的两个基本职能。知道会计核算技术的过去、现在和未来发展。

（2）能力目标：能用自己的语言解释表达会计概念和基本职能。

（3）情感目标：通过理解会计本质概念，初步形成会计的思维方式，并能联系自己实际，进行职业生涯初规划，定位未来发展目标。

【教学重难点】

（1）教学重点：会计"信息系统论"和"管理活动论"两个概念。会计"核算"和"监督"两个基本职能。

（2）教学难点：

教学难点1：会计"信息系统论"和"管理活动论"两个概念。

教学对策：对于会计本质含义，先通过91速课堂平台的头脑风暴讨论功能，学生从以往生活经验对会计的最初印象简单提出与会计相关的"人""事""物"。然后从"电影中的会计人""现实中的会计人""身边的会计人"与学生聊一聊会计职业、会计岗位、会计工作，初步归纳会计工作内容，并通过举例启发，如政府对公共措施的定价来自企业的财务报告、投资者巴菲特投资灵感来自企业财务报告，企业管理者进行管理决策来自企业财务报告等，通过设问、提问等互动环节，引导学生逐步推导会计"信息系统论"和"管理活动论"两个基本概念。

教学难点 2：会计"核算"和"监督"两个基本职能。

教学对策：会计两个基本职能，采用启发式教学，引导学生从会计两个经典概念出发，推导会计的"核算"和"监督"的基本职能。并通过讨论"钱都去哪儿了"，培养学生的正确理财意识。通过讲述会计核算技术的发展，以华为自助费用报销流程和传统费用报销流程对比学习，了解会计核算最新财务机器人、财务共享等技术。

【教学方法】讲授法、讨论法、案例教学法、对比教学法。

【教学媒体】多媒体课件、91 速课堂平台。

【教学过程设计】如表 3-1 所示。

表 3-1　　　　　　　　　　　教学过程设计

课堂教学活动过程			
教学环节	教师活动	学生活动	设计意图
(1) 从现象看本质（15 分钟）。	(1) 头脑风暴：通过 91 速课堂平台发起头脑风暴讨论："会计"这一专有名词，我们能联想到的"人""事""物"等。 预期学生提到"钱""记账、账簿、报表""出纳、财务经理、财务总监"等会计专有名词。 (2) 经验导入：从电影中的会计人（《西虹市首富》中的专业会计师夏竹、《肖申克的救赎》中的银行高级总裁安迪）、现实中的会计人（现任阿里巴巴集团董事局主席张勇、华为公司 CFO 孟晚舟）、身边的会计人（岭南师范学院兰艳泽校长、专业往届毕业优秀毕业），与学生一起聊一聊会计（工作）的一天。 (3) 继续追问：账簿和财务报表的用途是什么？引导学生思考，推导会计两个经典概念。 (4) 认识会计：会计"信息系统论"和"管理活动论"两个经典概念。 "信息系统论"：会计是一个收集、加工、整理、输出信息的过程，是纯技术性地提供会计信息的工作，该观点侧重会计是为信息使用者提供决策支持的信息系统来认识会计的。 代表人物：潘序伦（中国现代会计之父）；余绪缨、葛家澍（中国第一批经济学（会计学）博士生导师）等； "管理活动论"：该观点是从会计是一项经济管理工作角度来认识会计。侧重提供财务信息目的是管理。 代表人物：阎达五（1980 年在中国会计学会成立大会上首次提出了"会计管理"概念）；王化成（中国人民大学财务管理和会计学博士生导师）。	(1) 从生活经验、从对会计的初步印象简单提出与会计相关的人事物。 (2) 从案例经验，思考会计人员的主要工作内容。 (3) 思考会计的主要产品财务报表的用途。 (4) 理解会计的两个经典概念。	通过头脑风暴引起学生学习的注意力，并从电影中、现实中、身边的会计人物出发探讨会计的本质特征，从感性到理性，学生建构会计概念新知。

续表

教学环节	教师活动	学生活动	设计意图
（2）从概念引职能（10分钟）。	（5）引发思考：由会计"信息系统论"和"管理活动论"的侧重点不同，分别提出会计的"核算"和"监督"两个基本职能。 （6）举例案例：带领学生理解会计基本职能。 **合并利润表** 2009年1~12月　　　　　　　　单位：元 	项目	附注	本期金额	上期金额
一、营业总收入		1,153,681,683.51	2,024,777,597.20
二、营业总成本		1,206,812,851.89	2,280,063,696.06
三、营业利润（亏损以"-"号填列）		-43,533,269.80	-186,176,990.86
加：营业外收入	6	62,624,386.10	27,806,069.47
减：营业外支出	7	3,374,653.39	13,902,802.34
其中：非流动资产处置损失		334,153.75	7,515,565.11
四、利润总额（亏损总额以"-"号填列）		15,716,462.91	-172,273,723.73
减：所得税费用	8		26,612.66
五、净利润（净亏损以"-"号填列）		15,716,462.91	-172,300,336.39 | 会计核算：通过会计特有的逻辑和程序，以货币为计量单位，运用一系列专门方法，对特定主体经济活动的过程和结果进行记录、计算和报告。 会计监督：对特定主体的经济活动和相关会计核算的真实性、合法性和合理性进行监督检查，以确保特定主体资产安全、合规经营和信息可靠。 （7）知识拓展： 讨论："钱都去哪儿了？" 由企业管理到家庭理财管理，思考大学生如何运用"核算"和"监督"职能。	（1）在教师引导下，从会计两个经典概念出发理解会计两个基本职能。 （2）理解会计不仅服务企业，作为学生应懂得核算、管理自己的钱财。	将会计的概念与会计的基本职能联系起来，降低学习的难度，同时，引导学生思考如何管理自己钱财，树立正确的理财意识。
（3）会计核算的过去、现在和未来（10分钟）。	（8）过去的会计核算：账房先生； 手工会计是指纯手工进行会计信息处理，人工记账、算账和报账等依赖人脑进行。 现在的会计核算：会计电算化；	观看视频资料和听老师讲述会计核算技术的发展。	通过介绍会计核算技术的发展，帮助学生初步整体上认识了解会计的发展趋势。

续表

教学环节	教师活动	学生活动	设计意图
(3) 会计核算的过去、现在和未来 (10 分钟)。	1954 年,美国通用电气公司第一次在计算机上计算职工工资,从而引起会计处理技术变革。 会计电算化是指用电子计算机代替会计工作人员进行记账、算账、结账、报账,甚至进行分析、预测等。 会计核算新发展:财务机器人、财务共享。 随着科学技术快速发展,"大智移云"(大数据、智能化、移动互联网、云计算等技术)时代已然到来,这为会计信息化建设提供了新的工具。 2005~2013 年,中兴通讯成功将"中兴财务云"发展为第一家中国本土为总部的全球共享服务中心。负责全球 80 多个国家的核算业务,100 多个国家的资金管理,仅是服务语言就多达 25 种,而令人讶异的是,这些仅由 300 名财务人员负责,财务人员相较于原先,大幅度缩减。 2017 年,"德勤财务机器人"刷爆朋友圈。 财务共享服务是指将企业集团大量重复、易于实现标准化、流程化的会计核算从分散的业务部门抽出,集中到一个新的独立运营的业务单元进行集中处理。 华为全球结账工作指挥控制中枢,每个月,横跨 5 个时区的 7 个共享中心,都要接受这里的指挥调度,给华为在全球的数百家子公司"算总账"。 业务员上网填报费用报销信息,信息流转到主管;主管需确认差旅事项的真实性及费用的合理性;主管确认后,再由上级权签人审批。 报销人员将费用报销单打印并附上相应发票,提交给部门秘书。秘书会集中将部门的费用报销单快递到财务共享中心。 财务共享中心签收后,出纳集中打款,报销流程结束,剩下的就是会计做账了。	观看视频资料和听老师讲述会计核算技术的发展。	通过介绍会计核算技术的发展,帮助学生初步整体上认识了解会计的发展趋势。

76

续表

教学环节	教师活动	学生活动	设计意图
（4）会计人的职业规划（8分钟）。	（9）会计基本职能展望学生未来职业规划： ①"做会计的人"：会计人员工作一般仅关注会计核算。社会需求大，大学毕业后，我们基本能胜任中小型企业的会计实务工作。 ②"教会计的人"：职业院校学校对"双师型"会计教师需要强烈，我们学习足够优秀，并且有一定企业会计工作经验，才能胜任职业院校学校会计教师岗位。 ③"管会计的人"：财务总监（CFO）的工作更侧重会计监督，社会需要强烈，若我们学习足够优秀，有潜质未来担当财务官。 ④"查会计的人"：注册会计师、政府或单位审计部门的审计员。 ⑤"研究会计的人"：研究部门专职研究人员。	会计的基本职能，代表了学生未来职业生涯的不同工作阶段和工作岗位。在教师引导下，初步建立职业生涯目标，为接下来的学习树立职业理想目标。	会计的第一课很重要。通过认识理解会计基本概念、基本职能，让学生明确学习会计专业的目标和建立职业生涯目标。
（5）布置作业（2分钟）。	思考题： （1）每年上半年上市公司都要公开其经审计的财务报表。为什么上市公司要公开其财务报表？所公开的财务报表为什么要经过独立审计？请你自行查找一家上市公司的年度报告，熟悉上市公司年报的基本内容与格式。 （2）为什么非上市公司不公开其财务报表？你认为非上市公司是否需要编制财务报表？如果需要编制报表，这些财务报表要报送给谁？ （3）上网搜索，随着人工智能、区块链技术的不断发展成熟，财务机器人、财务共享对会计职业的影响及挑战，并初步了解中兴通讯、华为集团财务共享服务中心的运作模式。		延伸课堂内容，给学生更广阔的学习和思考空间。

〔**案例3-8**〕"会计假设"教学设计。

【**教学内容**】"第一章总论"中的第六节"会计假设"。

【**教学课时**】20分钟。

【**教学内容**】"会计假设"是《初级会计学》课程的基本理论内容，该内容上承会计核算基本职能，下接会计记账基础等内容。理解和掌握会计假设是进行会计信息系统运行的重要前提和原则。

【**教学目标**】

（1）知识目标：理解会计四大假设。

（2）能力目标：能用自己语言表达"会计四大假设"内容。

（3）情感目标：重视人生长河的"青年阶段"，刻苦学习，提供"靓丽"的"人生报表"。

【**教学重点、难点和教学对策**】

（1）教学重点：会计四大假设的内容和作用。

(2) 教学难点和教学对策。

教学难点：会计假设的理解。

教学对策：通过联系企业实际，提出思考题，与学生共同分析讨论，深入理解会计四大假设。

【教学方法】讲授法、讨论法。

【教学媒体】多媒体课件。

【教学过程设计】如表 3-2 所示。

表 3-2　　　　　　　　　　教学过程设计

教学环节	教学活动	学生活动	设计意图
(1) 旧知导入新知（2分钟）。	(1) 课堂导入。 ①简单回顾会计的基本职能：核算与监督； ②会计基本职能之一是"核算"，那么会计为谁核算？什么时候进行核算？以什么金额核算？需要明确，这就是会计基本假设，它是企业会计确认、计量和报告的前提。 问题Ⅰ　会计基本职能是什么？ 问题Ⅱ　会计为谁核算？什么时候进行核算？以什么金额核算？ 会计主体　持续经营　会计分期　货币计量	学生回顾旧知识，在教师带领下，进入学习新知状态。	通过回顾旧知识，更好地引起学生学习新知的兴趣，并且明确课堂教学内容。
(2) 理解"会计主体"	(2) 教师讲解：会计四大假设。 A会计主体　持续经营　会计分期　货币计量 1　2　3　4　5　6　7　8　9　10　11　12 月度　季度　半年度　年度 ①会计主体——空间范围。 内容：会计主体是指企业确认、计量和报告的空间范围。 作用：会计主体即明确了会计核算为谁服务，会计人员才能为特定的经济实体进行核算。 注意：严格区分不同主体之间，主体与所有者之间的利益界限。 思考题：某杂货店老板从店里收银机取走了100元，到商场为自己买了一件衬衫。请问：杂货店的会计是否应该做记录？如果要记录，应怎样记录？ 引导学生思考：会计主体和企业所有者的区别。	学习理解会计主体内容、作用并思考问题。	会计四大假设内容理论性较强，通过教师条理清晰地讲解和提出相应的思考问题，引导学生发散性思维过程，更好地理解此部分内容。

续表

教学环节	教学活动	学生活动	设计意图
（3）理解"持续经营"。	②持续经营——时间界定。 内容：指在可以预见的将来，企业将会按当前的规模和状态继续经营下去而不会停业，也不会大规模消减业务。 作用：会计人员就可在此基础上选择会计原则和方法，如资产能够按计量基础计算成本，费用能够定期进行分配，负债能够按期偿还。 思考题：A. 某企业拥有设备一套，当时购入价格 1 000 万元，这几年由于使用，估计累计磨损为 200 万元。如果企业认为自己会正常经营下去，则企业对外报告该设备价值是多少？ 　　　　　B. 某企业拥有设备一套，当时购入价格 1 000 万元，这几年由于使用，估计累计磨损为 200 万元。若目前企业陷入困境，即将进行破产清算，估计清算时此设备中能卖出 50 万元，则此时企业应对外报告该设备的价值是多少？ 引导学生思考：企业持续经营状态下的资产核算以资产的未来经济流入计量账面价值。破产企业的破产资产以清算价值计量。	学习理解持续经营内容、作用并思考问题。	会计四大假设内容理论性较强，通过教师条理清晰地讲解和提出相应的思考问题，引导学生发散性思维过程，更好地理解此部分内容。
（4）理解"会计分期"。	③会计分期——期限规定。 内容：将企业持续经营的生产经营活动划分为一个个连续的、长短相同的期间。 《中华人民共和国会计法》规定，我国所有企业都必须采用公历年度。从每年公历的 1 月 1 日至 12 月 31 日为一个公历年度。 作用：据以结算盈亏、按期编制财务报告，从而及时向财务报告使用者提供有关企业财务状况、经营成果和现金流量的信息。 思考题Ⅰ：阿里巴巴集团（2014 年在美国上市）的财务报告编制会计年度是从当年 4 月 1 日至次年的 3 月 31 日。而迪士尼公司的会计年度结束于 9 月 30 日。美国许多大型超市和商场等，它们的会计年度都结束于 1 月 31 日。请思考企业如此选择其会计年度的可能原因是什么？ 思考题Ⅱ：统一会计年度和自由会计年度的优缺点？ 引导学生思考：统一会计年度最大的优点是能够提高会计信息的可比性，而自由会计年度的主要问题是会计信息可比性会下降。而允许企业自主选择会计年度，能够解决企业经营管理活动和财务报告编制工作的冲突，使企业结账和编制财务报表的工作避开企业的业务高峰期，缩短财务报表编制的时间，提高会计核算和报告的及时性等优点。 推荐阅读文章："应该允许中国企业自主选择会计年度吗？"（中国财政财经大学学报）。	学习理解会计分期内容、作用并思考问题。	会计四大假设内容理论性较强，通过教师条理清晰地讲解和提出相应的思考问题，引导学生发散性思维过程，更好地理解此部分内容。

续表

教学环节	教学活动	学生活动	设计意图
(5) 理解"货币计量"。	④货币计量——量度单位。 内容：指会计主体确认、计量和报告时以货币作为计量尺度，反映会计主体的经济活动。 《中华人民共和国会计法》规定，在我国会计核算必须以人民币作为记账本位币。业务收支以人民币以外的货币为主的单位，可以选定其中一种货币作为记账本位币，但编制财务报告时应当折算为人民币。 缺陷：对于某些影响企业财务状况和经营成果的因素，例如企业经营战略、研发能力、市场竞争力等，货币计量无能为力，而信息对使用者的决策很重要。 思考题：如何弥补货币计量的缺陷呢？ 引导学生思考：在财务报告中补充披露这些影响使用者决策的非财务信息。	学习理解货币计量内容、缺陷并思考问题。	会计四大假设内容理论性较强，通过教师条理清晰地讲解和提出相应的思考问题，引导学生发散性思维过程，更好地理解此部分内容。
(6) 人生长河有分期，"青年阶段"很重要（2分钟）。	会计主体有会计分期，人生长河也有分期阶段。青年阶段正是需要积累知识的时期，努力学习，提供人生"靓丽"报表。 习近平总书记谈到学习是成长进步的阶梯，实践是提高本领的途径。广大青年只有努力从我国改革开放和社会主义现代化建设伟大实践中汲取智慧和力量，不断增强知识更新的紧迫感，如饥似渴地学习知识，掌握学问，增强素质，提升能力，才能成为勤于学习、勇于担当、甘于奉献的栋梁之材，才能完成时代赋予的历史重任。	体会"青年阶段"是人生长河的重要阶段，明确大学奋斗目标，为实现中国梦而努力。	在会计课堂中融入理想教育和爱国教育。
(7) 布置作业（1分钟）。	阅读文献： ①"区块链对会计假设的影响思考"（商业会计，2019）。 ②"试论信息时代会计假设受到的冲击与影响"（财经研究，2000）。 ③"虚拟经济下会计假设冲击与修正"（财会通讯，2014）。 (3) 撰写800字的论文阅读心得，总结在新技术、新经济背景下会计假设的变化。		延伸课堂内容，给学生更广阔的思考空间。

（三）演示法

演示法是教师在课堂上展示各种实物教具或者示范某一技能、操作程序，配合适当的口头语言讲解或多媒体等手段展示，让学生通过观察深化理解教学内容或掌握技能、操作程序的教学方法。

演示法的优点在于为学生提供观察学习的机会，缩短理论与实践的距离，通过视觉呈现和师生言语交流，能够使学生较容易地掌握某一技能或行为，提高学生学习兴趣，使学生更好地理解教学内容。演示法主要适用于技能性的教学内容。演示前，教师应制定详尽的演示计划和准备演示教具，仔细考虑演示时自己与学生的位置；在演示中，教师演示步骤规范到位，讲解简洁扼要，留意学生观察表情信息反馈，时刻注意吸引和保持学生学习兴趣和学习注意力；演示后，要有相应的措施跟进，以保证良好的演示效果。演示法的局限在于实施前需要花费较多时间准备，而且学生的注意力容易分散，较难控制教室气氛，教学效果受教室环境影响，对教师的要求较高。借助信息化手段，会计专业技能操作演示可通过视频、多媒体、微课等多种形式展示。

（四）练习法

练习法是在教师的统一布置与指导下，学生通过做系列练习题或进行系列技能训练，最终巩固知识，形成技能技巧的方法。采用练习法的目的在于让学生通过练习获得对知识的理解与掌握，锻炼学生动脑思考，动手操作的技能与技巧，使学生最终具备实际应用的能力。它是教师组织教学，落实对学生的训练而采用的一种常用的教学方法。

练习，从模仿开始，以反复多次训练为基本特征，以熟练掌握与协调操作为最高表现形式。从学生角度来看，借助于教师的讲授与讨论组织可以实现对教学内容的理解，表现为"懂"了；借助于教师组织的练习可以实现对学习内容的消化，表现为"会"了。由"懂"到"会"，是一种由知识到能力的迁移。所以练习实际上是为培养学生的能力服务的。职业院校会计专业人才培养目标定位为社会经济发展培养新时代德技兼修的复合型技术技能人才，职业院校教学实践表明，练习法是常用的教学方法。

（五）情景教学法

美国教育家约翰·杜威认为，传统教育已不能够满足越来越复杂的多元化社会，尤其是不能直接传授给学生思维活动和直接经验，他主张设计创造真实的经验情景，作为学生思维活动的载体和平台，这就是杜威提出的"从做中学"的基本教育原则。创造特定的场景，可以有效地发挥学生的主观能动性，引领学生主动参与，积极思考，激发学生的求知欲，提升学生的思考和解决问题的能力。

会计情境教学就是以仿真的会计工作场景为情境，模拟企业真实经济业务活动，让学生感受"上学式上班，上课式上岗"的教学方法。在仿真的工作场景中，学生在教师的指导下，采用小组探究合作和任务驱动方式进行企业真实经济业务工作操作，让学生真正体会"员工"的角色，最大限度地激发学生的学习兴趣，增强学生的动手操作能力，培养学生的职业综合能力。

职业院校会计课堂实施情景教学法的设计原则。

1. 依据会计工作岗位情境整合教学内容

职业院校会计专业培养的主要是从事会计基础工作的初级会计人才。学生未来职业岗位集中在记账员、会计文员、收银员、统计员、仓库员等初级会计岗位。要使学生真正进入知识的运用领域，必须超越课堂和学校，引入真实的工作场景。教学内容应该与现实工作场景、职业真实岗位工作任务紧密联系，让学生在仿真工作岗位情境中体验知识和习得技能，感知将来的工作内容过程，并使学生在学习工作环境中逐步产生学习兴趣，树立学习自信，最终提升综合职业能力。

2. 以现实工作情境为依托呈现教学内容

情境教学需要教师改变教学内容的呈现方式。教师的工作不仅仅是传授知识，而是把专业知识放置在学生未来工作职业情境中，客观地以陈述问题的方式介绍知识，让学生在自我与情境的反复交互中去感知、识别、探索、发现、概括和总结所学知识与技能。

在会计专业教学过程中，教师依据企业现实会计岗位，对接职业技能标准，通过创设工作情境，让学生扮演总账会计、资产会计、往来款项会计、成本会计、税务会计、出纳等会计岗位角色，使学生在参与教学过程中充分体验企业会计工作技巧与工作流程，并培养学生综合运用所学专业知识去发现问题、分析问题和解决问题的能力。通过现实的社会工作情境呈现教学内容，把学习内容巧妙地隐藏在工作情境和工作任务中，吸引学生学习注意力和提高学生学习兴趣，学生主动亲身体验工作过程，将所学知识应用于工作情境，自觉主动地进行迁移学习。教师在创设会计岗位工作情境时，可以采用的形式灵活多样。例如用真实的原始凭证替代文字叙述，让学生通过接触经济业务发生的第一手资料分析业务类型与业务内容，做出专业判断并进行相关账务处理。也可以通过教学视频呈现会计核算流程，通过多媒体呈现案例、通过微课演示会计岗位技能等。

3. 采用合作学习的方式实施课堂教学

建构主义学习理论认为，知识不是通过教师传授得到，而是学习者基于已有的经验，在一定的情境中，借助教师和学习伙伴等其他个体的帮助，利用必要的学习资料，通过意义建构的方式而获得。"合作"发生在学习过程的始终，"会话"是"合作"过程中不可缺少的环节。学习小组内各成员通过会话的方式商讨如何完成学习任务，在学习过程中每个学习者的思维成果均由整个学习群体共享，会话对于推进所有个体的学习进程至关重要。

职业院校会计专业课堂情境模拟教学过程,应该采用合作互动的方式展开课堂教学。教师和学生应该是平等协作、互动互融的角色。教师应该巧妙创设现实的会计岗位工作情境,让每位学生融入会计学习氛围。创设合作学习、会话交流的学习组织形式,让每位学生在仿真工作环境中积极探索、勇于尝试。学生是学习的主体,在学习过程中与伙伴互相分享知识与技能,分享学习的体会与感受,并在学习的过程中逐步产生兴趣、确立自信。教师要关注个体差异与不同需要,进行差异化教学,使每个学生都能体验到学习和成功的乐趣。

〔案例 3-9〕"记账凭证填制"教学设计。

【教学内容分析】

填制记账凭证是会计基本技能的之一。实务中,会计人员要懂得通过原始凭证,了解经济业务内容,确定会计分录并填制记账凭证。填制记账凭证是登记账簿、编制报表的前提。

【教学课时】

本节课学时 45 分钟。

【教学目标】

(1) 知识目标:理解填制记账凭证的基本规范要求。

(2) 能力目标:掌握记账凭证填制的基本规范和方法。

(3) 素质目标:培养学生认真细致的工作作风及会计职业判断能力。通过合作学习,培养学生主动探究、勤于思考、团结协作、勇于创新的精神。

【学情分析】

授课对象是职业院校会计专业一年级学生,学生思维活跃,信息化教学接受程度高,喜欢自己动手实践,不喜欢死记硬背,对枯燥的教学积极性不大。

【教学重难点】

教学重点:记账凭证的填制基本规范要求。

教学难点:正确、完整地填制、审核记账凭证。

【教学方法】

(1) 混合教学法:将"线上"+"线下"两种教学组织形式结合,运用雨课堂在线学习,学生课前初步理解记账凭证基本知识点,在课堂上教师查漏补缺、重点突破,通过组织学生进行练习达到巩固与灵活运用。

(2) 情景模拟法:教师通过用友教学系统,创设职业情景,设计岗位工作任务，让学生登录系统，以会计实习生的身份在公司进行模拟实习，调动学生的学习兴趣。

（3）任务驱动法：教师布置课堂学习任务，在教师指导下，学生小组合作式执行任务，在学中做，在做中学，从而习得技能。

【教学过程】

一、课前任务

为顺利推进课堂教学，教师课前通过雨课堂平台向学生推送《记账凭证的填制》的微课视频，并要求学生完成相关知识点初测试题，希望学生提前初步形象认识记账凭证的基本概念和填制内容，为新课的学习打下一定基础。

二、课中学习

1. 情景引入（约3分钟）

（1）教师创设职业情景，让学生登录用友教学系统，进入公司并应聘到会计岗位，以会计实习生的身份在公司进行模拟实习。

（2）教师提出问题：当经济业务发生或完成时，企业会获得记录或证明经济业务发生或完成情况的原始凭证，原始凭证反映经济信息，业务员将原始凭证传递给会计人员，会计人员进行会计核算工作需将经济信息转为财务信息，财务信息的载体是记账凭证，会计人员依据原始凭证填写记账凭证后，如何审核记账凭证？

2. 游戏学习（约2分钟）

学生回顾课前的记账凭证的微课视频内容。教师随机挑选四名学生，分别两两上台进行对抗练习，以游戏的方式让学生快速选择记账凭证的基本要素内容，如图3-10所示，一方面提高学生的学习兴趣；另一方面有利于教师了解学生的预习情况，加深同学们对记账凭证基本要素内容的认识。

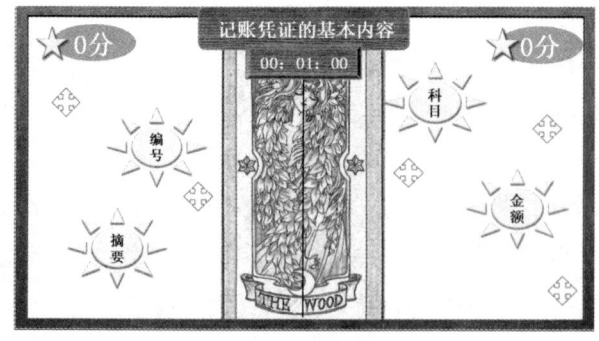

图3-10 对抗游戏

3. 初战演练（约 13 分钟）

（1）请各位学生根据以下采购业务及原始凭证在系统上自主完成记账凭证的填制并上传。

2017 年 1 月 1 日，东方家具有限公司向邦都化工有限公司采购白色油漆，收到增值税专用发票，货款未付，货物尚未到达企业，企业采用计划成本法核算，请根据相关原始凭证（见图 3-11）编制记账凭证。

图 3-11　增值税专用发票

（2）教师挑选学生上传的两张填写错误的记账凭证进行讲解，引导学生审核、找出错误的地方，并进行归纳易错点。最终由教师演示正确的填制记账凭证过程，从而使学生初步掌握记账凭证填写的规范要求，如图 3-12 所示。

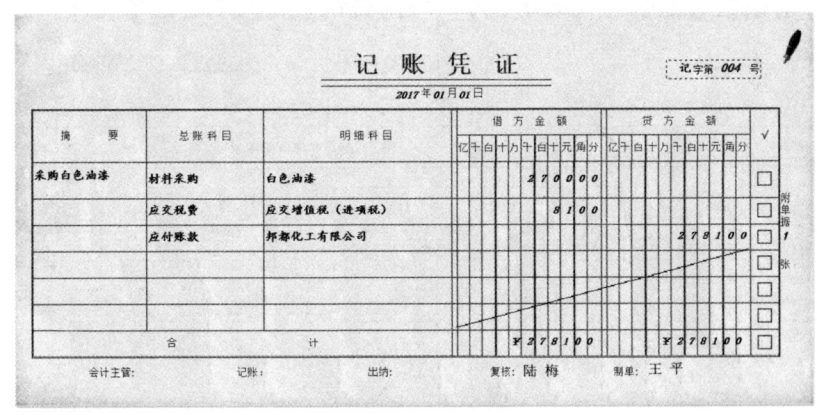

图 3-12　记账凭证

（3）座位相邻的学生两人为一组，变换角色，选择复核人员的岗位，对对方的记账凭证进行复核。如果复核通过，则在记账凭证签字确认；否则，将复核未通过的凭证返还给对方重新编制。学生初步掌握审核记账凭证的规范要求。通过初战演练,初步突破教学的重难点。

4. 实战训练(15分钟)

(1) 教师继续提供两项经济业务及相关原始凭证,学生根据要求完成记账凭证的填制与审核。

①2017年1月3日,公司木工车间领用普通胶合板,请根据领料单(见图3-13)编制生产领料的记账凭证。

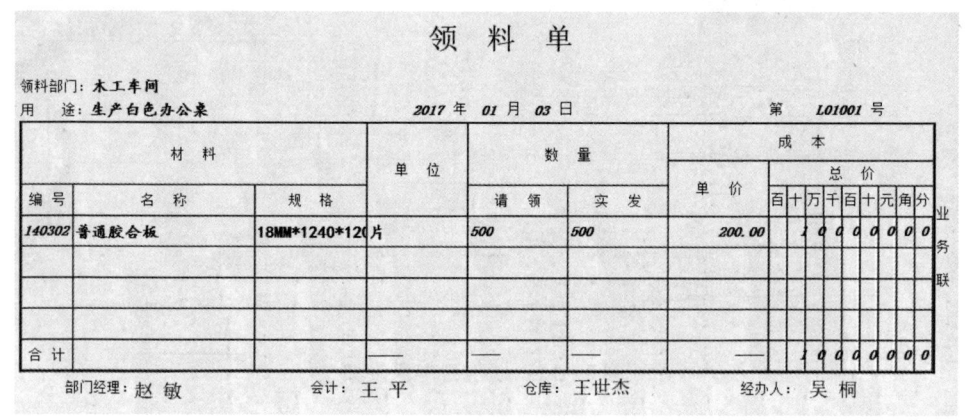

图3-13 领料单

②2017年1月4日,公司本月1日从邦都化工有限公司购买的油漆,到货验收入库,请根据入库单(见图3-14)编制材料验收入库的记账凭证。

图3-14 入库单

(2) 座位相邻的学生两人为一组,再次交换位置对对方的记账凭证进行复核。

(3) 先完成的学生可思考自己在记账凭证中容易出错的地方,并形成电子笔记上传到平台。

（4）教师展示以上业务正确填写的记账凭证样式。

通过实战训练，学生已基本掌握填制和审核记账凭证工作技能，最终突破教学的重难点。

5. 归纳总结（约 10 分钟）

（1）教师展示学生的电子笔记，重点讲解填制记账凭证注意事项。

（2）教师系统总结本节课的教学内容。

（3）思政教育：请学生联想自己在填制记账凭证时的错误，思考如果在实务工作中，这些错误操作可能对公司造成什么影响和对自己的影响。从而教育学生无论是在填制凭证还是其他会计工作中，应树立敬业精神，养成认真细致的工作态度及会计职业判断能力。

（4）组员评价：每个小组根据组员的学习情况在雨课堂进行评价，为教师对学生的考核评价提供参考。

三、课后拓展（约 2 分钟）

向同学发放纸质记账凭证，要求学生按照以下企业月末的经济业务内容和原始凭证，在规定时间内学习并完成纸质记账凭证的填制后上交。教师审阅学生的作业，并根据学生的作业情况及时调整下节课的教学计划。

（1）2017 年 1 月 31 日，公司根据以下产品成本分配（见图 3 – 15），编制结转完工白色办公桌成本的记账凭证。

完工产品与月末在产品成本分配表
2017 年 01 月 31 日

产品：白色办公桌

成本项目	月初在产品成本	本月生产费用	合计	完工产品产量	月末在产品产量	月末在产品约当产量	单位成本	月末在产品成本	完工产品成本
直接材料	74400.00	357035.14	431435.14	1248	500	250	288.00744	72001.86	359433.28
直接人工	10800.00	7104.99	17904.99	1248	500	250	11.95260	2988.15	14916.84
制造费用	13500.00	29385.96	42885.96	1248	500	250	28.62881	7157.20	35728.76
合计	98700.00	393526.09	492226.09					82147.21	410078.88

审核：陆 梅　　　　编制：王 平

图 3 – 15　产品成本分配

（2）2017 年 1 月 31 日，公司根据以下税金及附加计算（见图 3 – 16），编制计提税金及附加的记账凭证。

（3）2017 年 1 月 31 日，公司根据主营业务收入明细（见图 3 – 17）编制结转本期损益—主营业务收入的记账凭证。

税金及附加计算表

2017年01月31日

应交税费明细项目	计税依据	金额	税率	应纳税额	应借科目
城市维护建设税	增值税	64626.89	7%	4523.88	税金及附加
教育费附加	增值税	64626.89	3%	1938.81	税金及附加
地方教育费附加	增值税	64626.89	2%	1292.54	税金及附加
合计	——	——		7755.23	

图3-16 税金及附加计算

主营业务收入明细表

编制单位：东方家具有限公司　　　　2017年01月31日　　　　单位：元

序号	明细科目	贷方余额
1	白色办公桌	1179487.18
2	黑色办公桌	225641.04
3	棕色会议桌	1231410.25
4	普通办公椅	506666.67
5	高档办公椅	904102.55
合计		¥4047307.69

图3-17 主营业务收入明细

〔案例3-10〕"错账更正方法"教学设计。

【教学内容分析】

本节课讲授"错账更正方法"知识内容。尽管会计人员在登记账簿前对原始凭证和记账凭证进行过多次的复核，在登记账簿时严肃认真、一丝不苟，但是在实际会计工作过程中，账簿登记有时候仍会出现错误。因而要求会计人员必须具备分析错账原因和类型、更正错账方法的职业能力。在教学进程安排上，"错账更正方法"上承"会计账簿的登记方法"，下接"对账和结账"内容，它是会计人员在实际工作中必须具备的操作技能。

【教学课时】2课时。

【教学目标】

知识目标：理解三种错账类型，掌握三种错账更正方法。

能力目标：能根据不同错账类型采取相应的错账更正方法进行错账更正的实际操作。

素质目标：通过完成错账更正的现实会计岗位任务，培养学生一丝不苟、严谨务实的职业意识和岗位责任感，借助自主协作学习的方式培养学生团结协作、勇于创新的职业行为习惯。

【教学重难点】

"划线更正法""红字冲销法""补充登记法"三种错账更正方法各自的适用范围及具体操作方法是教学的重点。分析错账原因及类型，选择使用正确的错账更正方法是学习的难点。

【教学方法】

情景教学法、讲授法、演示法、讨论法。

【教学媒体】

学生前期完成的会计凭证、日记账、总账和明细账；实物投影仪；PPT课件；微课；学习卡片以及碳素笔、红笔、直尺、个人名章等会计工作常见用具等。

【教学过程】

本课例的教学内容条例清晰、实践操作性强，如果采用"教师讲学生练"的传统教学方法，很难高效完成前述的教学目标。因此，采用情境模拟教学展开本课例的教学实验。

首先，教师借助前期学习会计账簿登记形成的会计资料（各种凭证及账簿）、个人名章等实物，创设仿真的会计岗位工作场景，借助前期大量经济业务处理及会计核算程序等知识的学习过程，营造现实的会计职业氛围，让学生在特定会计工作情境中通过扮演企业出纳、记账员的角色，展开合作学习，完成更正错账的岗位工作任务，最终学会依据不同的错账类型采取正确的方法进行错账更正这一会计岗位技能。

其次，合作学习发生在学习过程的始终。课堂上，学生分组讨论不同错账情境下如何进行错账更正，轮流扮演企业出纳、记账员等会计岗位角色，进行错账更正的实务操作，相互交流展示成果并分析出现的新问题，探求解决问题的途径。学生在共享思维成果的过程中逐步完成知识与技能的意义建构，并学会活学活用，有效完成会计岗位工作任务。

最后，教师作为课堂教学的组织者、指导者和促进者，对教学内容讲解顺序和讲解安排进行动态调整。

依据学生理解能力水平，对三种错账更正方法内容顺序进行调整。根据由浅入深，由易到难的顺序，教师首先讲解划线更正；其次讲解补充登记法；最后讲解红字冲销法，逐步讲解引导，学生由简单错账更正法迁移学习较难错账更正法，符合学生学习的认识规律发展。

依据学生的课堂表现及时做出动态讲解安排调整。例如，由于会计凭证上会计科目使用错误导致账簿登记有误（学习情境5）该如何更正错账，关于这个问题部分学生不能及时做出反应。这时，教师引导学生思考：如果会计凭证上会计科目使用正确，登记的账簿是怎样的？若要达成正确的账簿登记结果，该如何弥补前期的工作失误？通过逐步引导、层层分析，让学生分组协作解决出现的问题。

此外，在整个教学过程中采用高度仿真的会计资料呈现教学内容，较少出现文字性描述，并借助学习卡片、微课、PPT课件等教学资源辅助教学。

教学过程设计如表3-3所示。

表3-3 教学过程设计

教学环节	情境模拟教学要点	教学用具	学生活动	教学活动
情景引入资料下发	创设企业实际会计工作情境（会计人员工作疏忽出现错账），组内交流协作学习。	实物投影仪，微课1。	分组展示错账原因及类型，分组讨论，组内交流。	引领学生归纳总结错账类型（微课展示），提问"如何更正错账"？
划线更正简单入手	情景1：凭证正确，账簿数字错误。 情景2：凭证正确，账簿文字错误。	各类凭证、账簿、碳素笔、红笔、直尺、个人名章、PPT课件等。	小组讨论造成错账原因，阅读教材，思考提出更正错账方法，并尝试更正错账。	点拨学生进行错账更正并记录学生操作过程中存在的问题。

续表

教学环节	情境模拟教学要点	教学用具	学生活动	教学活动
划线更正简单入手	情景1：凭证正确，账簿数字错误。 情景2：凭证正确，账簿文字错误。	（短期借款总分类账、银行存款总分类账、银行存款日记账示例表）	小组讨论造成错账原因，阅读教材，思考提出更正错账方法，并尝试更正错账。	点拨学生进行错账更正并记录学生操作过程中存在的问题。
补充登记逐步深入	情景3：凭证金额少，记账簿错误。	各类凭证、账簿、碳素笔、红笔、直尺、个人名章、PPT课件等。 （中国工商银行现金支票存根、记账凭证、银行存款日记账、库存现金日记账示例）	小组讨论造成错账原因，阅读教材，思考提出更正错账方法，并尝试更正错账。	点拨学生进行错账更正并记录学生操作过程中存在的问题。

续表

教学环节	情境模拟教学要点	教学用具	学生活动	教学活动
红字冲销分类突破	情景4：凭证金额多记，账簿错误。 情景5：凭证科目错误，账簿错误。	各类凭证、账簿、碳素笔、红笔、直尺、个人名章、PPT课件等。 （领料单、记账凭证、制造费用总分类账、原材料总分类账、XX市商业零售统一发票、记账凭证等票据图样）	小组讨论造成错账原因，阅读教材，思考提出更正错账方法，并尝试更正错账。	点拨学生进行错账更正并记录学生操作过程中存在的问题。

92

续表

教学环节	情境模拟教学要点	教学用具	学生活动	教学活动
红字冲销分类突破	情景4：凭证金额多记，账簿错误。情景5：凭证科目错误，账簿错误。	（库存现金日记账、在途物资总分类账示例）	小组讨论造成错账原因，阅读教材，思考提出更正错账方法，并尝试更正错账。	点拨学生进行错账更正并记录学生操作过程中存在的问题。
组间交流意义建构	组内交流总结、构建知识。	（错账更正方法板书图示）	分组展示工作成果，归纳三种错账更正方法。	引导学生总结归纳红字冲销法的适用范围及更正错账步骤。
总结归纳课堂拓展	组内自评、组间竞争、教师点评。	学习记录卡"错账更正法"课堂学习记录卡（姓名、学号、错误类型、更正方法、学习记录、自评）	回顾本课学习内容要点，组内自评，学习记录卡评分。	突出教学重点和难点，总结学生操作过程存在的问题。

（六）对比教学法

"对比"是对两种事物的同一方面进行比较，是一种思维的过程。而"对比教学"就是指在教学活动中，将既具有区别又有联系的教学对象放在一起，通过对照和比较找出相同点和不同点。从而使学生可以通过观察、对比、推理，对教学对象进行理解分析，得出观点和结论，并以此达到教学的目的。《专业教学标准》提出对于专业技能课的知识性、理论性教学内容，建议采用对比教学、案例教学等方法。运用对比教学法有利于培养学生的思维能力，牢固掌握知识。

运用对比教学法时教师需要注意以下两个方面：首先，事物之间的联系是多样化、多方面的，教师要善于发现符合教学目标的联系点进行比较教学；其次，对比教学最大的优势就是可以对学习对象进行深入的对比分析，所以对比决不能只是简单的表象，而是要探究对比事物背后更深层次内容。

（七）案例教学法

案例教学最早由美国哈佛大学法学院院长克里斯托弗·哥伦布·朗代尔创立，并成为举世闻名的"哈佛模式"。案例教学法是一种理论联系实际，启发式的教学相长的教学方法，它依据教学大纲规定的教学目的，收集、整理、归纳课程内容与企业经营活动中相匹配的典型事例并整理成案例资料，在教师的指导下，运用多种形式启发学生独立思考，对案例提供的材料和问题进行分析研究，提出见解，做出判断和决策，借以提高学生分析问题、解决问题能力的一种教学方法。

在会计教学中使用案例教学法，通过企业真实个案分析，增强学生的感性认识，激发学生学习积极性和主动性，提高学生的语言和文字表述能力，培养学生正确思维方式，使学生对所学知识融会贯通，更快速更全面地提高学生的实务操作能力，提高学生的综合职业能力。

1. 案例教学法案例选择的原则

案例内容的选取是案例教学法成功实施的关键点，直接关系学生对会计知识的理解和掌握的程度，影响着学生学习兴趣的提升、应用所学知识分析问题和解决问题的能力的培养。

（1）案例能激发学生兴趣。案例内容选择要依据职业院校学生的学情。选取学生日常生活中所熟知的、生动趣味的社会经济活动作为案例的素材，不仅能调动学生参与教学活动的积极性和主动性，激发学生的求知欲望，还可以让复杂的会计问题简单化、直观化，将课程内容化繁为简，提高课堂教学效果。

（2）案例具有客观真实性。案例的定义就是以现实生活中的真实场景为素材，对真实场景的客观描述，是现实生活场景的反映，所以案例的客观真实性是课程案例教学内容选择的重要标准。教师设计编写案例时，不能为了追求案例能吸引学生的眼球而随意人为地杜撰，忽视其内容的科学性和客观真实性。

（3）案例具有针对性和典型性。案例教学的内容选择要有典型性和针对性，例如内容的选择上是否符合职业院校学生的认知能力，是否考虑到会计课程的教学的重点和难点，是否与学生已经掌握的理论知识与实践具有一定的内在联系等，这些都是教师需认真思考的问题。

（4）案例从实际出发，具有实用性。会计课程本身就是一门与现实经济生活密切相关的课程，教师进行会计课程案例设计时，将日常生活中的经济活动与刻板的会计课程的业务内容结合起来，既能在案例教学实施的过程得到学生的共鸣，提升学生的学习兴趣，又能起到提高学生理论联系实际解决现实问题的能力和综合职业能力。

2. 案例教学法的实施步骤

（1）准备阶段。教师要做好案例教学前期准备内容，包括掌握学生的认知能力，了解学生的兴趣爱好，选取案例、设置案例问题等。而学生也要做好课前预习，查阅相关资料，初步了解学习内容，激发求知欲望。

①教师的课前准备工作。精心选择符合教学内容的案例是有效实施案例教学的前提和基础。教师选择案例的目的是以事明理，以理析事。选取案例必须是以教学目标为前提，构建在一定理论基础之上衍生出来的社会现实经济问题。选取案例后，教师还应提炼出案例与理论有共性和针对性的讨论题，并预想课堂的呈现效果、学生讨论的课堂气氛活跃程度等。在课堂教学过程中给出一定范围的参考文献供学生查阅，这样就能在课堂呈现阶段有较强的针对性，并能很好地完成教学目标。

②学生的课前准备工作。学生在实施案例讨论前的准备工作也是必要的。教师应引导学生阅读案例并查阅相关文献，同时拟定个人的意见提纲。这样不但锻炼了学生独立思考、发现问题和分析问题的能力，同时教师在课前安排学习准备工作，能培养学生的自主学习良好习惯。

（2）讨论阶段。课堂教学是教师教学的中心环节。它包括教师的准备课程的呈现和学生知识的接受过程。案例教学法在课堂教学的实施过程中应体现开放式、启发式的教学要求。

①教师课堂组织案例教学。教师在教学过程中的课堂呈现环节是至关重要的环节。那么什么时候呈现案例呢？这个可以由案例的长短难易程度来选取呈现的时机。如果案例的难度很大而且篇幅较长，那么就在课前呈现，这样可以让学生对案例的熟悉程度加深，反之则亦然。在案例展示之后到自主讨论之前，教师应先进行引导，针对案例的具体内容给予一些简单的引导问题，以便学生在自主归纳阶段有大的研究方向可循，同时也可以调动学生的课堂气氛。

案例教学的中心环节，就是学生在教师引导下，运用刚学的理论知识针对课前准备时产生的疑问再次展开讨论与进一步的分析。随着课堂讨论的深入进行，要逐渐摆脱引导性问题,让学生自觉产生问题并自主深入探究和学习。同时,教师应组织课堂讨论,划分小组。小组成员一般在5~7人为最佳,也可按照班级人数自行划分。正如《职校人才培养方案指导意见》提出职业院校专业人才培养要加强实践性教学,实践性教学学时原则上占总学时数50%以上。在会计课堂上,教师应尽量将学生的时间和空间交还给学生,为学生提供自主参与的时间和空间。所以在案例引导后,教师应该给予学生充分自由讨论空间,并进行巡视加以检查督促以及区别指导,从而调动积极的讨论气氛。具体的讨论时间应依照教师选取的案例长短、难易、课堂的时间等多重因素来决定。

②学生课堂讨论案例。在教师为学生描绘出一个生动形象的教学情境以后,学生的注意力得到了集中,从而使学生对知识产生了强烈的求知欲和高涨的学习热情。学生设身处地地开始分析案例材料。学生在此阶段应该做到:首先,明确教学目的。通读教材,明确本节课中有哪些理论,并且要在自己的脑海里有一定的印象。其次,如果案例是课前呈现的,就在课前准备阶段做好阅读,但在大多数的情况下,案例的呈现是在开始课堂教学的时候,所以看到案例后要求学生快速地投入阅读状态。对案例的精读和提取是建立在学生对案例的熟知和对教师问题的理解的基础之上。在精读后,提炼总结归纳出自己的提纲。最后,小组讨论环节。在小组的讨论环节中,学生应做到自觉积极主动地发言,并从中检验自己观点的成熟性和准确性。要敢于表达与众不同的观点,要把学与听、看、问、思、练、记、说很好地结合在一起。在整个案例讨论过程中培养了学生逻辑思维能力、口头表达能力和总结能力。另外,在小组讨论总结前,由小组内民主选出的组长作出合理分工,并最终推选出小组代表发言。只有这样,案例教学法在课堂教学过程中才能发挥其独有的功能。

(3)总结阶段。归纳总结是学习提高和发展的有效途径,也是学习新知识的核心和动力。学生在思考讨论后,由组长或是组员即时地将小组讨论结果以口述的形式在课堂上展示出来,教师及时进行针对性的指导。对于学生来说从讨论到小组代表发言,很好地锻炼了学生的团队协作意识和合理的任务分配能力。在完成小组总结后,在教师的引导下,学生可以进行课后小结。课后小结一般分为两种形式。一种是课下同学之间的再次叙述;另一种则是以书面的形式写出对案例的分析与理解。

教师的课堂理论总结和点评在帮助学生整理思路的同时还能带领学生形成完

整的理论体系，补充拓宽学生思维的视角，使学生思考问题多元化和全面化。教师在总结时不仅仅要进一步地总结阐述理论知识，还要针对各小组讨论的结果进行针对性点评，同时对于无论是积极主动发言的还是默默无语的同学都要给予鼓励性和肯定性的评价语言。而课后，教师则应针对整个教学过程进行反思和总结不足之处。从学生的讨论总结中获取信息，做到查缺补漏，让课堂教学一次比一次完美，真正做到教学相长。

〔**案例3-11**〕"记账基础"教学设计。

【教学内容】"第一章总论"中的第六节"会计记账基础"。

【教学课时】45分钟。

【教学内容分析】"会计记账基础"是《初级会计学》课程的基本理论内容，该内容上承会计核算基本职能，下接会计主要经济业务的核算内容。理解和掌握会计记账基础是进行会计信息系统运行的重要前提和原则。

【教学目标】

（1）知识目标：理解"权责发生制"和"收付实现制"概念及两者的区别。

（2）能力目标：能运用"权责发生制"和"收付实现制"确认企业的收入和费用。

（3）情感目标：重视会计记账的严谨性，关注中国企业会计准则和政府会计准则的改革。

【教学重难点】

（1）教学重点：权责发生制和收付实现制。

（2）教学难点和教学对策。

教学难点："权责发生制"的概念及如何运用权责发生制确认收入和费用。

教学对策：通过91速课堂平台，课前推送渝钛白上市公司的否定意见审计报告案例，并提出学生思考问题，什么是"权责发生制"？渝钛白公司是否应计提当年的利息费用？渝钛白公司为何不计提利息费用？课堂上先通过简单经济业务与学生共同讨论，引导学生初步认识权责发生制和收付实现制概念，再结合课前推送案例，共同分析讨论，深入理解权责发生制的本质。

【教学方法】翻转课堂教学法、讲授法、讨论式教学法、案例教学法、对比教学法。

【教学媒体】91速课堂平台、多媒体课件。

【教学过程设计】 如表 3-4 所示。

表 3-4 教学过程设计

教学环节	教学活动	学生活动	设计意图
(1) 课前预习案例及思考题。	(1) 通过 91 速课堂平台推送案例及思考题。 案例：1998 年 4 月 29 日，重庆渝港钛白粉有限公司（以下简称"渝钛白"）公布了 1997 年年度报告，其中在财务报告部分刊登了重庆会计师事务所于 1998 年 3 月 8 日出具的否定意见审计报告。这是我国证券市场中有关上市公司的首份否定意见审计报告。该份审计报告一经宣布，立即在平静的中国证券市场上掀起了一场"风暴"，渝钛白怎么了？渝钛白 1997 年度欠付中国银行重庆市分行的美元借款利息折合人民币 743 万元，公司认为在决算期间，公司未能和银行认真核对所欠本息数额，故未予转账。在此问题上与会计师事务所发生分歧。 思考题：①什么是"权责发生制"？ ②什么是"收付实现制"？ ③渝钛白是否应计提当年的利息费用？ ④渝钛白为何不计提利息费用？	学生了解案例，并搜集相关资料思考教师提问。	通案例引发学生学习的兴趣，明确课堂教学内容。
(2) 提问导入新知（2分钟）。	(2) 提问导入。 例子1：2018年1月，华为集团将价值100万元手机卖给中石油，按合同约定，中石油在6月支付货款给华为集团。 华为集团1月销售手机100万元 华为集团6月收到货款100万元 1月 2月 3月 4月 5月 6月 7月 8月 9月 想一想：就此业务而言，华为集团销售手机了，应确认销售收入，请问华为应在 1 月确认收入还是在 6 月确认收入？本节课主要学习"会计记账基础"。	学生分析思考案例，在教师带领下，进入学习新知状态。	通过提问导入，更好地引发学生学习新知的兴趣。
(3) 掌握记账基础（15分钟）。	(3) 讲解新知："权责发生制"和"收付实现制"的概念及两者区别。 ①"权责发生制"是指收入和费用的确认应当以经济业务发生的权利和义务的归属期为标准，而不是现金的实际收付作为确认标准。 收入确认标准：以收入取得的权利形成为标志，而不论款项是否收到。 费用确认标准：以费用承担责任的发生为标志，而不论款项是否支付。 例子1 华为集团1月销售手机100万元 华为集团6月收到货款100万元 1月 2月 3月 4月 5月 6月 7月 8月 9月 按权责发生制原则，1月华为集团收取款项的权利已实现，即使货款没有收到，应将此笔款项归属确认为1月的收入？	能运用两种记账基础分别确认企业的收入和费用。	通过对比教学法讲解两种记账基础，学生易于理解和掌握。

续表

教学环节	教学活动	学生活动	设计意图
（3）掌握记账基础（15分钟）。	例子2：2018年1月初，华为集团支付半年的设备保险费用60万元 华为集团1月初支付半年60万元的设备保险费用 1月 2月 3月 4月 5月 6月 7月 8月 9月 想一想：华为集团1月支付设备半年保险费用60万元，该笔费用应确认为1月费用还是分摊到6个月，作为各月费用？ 例子2：华为集团1月初支付60万元半年设备保险费用 1月 2月 3月 4月 5月 6月 7月 8月 9月 （按权责发生制原则，1~6月是设备保险投保期（受益期），即华为集团各月承担费用的责任已发生，即使支付费用是在1月，所以将60万元分摊到6个月？） ② "收付实现制"是指以实际收到或付出现金作为确认收入或费用的标准。 收入确认标准：以收到现金的时间为标准。 费用确认标准：以支付现金的时间为标准。 例子1：华为集团1月销售手机100万元　　华为集团6月收到货款100万元 1月 2月 3月 4月 5月 6月 7月 8月 9月 （按收付实现制原则，华为集团收到款项的时间在6月，所以应在6月企业确认收入？） 例子2：华为集团1月初支付60万元半年设备保险费用。 1月 2月 3月 4月 5月 6月 7月 8月 9月 （按收付实现制原则，华为集团支付保险费用是在1月，应将60万元作为1月的费用？） （4）讨论思考：讨论思考两种不同记账基础对企业经营成果的影响，总结记账基础的优缺点，思考其适用范围。 假设：华为集团前6个月的销售款项都是在6月收到，前6个月的费用都在1月已预付，若按收付实现制记账，华为的月度利润表现出什么情况？ 1月的利润表仅有费用，6月的利润表仅有收入，2月至5月的利润表没有任何收入和费用	通过前面学习的铺垫，分析思考权责发生制和收付实现制的区别。对比两种记账基础对企业经营成果的差异，理解其优缺点。	将课堂理论知识运用到现实案例分析，深入理解和掌握新知。

99

续表

教学环节	教学活动	学生活动	设计意图
(3) 掌握记账基础（15分钟）。	假设：华为集团前6个月的销售款项都是在6月收到，前6个月的费用都在1月已预付，若按权责发生制记账，华为的月度利润表能客观反映现金流吗？ 各月份的利润表都反映当期的收入和费用。但月度利润表并不能客观反映企业现金流，虽然企业前5个月利润表都显示有利润，但企业的现金流紧张。 权责发生制，正确反映各个会计期间所实现的收入和实现收入所应负担的费用，从而可把各期的收入与其相关的费用相配合，加以比较，正确客观计算各期的财务成果。却不能清晰反映企业的现金流量数据。 收付实现制，其确认本期收入、费用的方法不符合配比原则要求，不能客观反映企业当期经营成果，却能真实反映企业的现金流量。 《企业会计准则——基本准则》规定：企业应当以权责发生制为基础进行会计确认、计量和报告。 (5) 分析讨论总结案例。 ①小组讨论。 a. 渝钛白公司是否应计提1997年度欠付中国银行的美元借款利息费用？ b. 为什么公司不计提1997年利息费用？ ②小组代表发言讨论结果。 ③教师总结。	依据知识，分析讨论渝钛白案例。	
(4) 布置作业（1分钟）	思考题： (1) 政府财务会计记账基础由原来的收付实现制转变为权责发生制？ (2) 阅读权责发生制相关文献，了解权责发生制的变化。		延伸课堂内容，给学生更广阔的思考空间。

（八）游戏教学法

"子曰，知之者不如好之者，好之者不如乐之者"。孔子强调要通过乐教，通过学生的乐学好学，以促进社会和谐地发展，促进学生全面和谐地发展。杜威教育理念的一个显著特点，就是提出了学校教育应当充分利用儿童的游戏天性，以游戏活动为中心建构丰富的情境，让学生"从做中学""从经验中学""生活即游戏，游戏即生活"。

游戏教学法是在游戏教育观念指导下，提倡在教学设计过程中，根据学生的年龄、身心发展的特点以及教学内容，设计出具有趣味性、参与性的游戏活动，从而实现教学目的的教学方法。游戏化教学的主旨在于体现游戏的内在精神，并与教学环境达到融合的境界。游戏教学其实与愉快教学、成功教学、兴趣教学等的教育理念是一致的，都是为了激发学生的学习兴趣，获得身心愉悦，使知识和能力都得到提升。因而在教学实践中既可以将游戏的趣味性保留下来，还能使教学策略有效地实施，实现知识探究过程与游戏任务目的的有效融合。

相对而言，中职学生学习成绩较差。导致其学习成绩差的首要原因就是学习兴趣低和积极性差。中职教师都有一个普遍的共识：只要不谈学习，中职学生都能愉快地生活，而且大部分中职学生只要接触游戏就产生兴奋的心情和无比的专注力。从中职学生这一特点出发，可以尝试将游戏融入职业教育中，将游戏引入课堂教学，在设计教学过程时将游戏作为情境导入教学，引起学生学习兴趣，从而创建良好的学习气氛，提高课堂教学效率。

会计游戏法教学设计指教师依据职业院校学生的心理特征，运用相关游戏法教育理论，结合课堂教学目标，把教学活动和游戏活动有机地结合起来，通过对游戏情景的创设和游戏活动的展开，使学习内容游戏化，激发学生学习兴趣，发挥学生的主动性和创造性，学生在轻松愉快游戏活动的氛围中学习掌握会计专业理论和实践知识，并且通过游戏活动培养学生的创新精神合作能力。

例如，"会计科目扑克"游戏是由武汉钢铁（集团）公司原计划财务部部长谭丽丽等发明的，用于广大会计人员、职业院校会计相关专业学生学习会计知识的一种工具。通过"会计科目扑克"游戏，可以帮助学生更好地理解会计核算的流程、熟悉会计核算的思路、掌握会计分录。该扑克牌根据《企业会计准则》和制造业企业核算要求设置了常用的会计科目。"会计科目扑克"游戏采用"出牌"与"叙牌"结合的形式，即在打出每一手牌的同时，一定是一笔会计账务处理的分录，出牌者要同时用语言描述此笔经济业务内容及账务处理。如出牌者准备出两张牌，一张是"库存现金"；另一张是"银行存款"时，出牌者必须口述"从银行存款提取现金，借记'库存现金'，贷记'银行存款'"。如出牌者准备出三张牌，第一张是"应收账款"，第二张是"主营业务收入"，第三张是"应交税费"时，出牌者必须口述"销售产品，开具增值税专用发票，货款尚未收到，借记'应收账款'，贷记'主营业务收入'，贷记'应交税费——应交增值税（销项税额）'"。每手出牌可以一借多贷、多借一贷或多借多贷，但叙牌时应完整表达某项经济业务，应符合规范的会计账务处理原则。

游戏教学法倡导快乐学习、寓教于乐，以游戏为载体，把教学的知识性同游戏的娱乐性结合在一起,解决了当前职业院校学生学习兴趣不高的现状。一方面满足了学生玩的需要;另一方面又传授了会计知识。把学习作为一种游戏,将他们彻底从枯燥乏味的会计知识中解放出来,消除他们学习会计的畏惧感,增强他们学习会计的自信心,让他们在玩的过程中学到了知识,发展了会计技能,真正地做到"玩中学,学中玩,趣中练,乐中长,赛中勇"的教学设想,让会计学习成为一件既简单又快乐的事情。

1. 会计游戏设计的原则

在会计课堂上只有选对了游戏设计,我们的教育目的和教学效果才能达到预期的目标。在设计游戏时应遵循以下原则。

(1) 游戏设计要有针对性。游戏的设计要紧贴职业院校学生的身心特点,紧跟时代潮流,紧扣知识的特点,才能设计出合理的游戏教学的过程。

(2) 游戏设计要有价值性。游戏的价值性是指游戏的设计必须紧密联系本节课的教学重点和难点,对职业院校学生获取知识和技能、发展学生的思维、灵敏性有着重大的价值,能让学生在轻松、愉悦学习环境中,有效地掌握所学的会计知识和习得技能。

(3) 游戏设计要有趣味性。激发学生学习会计的兴趣是我们开展游戏教学的首要目标,只有学生产生了学习兴趣,学生才会主动地投入会计学习中。

(4) 游戏设计要有直观形象性。夸美纽斯认为一切知识都是从感官的感知开始的,他提倡直观教学。游戏的直观性有助于学生对抽象的概念、法则等知识的掌握,架起了学生从"具体思维"到"抽象思维"之间的一座桥梁,有助于学生获得的学习积极性的效果。

(5) 游戏设计要有全员参与性。全员参与性是指在教学中每一个同学都有机会直接参与游戏活动,获得角色扮演,大家一起来体验游戏的全部过程。如果游戏的设计只能够让少数同学参加,把大多数同学作为观众,那么这样的设计就无法为全体学生服务。因此,在设计游戏教学时必须考虑让所有的学生都能够参与进来,只有参与了游戏、体验了游戏过程,他们才会感到高兴,才能在愉悦的氛围中发展交际能力、协调合作能力、综合职业能力。

(6) 游戏设计要有竞争性。在进行游戏设计时必须要充分利用职业院校学生积极向上、争强好胜的心理特征,设计富有竞争性的游戏,让学生在课堂中展开竞争,从而促使他们形成主动学习、顽强拼搏的学习氛围,彻底扭转以往课堂沉闷的气氛。

2. 基于游戏法的会计教学设计的方法与途径

（1）在课程导入环节设置游戏情景，激发学习兴趣。

心理学家告诉我们：所有知识和技能的掌握最初均是来自无意识或盲目的注意，从无意到有意的转变过程，从而有意识地研究学习，这必然要有兴趣作基础。兴趣是最佳教师，只要产生兴趣，职业院校学生才会积极自觉学习，兴趣跟前，任何无趣无聊的知识都会发生翻天覆地的改变。职业院校学生的普通反映就是学习缺乏动力，学习兴趣淡薄，学习气氛不浓厚，花在学习的时间精力不足。基于教学对象的学情，将会计课堂教学从游戏开始，从吸引学生学习兴趣开始，让"兴趣"贯穿于整个教学过程。

在会计课程教学导入环节，通过游戏吸引学生，引起学生的注意，让游戏带领学生进入课堂，学生对课程教学内容产生一定兴趣，无意中获取知识和技能。好的开始是成功的一半，只要学生产生了对这门课程或这节课的兴趣，我们都达到了预期的效果，有利于提高课程、课堂学习的效率。另外，由于学生的学习能力存在差异，学生完成学习任务的速度时间也会不一样，因而在设计游戏活动时要充分考虑整个班集体的学习状况，做出针对性分析调整，使学生在快乐的游戏氛围中理解所学知识，在实训操作中不断实践。

例如，在讲授"财产清查"知识内容前，教师可在导入环节设计"财产清查"游戏项目，引起学生注意，激发学生学习兴趣，在游戏活动中初步明确学习内容。"财产清查"游戏具体设计内容如下：上课前教师煞有介事地向全班同学说，今天老师代表会计部门来盘点仓库库存情况，全班同学都是仓管人员。接着将全班同学分为左右两大组，即两个不同仓库，然后老师将会计部门核算两仓库的账面信息通过PPT课件展示出来（1号仓库的账面资产分别有2个笔盒、3双运动鞋、4个水杯、5本书、6支红笔；2号仓库的账面资产分别有3顶帽子、4个优盘、5块橡皮擦、6本笔记本、7支钢笔），同时教师介绍财产清查的规则，在规定时间内以最快速度提交账面资产的仓库小组获胜。接着教师宣布盘点仓库资产游戏开始，在规定时间内，各仓库提交相关的资产，教师请助理（学生担任）清查财产，并记录清查结果。此游戏项目一方面作为课堂导入，激发学生学习兴趣；另一方面通过仓库资产清查结果引导学生迁移学习新知，明确了教学目标。

（2）在课程过程中加入游戏练习，提高操作技能。

学习动机是学生学习的源动力，它是诱导、保障学习的持续性，从而达到完成教学目标的重要因素。会计专业和其他专业的区别就是实践性强。职业院校学生都有接受新鲜事物的好奇心，但是动手实践能力还不足，或者他们不积极主动进行技能训练，自以为"懂"了就"会"了，如此一来容易产生理论与实践的脱节。此时需要设计学生偏好的游戏来配合巩固其知识体系，解决学习中遇到的重难点，从而提升其动手操作能力，使枯燥无趣的会计操作技能训练变得生动有趣。

譬如，"坏账准备的核算"知识点对于中职学生来说是教学的难点，特别是坏账准备的计提金额计算，学生很容易混淆坏账准备计提金额和坏账准备账面余额的概念。为降低学习难度，教师设计将"坏账准备"比喻为存钱罐，帮助学生完成坏账准备金的增减从直观的"存钱罐里钱的增减"过渡到抽象的"账户的借贷"，使学生更加直观形象地理解该账户的性质，通过存钱罐的使用掌握"坏账准备"账户的核算技能。具体教学设计内容见〔案例3-12〕。

（3）在完成任务中创设游戏竞赛，促进协作竞争。

职业院校学生都有着好奇、爱玩、好胜的共同心理特点，将课堂教学内容设计为游戏比赛，把课堂教学的各个部分规划成各个比赛项目，将游戏视为比赛，让学生在不同比赛现场发挥出其才能和闪光点。在教学时可适当考虑将游戏转变成竞赛，让学生在游戏竞赛中感受成功的喜悦，并能勇于承受失败，从失败中总结经验，促使学生挑战更高的目标，培养竞争和探索的意识。除了可以开展学生间的个人赛之外，还可根据一定标准将全班划分为不同比赛小组。不管个人赛还是小组赛，目的都是增强学生的团队精神和竞争意识；通过遵守游戏规则，学生养成遵纪守法的好习惯；通过小组交流协作，学生学会互相团结。同时，学生学会善于倾听，与人沟通；学会点赞，学会批评与自我批评，而且还能自信地展现自我，认识自我和完善自我，使个性得到了和谐健康的发展，同时也养成了良好的协作精神。

譬如，在讲完某节新课，学生已基本掌握了其所学内容，可以设置一场"争霸赛"。先在班中让同学们自我推荐当霸主，让其当众操作本节知识点的基本步骤及方法，记录所花时间。然后其他同学对他展开挑战。打败擂主的同学当选新擂主，新当选同学的名字出现在班级黑板中。为了激励一些学习并不稳定，掌握程度不太熟悉的学生,同时在这些同学当中也选出一名擂主。两个擂主,随你挑战。在激烈的比赛过程中,大部分同学都能主动地将本节内容熟悉掌握并巩固下来。

〔案例 3-12〕"坏账准备的核算"教学设计(见表 3-5)。

表 3-5　　　　　　　　　　　教学过程设计

课型	理实一体化课	课时	2 课时
授课班级		科目	企业财务会计
授课时间		课题	坏账准备的核算
一、教材及教学内容			
(1) 使用教材:高等教育出版社《企业财务会计》。 (2) 教学内容:第三章第一节第四点:坏账准备的核算。 (3) 地位作用:该内容置于"应收账款核算"之后,出于谨慎性原则,提醒学生在实际工作中"应收账款"有可能发生坏账,应计提坏账准备,所以本节内容起着警示的作用,学好本节内容,可为学生今后增强职业判断力奠定基础。 (4) 教材补充:通过增加案例,引入工作任务,增加学生学习趣味,并让学生"做中学,学中做",充分体现在课堂上以学生为主体,以达到更好的教学效果。			
二、教学对象分析			
(1) 年龄特点:思维活跃,偏重于形象思维,对新鲜事物有一定的探知欲。 (2) 学习态度:学习自主性比较差,喜欢通过活动来完成工作任务。 (3) 学习能力:学习过《基础会计》,接收信息的能力强,具备一定的知识迁移的能力。			
三、教学目标			
(1) 知识目标:归纳坏账准备计提及账务处理,坏账发生和转回时的账务处理。 (2) 能力目标:模拟应收账款余额百分比法的基本思维方式,建立后续学习其他准备金基础。 (3) 情感目标:遵守职业的谨慎性原则,具备一定的职业判断力。			
四、教学重点与难点			
(1) 教学重点:①坏账准备金的计提及账务处理;②坏账的发生及坏账转销又收回的账务处理。 (2) 教学难点:"坏账准备"账户期末应计提额的计算。			
五、教学方法			
案例教学法、游戏教学法、行动导向教学法。			
六、教学媒体			
多媒体课件、游戏道具(存钱罐、面额为 1 000 元的模钞)。			
七、课前准备			
(1) 准备材料:案例内容、任务书、游戏填写表、小组评分表、记账凭证等。 (2) 布置教学现场:每 6 位同学为一组围坐一起。 (3) 学生准备:课前对学生的平时表现和能力差异进行调查,根据调查结果将学生分成 6 个小组;另外,课前我先将游戏视屏通过手机转发给学生,让学生自己先对游戏进行探索,为课堂赢得奖励做好准备。			

续表

八、教学过程

教学环节	教学内容	教师活动	学生活动	设计意图
（一）案例导入、复习旧知（10分钟）	（1）案例讨论：《隐藏在"应收账款"里的秘密》。 （2）通过案例引入，复习已学过"坏账""坏账准备"的概念。	（1）教师创设职业情景。 （2）教师提出问题——"应收账款"里隐藏的秘密是什么呢？ （3）总结学生的答案，得出： ①应收账款存在收不回来的风险，当其收不回来时，称为"坏账"，是一项损失。 ②对可能发生的坏账损失而提取的准备资金，称为"坏账准备"。 ③根据谨慎性原则，我们应如何处理可能发生的损失呢？	（1）阅读案例，展开讨论，得出自己的结论。 （2）开动脑筋，通过案例再次认识坏账及坏账准备。	通过案例讨论的形式，让学生在情境中学习，提高学生的学习积极性。
（二）故事引用、游戏教学（30分钟）	（1）引用《存钱罐的故事》：将"坏账准备"比喻为存钱罐，使学生更加直观形象地理解该账户的性质。 （2）运用"应收账款余额百分比法"计提坏账准备。 （3）游戏"存钱罐里该留多少钱？" ①将学生按能力和兴趣相互交错分成6个小组。 ②每组发一个存钱罐纸箱和10张面额为1 000元的模钞。 ③存钱罐纸箱从每组最前面一位同学往后传，每位同学完成一笔坏账准备金的存或取；最后检查存钱罐里的余额是否正确。 ④按完成准确度和速度酌情加分。	（1）引用存钱罐故事。 （2）引导学生对比得出结论。 ①计提坏账准备原理：准备金跟平时存钱，有用时从储蓄罐里取钱是一个道理。 ②余额百分比法：储蓄罐里的钱放在家里没有利息，按比例存一定的金额就可以了。 （3）引导学生完成任务。 ①PPT展示计算内容和"坏账准备""T"型账户。 ②讲解游戏规则。 ③维持游戏秩序。 ④PPT展示计算过程和结果。 ⑤清点各组存钱罐纸箱里的最后余额是否正确。 ⑥评定游戏名次，给予鼓励。 （4）画"T"型账户说明"坏账准备"的账户结构。	（1）理解游戏的规则。 （2）理解"坏账准备"的性质和计提方法。 （3）各小组成员协作完成一系列相关的计算。	（1）理解游戏的规则。 （2）理解"坏账准备"的性质和计提方法。 （3）各小组成员协作完成一系列相关的计算。

续表

教学环节	教学内容	教师活动	学生活动	设计意图
（三）直观到抽象引入分录（15分钟）	沿用游戏中的业务，帮助学生完成坏账准备金的增减从直观的"存钱罐里钱的增减"过渡到抽象的"账户的借贷"。	（1）引用任务表的数据，用PPT动态展示，每一年业务类型变化都会引起坏账准备怎样的变动。（2）根据任务表中的数据和坏账准备的结构编制相应的分录。	一边回顾游戏中的计算过程；一边学习相应的业务分录。	通过这种循序渐进的学习，使学生更深刻地理解分录。
（四）学以致用、理实结合（15分钟）	（1）坏账准备提取与计算的巩固练习。（2）按照预先的分组情况引导学生完成练习。（3）从学生的练习中归纳总结本节课的教学内容，突出教学重点和难点。	（1）PPT展示课堂练习。（2）巡查小组完成练习情况，反馈学生对知识点的掌握程度。（3）评讲练习。（4）评选出完成最好的两个小组进行展示。	（1）按照分组讨论，完成练习内容。（2）①审核他组的结果，找出对方错误点。②在审核的同时自己进行归纳。③听教师对小组的解答和归纳，牢记知识点。	（1）继续发挥分组的优势。（2）通过相互评审，可以使学生相互认识到对方组优点，同时避免错误再次发生。
（五）归纳总结、课后提升（10分钟）	（1）归纳本课教学重点、难点。（2）布置作业：完成习题集P17实训三。（3）跟踪学生学习进度的方式：运用学生流行的微信、QQ进行解答和留言。	（1）引导学生归纳。（2）对学生的课堂表现和学习效率进行评价。（3）布置作业。	（1）总结自己在本节课中的收获并记录作业。（2）课后拓展：要求学生通过各种图片来表示坏账准备的核算内容。	（1）帮助学生加深、消化知识。（2）完善本课知识结构，巩固课堂学习内容。

九、板书设计

板书设计

一、复习旧知
1. 坏账的含义　　2. 坏账准备的含义
二、坏账准备的核算（PPT播放）
1. 完成任务一
2. 课堂练习
三、小结

借（一）　坏账准备　贷（＋）

坏账	计提
冲减	补提
	转回

应保留的坏账准备＝应收账款余额×百分比

续表

十、教学反思
（1）教学设计：采用游戏教学法，充分考虑了学生的特点，采用存钱罐游戏理解坏账准备，使学生学会类比学习，更容易接受教学内容。 （2）教学理念：充分发挥学生的主体地位，在"学中做，做中学"让学生快乐学习、自主学习、学会学习。 （3）不足之处："坏账准备"是知识难点，仅仅通过课堂练习远远不够，课后需督促学生多做题。

注：此教学设计由广州商贸职业学校张爱芬老师提供。

（九）角色扮演法

角色扮演法是指职业院校教师依据行业趋势和岗位要求，结合人才培养方案、课程教学目标，在一定教学理论指导下，积极创设出仿真职业情境，并让学生在情境中扮演和模拟相关职业角色，在规定的课堂表演时间内与其他角色协调，完成角色预先被赋予的工作任务和职责，在亲身体验过程中学生可以深入体会未来职业所需要的专业知识与技能、具体操作流程与规范、建立和培养职业情感与职业道德修养的一种教学方法。通过对职业角色的扮演，学生能更加深刻认识岗位所需能力，促进学生对未来工作岗位的胜任能力。角色扮演法的教学实施原则如下。

（1）情景性原则。情景教学是运用具体活动的场景或提供学习资源以激起学习者的主动学习兴趣、提高学习效率的一种教学方法。学生的角色扮演其实是一种表演活动，如何让学生"入戏"，更快地进入角色状态，离不开情景支持。情景可分为环境情景和材料情景，在角色扮演中要运用好这两种情景。

（2）共同性原则。共同性原则就是让学生共同参与，体现了教育教学的公平性原则。学生都有表现的欲望，积极参与到活动中，教学实践证明，学生共同参与的教学效果要好于学生个别参与的教学效果。

（3）趣味性原则。角色扮演的目的是激起学生的兴趣，变被动接受为主动学习。所以选择的内容应该是学生感兴趣的，让学生感觉到课堂不枯燥，课堂气氛极其活跃。

（4）适当卷入原则。适当卷入原则是指教师适当调节活动中出现的问题或适当参与角色扮演。有时候学生在活动过程中，只注重了课堂上的气氛，而忽视了教学中的技术动作，这就需要老师介入，把握好正确的方向。有了教师的适当参与，学生的积极性更高，课堂气氛更活跃，同时还拉近了师生的关系。

〔**案例 3 – 13**〕"银行存款核算业务"教学设计。

【学生学情分析】

本单元授课对象是会计专业××级××班学生，他们有一学期专业学习体验。学生们初步认识企业，了解企业核算工作流程，会使用常用的会计计算工具，具备会计工作的基本技能；能够运用借贷记账法处理、记录企业会计事项；具备识别、填制、审核原始凭证、记账凭证的能力；具备设置、登记总分类账、明细分类账、日记账的能力；该班为 30 人小班型，班风较好，多数学生专业学习态度端正，学习热情较高，能够在教师的指导下积极思考，较好地配合教师开展各项课堂活动，完全有能力参与角色扮演教学法"银行存款核算业务"教学活动。

【教学内容分析】

海达公司是生产塑料制品的企业，本单元设计的主要任务是围绕海达公司货币资金核算与管理岗位中的任务三"银行存款核算业务"所涉及的知识点来展开的。通过本节教学活动单元设计，使学生掌握各种银行存款结算方式；企业在发生实际经济业务时如何选择银行汇票结算办法，并能运用银行汇票结算方式进行核算，该业务实际操作流程及相关规定有哪些？如何设置账户和进行账务处理。

本节课的内容是任务三"银行存款结算业务"，具体教学内容是海达公司采购员李华去天津进行塑料制品原材料采购业务活动，采用银行汇票结算方式进行付款业务而展开的。

为达到相应的教学目标，本节课的教学内容应当是利用前面所讲的银行存款核算基本知识，即银行开户相关规定、账户种类、账户使用与管理、银行结算办法相关规定及处理，整理审核与银行业务有关的原始凭证、登记银行存款日记账、办理购货往来结算业务、管理空白支票与印章等工作任务，培养学生的实际应用能力。在本节课中使用角色扮演教学法可以充分调动学生的参与积极性，紧密围绕银行汇票结算办法所要求的知识点和核心工作展开教学任务设计，并突出关键知识点与技能点，在整个教学活动过程中，依据教学内容分解教师活动和学生活动，明确工作任务，让学生在轻松又严谨的课堂氛围中，通过自己的实践获取知识和技能。在完成任务过程中，需要小组成员之间的协助与交流，可以增进同学们之间的感情，培养学生的团队意识，激发学生学习的积极性和学习热情。

教学过程设计如表 3 – 6 所示。

表 3-6　　　　　　　　　　　　　　教学过程设计

教学对象	会计专业××级××班级		计划学时	4 学时	
教学内容	货币资金核算与管理岗位中的任务三"银行存款核算业务",具体教学内容是海达公司采购员李华去天津进行塑料制品原材料采购业务活动,采用银行汇票结算方式进行付款业务而展开的,该内容承接前面的银行存款核算基本知识。				
教学目标	知识目标		技能目标	素质目标	
	(1) 正确使用并保管库存现金、票据和印章。 (2) 合理选择银行结算方式,办理货币资金收付业务。 (3) 具备填制、审核货币资金相关会计凭证的能力。 (4) 具备登记库存现金、银行存款日记账的能力。 (5) 对库存现金与银行存款进行清查,并对清查结果进行处理。		(1) 正确、规范地填制和审核货币资金收付业务的原始凭证。 (2) 准确编制货币资金收付业务的记账凭证。 (3) 正确、清晰地登记库存现金、银行存款日记账。 (4) 合理选择银行结算方式。 (5) 准确清点库存现金,正确编制"库存现金盘点表"。 (6) 正确编制"银行存款余额调节表"。	(1) 培养学生积极向上的工作态度和严谨细致的工作作风。 (2) 学会待人接物的方法,树立良好的职业形象。 (3) 责任风险意识。 (4) 具备爱岗敬业、廉洁自律、坚持准则等会计职业道德。	
教学重难点	银行存款转账结算方式;根据银行存款管理办法及银行结算制度的规定,办理银行汇票结算;审核银行存款收付业务原始凭证;编制相关业务记账凭证;登记银行存款日记账;进行银行存款清查,编制银行存款余额调节表。				
教学方法	角色扮演教学法。				
教学资源	计算机媒体设备、模拟会计单项实训操作教程、各种银行存款结算实物票据、记账凭证、角色扮演脚本设计等文件资料。				
教学过程					
	教学步骤与内容		教学目标	教学方法	时间
	一、使小组活跃起来 确定或提出问题、使问题明确、具体,解释问题所表现出的故事,探讨故事中的冲突等。 演出内容:教师提供专业素材,布置任务——银行结算方式中银行汇票的结算程序。 [流程图:汇款单位(购货单位) ↔ 收款单位(销货单位);(3)持汇票往异地办理结算;(4)发运商品或提供劳务等;(1)向银行提交银行汇票委托书;(2)签发银行汇票;(8)结清银行汇票金额,多余款收账通知;(5)向银行兑付货款;签发银行或汇款单位开户行 ↔ 兑付银行或收款单位开户行;(6)将实际结算金额随报单寄签发银行;(7)划转款项]		根据银行存款管理办法及银行结算制度的规定,办理银行汇票结算。	角色扮演法	5 分钟

110

续表

教学步骤与内容	教学目标	教学方法	时间
二、教师挑选参与者、分配角色 分析角色，挑选角色扮演者（挑选四位同学，让他们选择扮演哪个角色，进行第一场表演）。 信达公司采购部业务员李华——同学 A 饰演。 信达公司工商银行开户行业务员张扬——同学 B 饰演。 雷神塑料制品销售公司销售部业务员郝帅——同学 C 饰演。 雷神塑料制品销售公司招商银行开户行业务员王哲——同学 D 饰演。	熟悉银行汇票结算基本业务流程及票据传递基本要求。	角色扮演法	5 分钟
三、阐述角色的任务、作用，培训参与者 说明要注意什么，指明观察任务（可先让学生回家看书、查阅资料，熟悉角色、揣摩角色）。 李华：负责申请汇票、采购、背书转让汇票、收货、收回多余款、作相应的财务处理。 张扬：负责接待李华、转账收款、要求填写委托书、开出汇票、退还多余款。 郝帅：负责收李华交来的汇票、发货、到王哲处办理转账或提现等。 王哲：负责帮郝帅转账或支取现金，通知张扬实际结算金额，从张扬外转账收回货款。 其他同学：当观众，注意观察角色扮演的真实性，评论扮演者的表演效果。	教师将各岗位的角色扮演工作任务描述清楚。	角色扮演法	10 分钟
四、布置舞台，进入场景，开始表演 划定表演行动路线，再次说明扮演的角色。 【场境模拟】在教室中间间隔摆放四张课桌椅，模拟汇款单位及其开户行、收款单位及其开户行，并分别坐着由 A、B、C、D 四位同学饰演的业务员。 【表演道具】存折、银行汇票委托书、银行汇票、解讫通知、多余款收账通知、商品、各单位和银行的银行存款日记账、大白纸和笔。 【业务情境】信达公司采购部业务员李华准备采用银行汇票结算方式到山东省的雷神公司采购原材料，所以先到银行申请办理银行汇票，故事由此展开……	各岗位角色承担者要明确工作任务，并互相协助，如有疑问可请求教师帮助。	通过学生活动，使每个同学都有相应的工作任务、角色任务及表演内容。	10 分钟

【业务内容】李华拿着一本存折从单位出发走向其开户银行，到达后，李华对信达公司工商银行开户行业务员张扬说："我想申请办理银行汇票。"张扬说："请先填写一张银行汇票委托书。"李华填写好汇款金额为 3 万元的委托书后，连同存折一并交给张扬，张扬将存折上的 3 万元划走，将一张汇款金额为 3 万元的银行汇票和解讫通知交给李华。李华表情满意地离开银行，回到单位交给信达公司财务部进行账务处理如下：
借：其他货币资金——银行汇票   30 000
  贷：银行存款   30 000
李华前往雷神塑料制品销售公司进行实地采购，同时将汇票和解讫通知交给该公司业务员郝帅，郝帅审核银行汇票后，将六箱价值 25 000 元的原材料连同相关票据发给李华所在单位信达公司，信达公司财务部进行账务处理如下：
借：原材料   25 000
  应交税费——应交增值税（进项税额） 4 000
  贷：其他货币资金—银行汇票   29 000
	熟悉资料卡内容，进入职业角色，完成规定任务。	角色扮演法	20 分钟

续表

教学步骤与内容	教学目标	教学方法	时间
业务员郝帅拿银行汇票到其招商银行开户行办理转账收款29 000元，并收妥入账。 招商银行业务员王哲审查银行汇票，将29 000元划入雷神公司的账户上，并随报单通知信达公司工商银行开户行实际结算金额为29 000元。工商银行业务员张扬收到报单后，将29 000元划转给雷神公司招商银行开户行业务员王哲，并将多余款1 000元划回给信达公司工商银行开户行。李华收到1 000元的收账通知，交给财务部，财务部根据"多余款收账通知联"入账： 借：银行存款　　　　　　　　　　　1 000 　　贷：其他货币资金——银行汇票　　1 000	熟悉资料卡内容，进入职业角色，完成规定任务。	角色扮演法	20分钟
五、表演结束进行讨论、评价、总结 教师引导学生根据角色扮演过程，分析讨论所要解决的问题并加以评价，总结概括出本节教学活动所要达到的目的。 表演和讨论评价过程可以反复进行，直至达到预期目的为止。 演出后，引导角色扮演者与旁观者进行讨论，教师宜用开放式的问句，学生自然会有很多反应，老师本身不需要太多地表白，以免阻碍学生的表达。 采用发展性的评价机制，既关注执行任务的结果，更关注执行任务的过程及能力表现。	对各组展示的成果、团队合作、自我管理能力、自主学习能力进行综合评价，组织学生评价。	（1）各组自我评价。 （2）学生评委互评。 （3）教师评价。	22分钟
六、课堂小结 （1）根据银行存款管理办法及银行结算制度规定，办理银行汇票结算。 （2）审核银行存款收付业务原始凭证；编制相关业务记账凭证。 （3）登记银行存款日记账；进行银行存款清查，编制银行存款余额调节表。	概括总结，帮助学生构建知识体系，明确技能操作标准，把握应有的工作态度。	学生实物展示讲解，语言简练、概括。	5分钟
七、教法交流 （1）角色扮演法应用时注意哪些环节？如何评价表演效果？ （2）对本案例展示的角色扮演法，你认为根据教学内容还需要作哪些改进？角色扮演法有哪些优点和局限？如何在教学中克服其局限？ （3）角色扮演法的操作步骤有哪些？应用时注意哪些事项？ （4）角色扮演法需要与其他哪些方法结合使用？为什么？			3分钟

注：案例选自《会计专业教学法》。

（十）任务驱动教学法

任务驱动教学法是一种建立在建构主义学习理论基础之上的教学方法，是以教师为主导，学生为主体，以任务为驱动达成教学效果的教学方式，其中的任务是教师依据教学内容精心设计教学任务，任务蕴含了学生应掌握的知识与技能，也蕴含了学生应进行的技能训练。任务型教学可概括为"以具体的任务为学习动机，以完成任务的过程为学习过程，以展示任务成果的方式来体现教学成就的教学活动"。

任务驱动教学法是以"任务为主线、教师为主导、学生为主体"的主动教学模式，改变了过去"教师讲，学生听"的被动教学。将再现式教学过程全面转变为探究式学习，学生处于主动积极的学习状态，学生可以按照自己的现实情况来对当前任务遇到的问题进行自我的理解，通过采用共有的知识以及结合自己特有的一些日常经验来提出可行的方案。任务驱动教学法最显著的特点是教师通过巧妙设计工作任务，将要讲授的知识蕴含于任务之中，使学生通过完成任务达到掌握知识技能的目的。学生在完成一个个具体而真实的任务过程中要对任务进行分析，提出问题，并研究解决问题的方案。通过自主学习或者小组协作学习与探索活动，完成学习任务，达到最终目标。

1. 任务驱动教学法的任务设计的原则

在任务驱动教学法中，要达成教学目标，完成教学内容，都要体现在每一个具体的任务之中，因而任务驱动教学的核心就在于设计科学的、操作性强的"任务"。职业院校教师在设计任务时一般应遵循以下两个原则。

（1）任务要有目的性和适度性。任务的目的性要求设计任务时紧紧围绕着教学目标，既包含学生已掌握的知识和技能，又涵盖学生即将学习的新知识和技能，而且还能培养学生的自主学习能力。任务的适度性要求在设计任务的时候把握好尺寸，任务难度要适中，教学内容要符合学生目前的认知水平，充分考虑学生的年龄特征、爱好兴趣、认知能力等方面的特点，遵循由浅入深、循序渐进的原则，使每位学生都可以在执行任务过程中收获新知和习得技能。

（2）任务要有操作性和职业性。会计是一门实践性非常强的专业，任务的操作性要求根据学生实际认知能力水平设计教学任务，确保学生在有限的时间内经过自主和协作能够基本完成任务。任务的职业性则要求教师应充分结合中小型企业会计实务工作内容，以企业典型经济业务工作过程为主线，充分考虑教学目标对应的会计职业岗位具体工作技能，例如企业常设的会计岗位包括出纳、总账会计、成本会计、税务会计、往来款项会计、资产会计等会计岗位角色。教师将教学内容进行分解，根据会计实务工作过程进行重构，将理论基础知识穿插到实务工作任务中。

2. 任务驱动型教学法实施步骤

任务驱动型教学法实施步骤一般可以分为五个阶段:"设计任务—布置任务—分析任务—执行任务—评价任务"。

(1)"设计任务"阶段。

设计任务是"任务驱动"教学中最重要的一个环节,如何依据学生学情和教学内容,巧妙地将新知识和新技能隐藏在任务中,同时任务如何体现"职业性"和"趣味性"等,都是需要教师进行认真论证,设计出的任务是好是坏,直接影响学生是否能基本完成任务以及教学目标是否能最终实现。当总任务明确后,教师要把总任务细化成若干"子任务"。任务驱动教学法中的"任务"并不是一次简单的课堂作业,它强调的是每当学生完成前一个任务时,能够为后一个任务做铺垫。若中途学生完成的"子任务"与总任务出现矛盾,则说明细化的"子任务"不符合逻辑,因为所有的"子任务"都要以总任务为核心,这时教师需要做进一步的纠正。

(2)"布置任务"阶段。

教师可以根据任务内容创设良好的工作情境,呈现出任务的重要性。在布置任务时,教师需要向学生给予充分的引导和明确的指令,比如该任务是个人任务还是团队任务、任务执行的注意事项、以何种形式呈现任务成果等。教师可以通过提供任务引领书,将学习流程,组织方法等明确地示意给学生,让学生一步一步地深入学习。

为了提高完成任务的实效性,需要将学生分成合作学习小组。学习小组以能力互补,遵循"组内异质、组间同质""教师引导和自由分组相结合"的原则进行分组。一般每组3~4人,选定一位同学作负责人,也可考虑由"差生"担任副负责人,提高完成任务积极性。可以将小组成员看作某企业会计科的工作人员,设置若干个会计岗位,小组长任命为会计科科长,在学习和完成任务的过程中小组成员实行轮岗制。教师每次活动,都关注不同岗位学生的工作表现,整个学期下来,可关注到所有的学生。

(3)"分析任务"阶段。

在学生接受任务后,学生应该根据教师布置的任务和要求,学习完成任务所需要的新知识,搜集有关资讯,分析、判断和评价相关资料信息,为完成学习任务、解决实际问题进行知识储备。同时教师要引导小组成员积极地进行思考,可采取头脑风暴法，让每个学生充分发表意见，理解任务要求，小组运用集体智慧，分析讨论探索执行任务的最佳方案和路途。

在学生自主学习过程中，教师应当适时介入学生分析任务的过程并给予必要的帮助与指导。教师可以向学生提供解决问题的思路线索。考虑学生个体学习能力的差异，在自主学习阶段教师应该始终充当任务活动的参与者、指导者和督查者，要善于培养学生的自主学习能力，包括确定学习内容的能力、获取资料信息的能力以及利用和评价有关资料信息的能力等。自主学习将为小组协作学习以及后期解决问题、完成任务奠定良好的知识基础。

（4）"执行任务"阶段。

学生在教师辅助指导下，开始执行教学任务。对于技能性的课程内容和操作训练为主的任务，建议着手培养学生严谨的技术规范原则，把握好任务执行的细节，才能更好地促进学生顺利完成任务，以及完成任务所需要达到的质量及工作进度。对于探究性的工作任务，主张学生能够以小组协作形式来完成，这样才能有利于发现学生知识结构的不足并进行主动学习，才能更好地培养学生的团队协作精神，通过取长补短，全面提高学生解决实际问题的能力。同时，教师要给予学生必要的帮助与指导。教师可以采取巡查的方式或者参与一个小组的方式检查学生完成任务的进程，观察发现学生们之间所存在的差异，及时提供个性化指导服务，全面正确科学引导学生，充分发挥出学生现有的积极性以及自主性。对任务执行过程中的闪光点，应及时表扬，对不足之处及时引导纠正，以使任务顺利进行，同时教师还要做好观察记录，为后面的任务总结归纳做好资料准备。

"任务驱动"教学法始终把学生作为学习的主体，以任务作为驱动，让学生通过小组协作和自己操作，使理论灵活应用。教师的引导、点拨更多的是把知识加以延伸，使学生能够触类旁通，点面结合、以点带面、以旧带新。

（5）"评价任务"阶段。

学习效果的评价是任务驱动教学法必不可少的重要环节，也是对整个教学效果的最终检验。考核评价应考虑多方面因素，以工作岗位职业技能标准要求为准绳，从操作的准确性、规范性、学习态度、团队合作能力等方面采取多元化的综合评价方式进行考评。同时，针对不同的学生，既要关注其学习结果，也要根据学生的个体差异关注其在学习过程中的成长和变化，真正体现"以生为本"的教育理念。这就特别需要教师在教学过程中注意多观察、多了解，掌握每个学生的具体情况，对学生的学习状况做出客观公正的评价。

评价包括自评、互评、师评。首先抽样各学习小组对任务成果进行自我评价，可以小组全体组员共同演示工作任务操作流程，并指出各岗位操作中存在的问题，可由其他组成员回答，也可由教师总结回答；其次各学习小组之间进行一定的评析，自评和互评的过程中能够让学生改善不足，使学生们能够形成自己的一些学习以及思维方法，构建全新的知识结构；最后通过教师集中评析及点拨。课堂尽可能多交流与展示作品，教师以鼓励为主，以发展为方向，与学习前进的能力进行比较，对作品进行点评，增强学生学习会计的信心，保持学生学习会计的兴趣。这样既可以让学生能够有新的成就感，体验到成功的喜悦，也可以让学生看到需要改进的地方，以便今后能更好地改正。

〔案例3-14〕2018年全国职业院校技能大赛职业院校教学能力比赛中职组教学设计比赛一等奖《眼部穴位按摩》作品的任务驱动教学方法运用设计，如图3-18所示。（资料来源："全国职业院校技能大赛教学能力比赛"官网视频资料，经作者整理形成文字稿）

图3-18 教学过程

（1）激趣入境定任务。教师播放《健康之路》《人体的秘密开关》。学生观看后发现眼部穴位按摩是改善眼部问题、延缓衰老的重要手段，从而引出本节课学习。教师根据校企合作店面前台的预约单，确定本次课的工作任务是为张女士进行从接待开始的完整眼部穴位按摩服务。

（2）答疑解惑析任务。各小组结合课前预习进行头脑风暴，讨论制定针对张女士的眼部穴位按摩方案并上传教学平台。教师与学生互动，对各小组方案进行点评，选举学生代表运用拖拽游戏对方案进行归纳总结，确定本次任务的工作流程。基于学生遇到的穴位选取不准、力度把握不好的问题，教师利用多媒体教学仪进行眼部穴位按摩演示，并同步讲解操作步骤、操作要点及按摩力度的选择，学生利用交互智能显示设备观看。演示完毕，教师利用3D眼部穴位模型对眼部穴位位置及作用进行重点讲解。教师打开教学平台与学生共同查看课前总结的识穴口诀。带领学生整理加工，形成眼部识穴口诀，加深学生记忆。由于穴位按摩作用原理抽象难理解，教师利用肌下组织的血管和神经变化视频呈现穴位按摩效果，便于学生理解掌握。为了检验学习效果，教师组织学生登录头面部穴位实训平台利用平板进行模拟取穴操作。根据测试结果，十人已完成精准定时，有两人未完成。教师选派学生代表对未完成学生帮助指导，找出两人未完成原因并介绍取穴经验，从而突破重点。

（3）虚拟仿真练任务。各小组利用我校自主开发的头面部虚拟仿真模型进行眼部穴位按摩练习。一人练习；另一人通过电脑监测结果。适时提醒团队成员按摩穴位是否准确、力度是否合适。教师利用交互智能显示设备实时查看练习过程，评价眼部穴位按摩练习效果。在练习过程中很多学生提出手指的按摩力度不好把握，过轻起不到按摩效果，过重影响按摩体验。那什么样的力度才是合适的？教师出示合作企业一线美容师总结出的按压力度的行业标准。学生利用头面部虚拟仿真模型，感受轻、正常、加重等各种力度的按压程度和时间要求，学会使用不同的力度，从而突破难点。

（4）角色扮演做任务。学生角色扮演，轮换完成任务，教师提醒学生眼部皮肤薄而细嫩，对外界刺激敏感一定要专注认真，用规范的程序完成任务，使顾客身心愉悦。

（5）促练促学评任务。教师实时监测按摩过程，评价规范操作与服务意识。实操视频上传教学平台，企业美容师登录平台查看并评价。实操完毕，学生利用智能皮肤分析仪对按摩前后的眼部皮肤状态进行对比分析，检验本次眼部穴位按摩的有效性。任务完成后，师生到教学平台查看小组的过程性评价表和最终评价结果，总结反思每个环节的得失。成绩排名靠前的小组奖励参与企业假期实训项目，对接企业岗位。

〔案例3-15〕2018年全国职业院校技能大赛职业院校教学能力比赛中职组教学设计比赛一等奖《漂洋过海来寻你——办理货物的进口申报》作品的任务

驱动教学方法运用设计,如图 3-19 所示。(资料来源:"全国职业院校技能大赛教学能力比赛"官网视频资料,经作者整理形成文字稿)

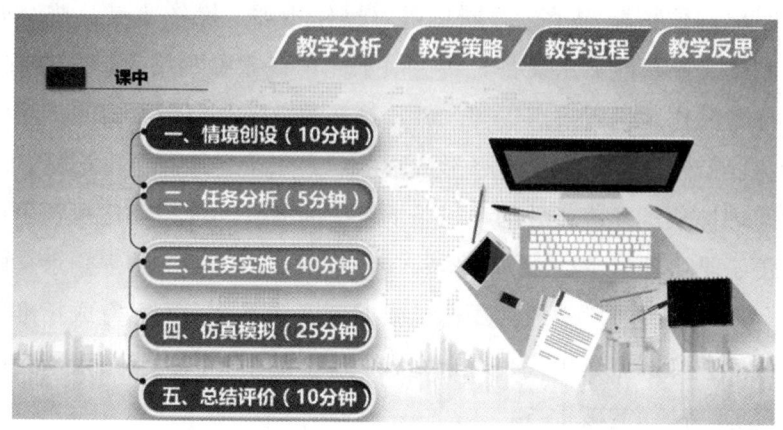

图 3-19　教学过程(1)

1. 情境创设(10 分钟)

以凯瑞报关行的实习生小雨遇到的一笔申报业务引入本次新课,海川贸易公司的一批冷轧不锈钢带已到达港口,委托小雨所在公司向海关申报。

2. 任务分析(5 分钟)

学生将自己设为凯瑞报关行的报关员,将为该批货物办理进口申报。学生利用 VR 眼镜参观虚拟海关博物馆,了解海关设置的各个业务窗口,师生共同讨论,最终确定四项工作任务,分别是"确定申报地点""明确申报期限""备齐申报单证""完成申报流程"。

3. 任务实施(40 分钟)

任务一:确定申报地点。通过教学平台随机提问,选择学生讲解申报地点的一般情况和转关运输的情况。教师利用全息投影,让学生全方位、多角度获取更直观的感受。通过小组讨论,最终确定该批货物的申报地点。

任务二:明确申报期限。教师讲解申报期限特殊状况处理,学生利用平台的实时讨论功能,云端共享滞报金计算过程和结果。教师实时监控并抽取典型作品分析,学生可利用教师自主开发的滞报金计算软件,输入相应参数,软件自动生成结果,从而突破教学重点。

任务三:备齐申报单证。首先通过一个识单知识竞赛,温故知新。教师展示各种外贸单证,学生利用手机参与抢答,系统根据学生的答题速度和正确率进行排名。学生观看交互动画学习报关单的填制规范,通过点击提示、输入等按钮,系统帮助学生找到相关单据的信息,从而确定报关单中每一格的填写内容。学生进入平台进行制单练习。在操作过程中有任何疑问可以随时向小艾助教发问。教师通过在课程后台查看学生的制单情况,及时与学生互动,解答集中反映的疑难点。学生提交单据后,平台自动给出填单结果。教师更精准地了解学生存在的共性问题和个性问题,进行分析、巩固重点知识。教师连线校外企业专家,分析报关单错误对于企业造成的影响。强调在填单时一定要做到严谨细致,实现校企双主体育人。

任务四:完成申报流程。学生根据课前观看的微课视频,以小组为单位进行角色扮演。课堂上通过手机投屏,展示其中一组的表演,请其他小组同学参与评价,并利用互动游戏进行申报步骤的排序,从而突破教学难点,如图 3-20 所示。

图 3-20 教学过程(2)

4. 仿真实训(25 分钟)

学生登录报关虚拟仿真实训软件,体验进口货物规范申报流程。如果某一环节出现错误,系统自动给出提示,直到学生完成所有正确的操作,才能进入下一环节,最终顺利通关。虚拟仿真实训的环节,让学生巩固所学知识的同时兴趣大增。

5. 总结评价(10 分钟)

小组展示综合实训完成情况,教师予以点评,引导学生进行心得总结,并组织学生进行自评和互评。通过经验值累积得分,评选出本堂课的报关小达人和优秀团队。

〔案例 3-16〕"材料采购业务的账务处理"教学设计。

【教学内容】第四章"企业主要经济业务的核算"中的"材料采购业务的账务处理"。

(1) 材料采购业务流程、岗位工作及单据的传递。

(2) 材料采购业务的账务处理。

【教学课时】90 分钟

【教学内容】材料采购业务核算是企业资金运动流程的第二模块内容,上承筹资业务,下接生产业务。材料采购业务是企业为生产做准备,采购生产所需的原材料及辅助材料,是将货币资金转化为其他资产的过程。材料采购业务主要涉及单到料到、单到料未到等情况的账务处理。

【教学目标】

(1) 知识目标:理解材料采购业务流程、岗位工作及单据传递,掌握采购业务的核算。

(2) 能力目标:能判断分析企业材料采购业务的单据,并编制会计分录。

(3) 情感目标:培养学生会计职业判断能力、主动探究、团结协作的精神。学生通过团队合作完成任务,体验探究学习的过程,感受成功的喜悦,进而激发学习会计兴趣。

【教学重点、难点与教学对策】

(1) 教学重点:材料采购业务流程、岗位工作任务及业务的核算。

(2) 教学难点和教学对策。

教学难点 1:采购业务流程及相关的原始凭证。

教学对策:通过直观演示企业采购材料业务流程,帮助学生了解企业采购材料业务过程涉及的工作岗位,凭证单据及凭证的传递等,从而激发学生对所学内容的兴趣。

教学难点 2:增值税的概念及账务处理。

教学对策:通过商品增值流转业务案例,"步步为营"清晰讲解增值税计算的逻辑思路,及"应交税费——应交增值税"的账户结构。

教学难点 3:材料采购业务的账务处理。

教学对策:通过设计仿真的职业活动资料,让学生仿佛置身于职业工作活动场景,接受真实的材料采购业务核算任务,小组成员以团队合作的形式,基于问题思考和任务驱动，让学生真正掌握企业在途物资核算和材料验收入库核算。

【教学方法】翻转课堂教学法、提问和讨论教学法、任务驱动教学法。

【教学媒体】91速课堂平台、多媒体课件、采购业务相关凭证单据。

【教学过程】如表3-7所示。

表3-7　　　　　　　　　　　　教学过程设计

教学环节	教学步骤及教学内容	学生活动	设计意图
（1）课前预习思考。	（1）课前预习。通过91速课堂平台，推送企业采购业务流程图及相关凭证单据。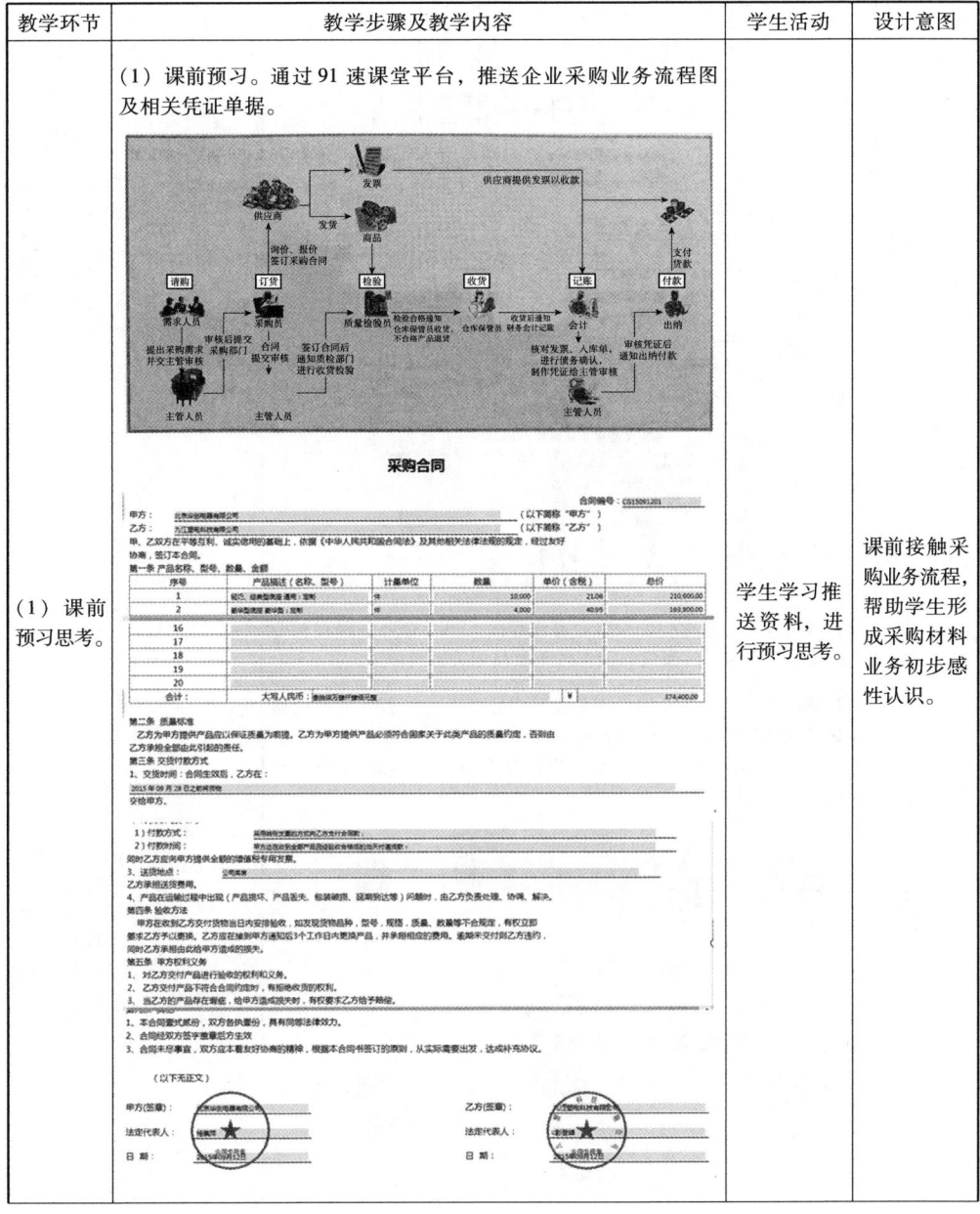	学生学习推送资料，进行预习思考。	课前接触采购业务流程，帮助学生形成采购材料业务初步感性认识。

续表

教学环节	教学步骤及教学内容	学生活动	设计意图
（1）课前预习思考。	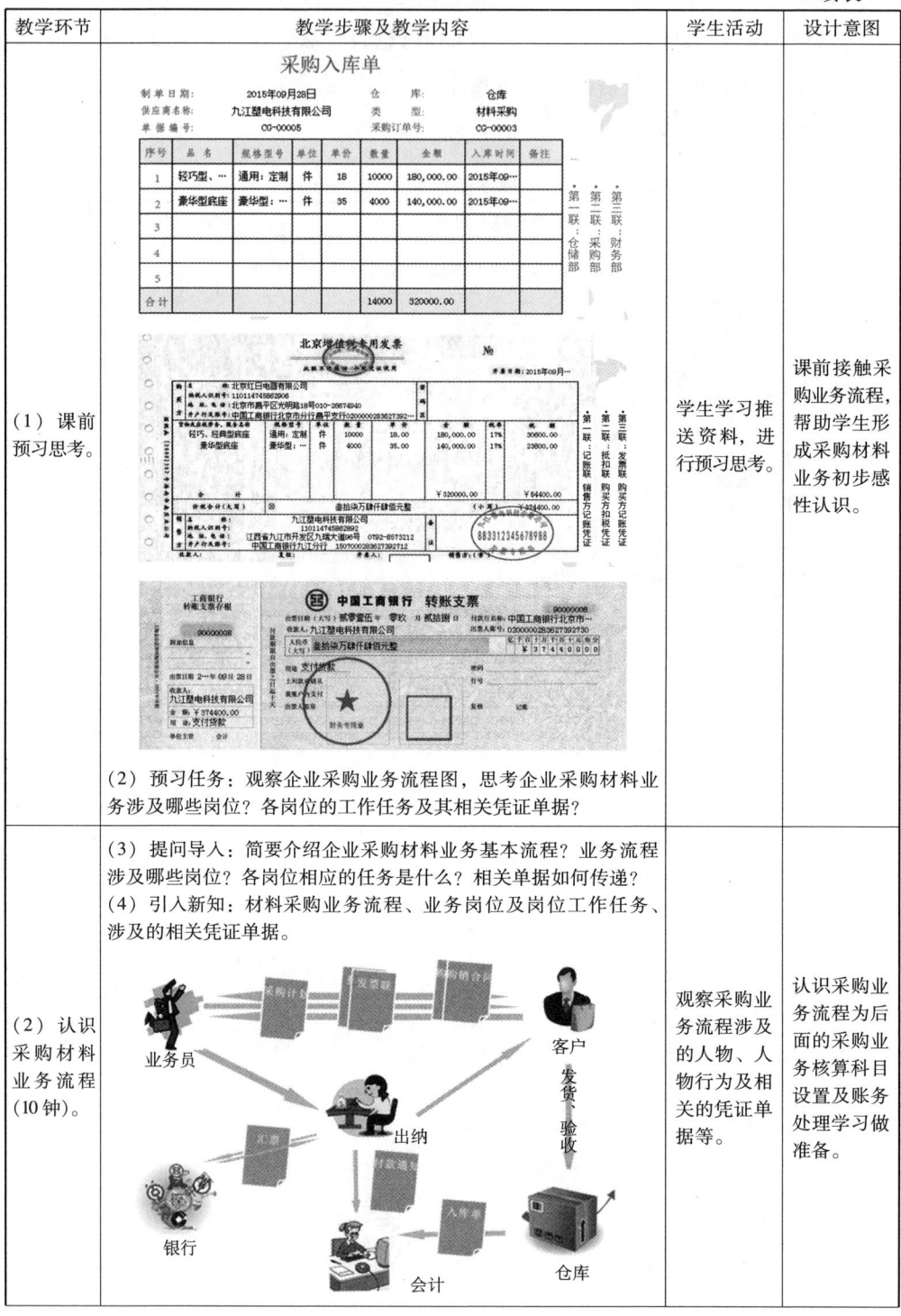 （2）预习任务：观察企业采购业务流程图，思考企业采购材料业务涉及哪些岗位？各岗位的工作任务及其相关凭证单据？	学生学习推送资料，进行预习思考。	课前接触采购业务流程，帮助学生形成采购材料业务初步感性认识。
（2）认识采购材料业务流程（10钟）。	（3）提问导入：简要介绍企业采购材料业务基本流程？业务流程涉及哪些岗位？各岗位相应的任务是什么？相关单据如何传递？ （4）引入新知：材料采购业务流程、业务岗位及岗位工作任务、涉及的相关凭证单据。	观察采购业务流程涉及的人物、人物行为及相关的凭证单据等。	认识采购业务流程为后面的采购业务核算科目设置及账务处理学习做准备。

续表

教学环节	教学步骤及教学内容		学生活动	设计意图
(2) 认识采购材料业务流程(10钟)。	材料采购业务相关岗位及工作任务		观察采购业务流程涉及的人物、人物行为及相关的凭证单据等。	认识采购业务流程为后面的采购业务核算科目设置及账务处理学习做准备。
	工作岗位	工作任务		
	业务员	与供应商洽谈,签订采购合同,通知仓库按合同发货。从供应商处取得增值税专用发票的发票联和抵扣联传递给会计。		
	仓管员	验收材料入库后,填一式三联的材料入库单,将入库单的财务联传递给会计。		
	出纳	按合同进行货款结算,结算单据交会计。		
	会计	审核取得的原始凭证,编制会计凭证。		
	客户	与业务员洽谈、签订合同,发出货物,开出一式三联增值税专用发票,留存记账联发票,传递发票联和抵扣联给业务员。		
(3) 认识采购业务设置账户(15钟)。	(5) 设疑思考,深入理解采购业务。 问题Ⅰ:从业务流程图看到材料发出和单据传递不是在同一条运动线上,那么材料和单据到达企业就有一定的时间差,具体情况有多少种? 引导学生思考:材料和单据到达企业分别是"单到料到""单到料未到""料到单未到"三种情况。 问题Ⅱ:企业会计取得哪些凭证单据时,就可以进行材料采购账务处理? 引导学生思考:会计若已取得增值税专用发票,即使材料还在运输途中,尚未到达企业,会计也可进行相关账务处理 问题Ⅲ:企业采购材料的结算方式有多少种? 引导学生思考:企业可采用现购、赊购和预购三种方式采购材料。 (6) 联系采购业务,讲解会计科目。		思考问题,理解采购业务的三种核算情形,并理解、掌握采购业务相关会计科目。	帮助学生理解采购会计科目设置及账务处理逻辑,为材料采购账务处理做铺垫。
	原材料采购业务核算设置账户			
	在途物资	资产类账户,核算材料的实际采购成本。		
	原材料	资产类账户,核算原材料的增减变动及余额。		
	银行存款	资产类账户,核算企业存在银行结算户的款项。		
	应交税费	负债类账户,核算企业应交纳的各种税费,如增值税、消费税、所得税、资源税、土地增值税、城市维护建设税、个人所得税等。		
	应付账款	负债类账户,核算企业因购买材料、商品和接受劳务等经营活动应支付的款项。		
	应付票据	负债类账户,核算企业购买材料、商品和接受劳务等经营活动而签发给供应商的银行承兑汇票或商业承兑汇票。		
	预付账款	资产类账户,核算企业因购货等业务预先支付的款项。		

续表

教学环节	教学步骤及教学内容	学生活动	设计意图

（4）清晰讲解，突破难点（25钟）。	（7）讲解材料采购成本，例题巩固。
	材料的采购成本是指材料从采购到入库前所发生的全部支出。
	  购买价款
	  相关税费（不含可抵扣的增值税）
	  运杂费（运输费、装卸费、保险费等）
	  运输途中的合理损耗
	  入库前整理挑选费用
	【注意】采购人员差旅费不计入材料的采购成本，直接计入管理费用。
	【单选题】A企业购入一批原材料，增值税专用发票上注明买价为10 000元，应交增值税为1 700元，支付相关税费300元，运输费800元，入库前整理费500元，另采购人员发生差旅费1 000元，材料已验收入库。这批原材料的成本是（　　）元。
	A. 14 300
	B. 12 600
	C. 11 600
	D. 11 100
	（8）案例分析增值税计算逻辑思路，讲解账户结构。增值税：是以商品（含应税劳务）在流转过程中产生的增值税作为计税依据而征收的一种流转税。增值税实行价外税，由消费者负担，有增值才征税，没增值不征税。
		通过案例理解掌握材料采购成本和增值税计算逻辑和账户结构。	通过举例，学生更容易理解教学难点。

续表

教学环节	教学步骤及教学内容	学生活动	设计意图
（4）清晰讲解，突破难点（25钟）。	应纳增值税=销项税额-进项税额 =不含税售价×13%-不含税进价×13% 应交税费——应交增值税（负债类） 借方　应交税费——应交增值税　贷方 　　　　　　　　　　　期初余额 实际已交纳的税金（进项税额）　应纳税金（销项税额） 　　　　　　　　　　　期末余额（期末应交未交的增值税金额） 知识拓展：2018年5月1日起，财政部、国家税务总局进一步完善增值税税制改革，将纳税人发生增值税应税销售行为或者进口货物，原适用17%和11%税率的，税率分别调整为16%、10%。纳税人购进农产品，原适用11%扣除率的，扣除率调整为10%。2019年4月1日起，国务院进一步深化增值税改革，推进增值税实质性减税，将16%、10%税率降至13%、9%。纳税人购进农产品，扣除率下降为10%。	通过案例理解掌握材料采购成本和增值税计算逻辑和账户结构。	通过举例，学生更容易理解教学难点。
（5）任务驱动习得技能（35钟）。	（9）创设情景，明确任务。 **职业情景内容：** ①单料同到（增值税专用发票、入库单、运输费单、支票存根联） ②单到料未到（增值税发票、运输费单据、支票存根联） **工作任务：** ①思考材料采购成本的构成。 ②分析原始凭证，编制会计分录。 （10）小组合作、完成任务。 各小组成员，分析讨论任务资料，设计完成任务路径，研究学习，协同合作。 （11）组间审核、评价任务。 两小组相互审核对方的会计分录，用红笔圈出问题地方，并签章明确责任。 （12）成果展示，教师总结。 小组代表展示任务成果，分享交流工作成果及工作困难。 教师提供参考会计分录答案，肯定学生工作态度及工作成果，总结材料采购一般账务处理。 采购材料业务核算 单料同到　材料验收入库　借：原材料（买价+采购费用+相关税金） 　　　　　　　　　　　　　　　应交税费——应交增值税（进项税额） 　　　　　　　　　　　　　　贷：银行存款/应付账款/应付票据/预付账款 买价：指企业在采购材料时，增值税专用发票上注明的价款，不包括企业支付的增值税 采购费用：采购过程中发生的运输费、装卸费、保险费、包装费、运输途中的合理损耗以及入库前的挑选整理费等 相关税金：企业进口材料物资应支付的进口关税及小规模纳税人企业购买材料时支付的增值税等 单到料未到　材料在运输途中　借：在途物资 　　　　　　　　　　　　　　　应交税费——应交增值税（进项税额） 　　　　　　　　　　　　　　贷：银行存款/应付账款/应付票据/预付账款 　　　　　　材料验收入库　借：原材料 　　　　　　　　　　　　　　贷：在途物资	小组成员分析各采购业务的原始凭证，思考业务内容，合作讨论，共同完成工作任务。	创设工作情景，让学生融入工作情景，进而熟悉采购业务流程，小组合作讨论，共同完成工作任务。

续表

教学环节	教学步骤及教学内容	学生活动	设计意图
(6) 知识拓展（3分钟）。	思考：若企业采用预先支付货款方式采购材料的业务，如何进行相应的账务处理？ **采购材料业务核算** 预购材料： 预付账款——借：预付账款　贷：银行存款 材料到达企业，支付尾款——借：原材料　应交税费——应交增值税（进项税额）　贷：预付账款　银行存款		
布置作业(2分钟)	课本 P111 的"练习供应阶段的业务核算"，共 8 小题。		

〔案例 3-17〕"工资计算与发放"教学设计（见表 3-8）。

表 3-8　　　　　　　　　　　教学过程设计

授课教师		授课班级		授课时间	180 分钟（4 课时）
教材及教学内容简析	（1）使用教材：《企业会计岗位核算》。 （2）教材特点：打破传统教材作为"负债"要素模式的写法。以劳动法规、社会保险制度和完成工资核算岗位任务所必需的各项技能和取得会计从业资格证的具体要求为依据，以内容突出实用性，单、证、账、章仿真性，提高学生的学习兴趣，加深学生对工资核算工作的认识。 （3）教学内容：第四章工资核算——第二节工资的计算，根据国家的相关规定和本企业工资制度要求，把工资计算的整个工作流程分为十个工作项目，由企业不同的部门相互协调完成。 本项目的设计为四个课时，共完成十项任务。本次向大家展示的是任务一至任务五（第二节课）。					
教学目标	（1）专业能力目标：初步应用工资核算基本技能完成一家小型企业一个月的职工工资计算与发放。 （2）关键能力目标：培养与企业职工、劳动保障部门沟通意识、协调能力。					
教学对象分析	基础知识、基本技能掌握情况： 学生对会计基础的学习积极性比较高，对基础知识和基础技能掌握情况也比较理想，但仍有一小部分学生学习热情不高。本次教学将模拟实际工作环节，引领学生学习的思维，冲破一些经济业务难于理解的障碍。 本次教学学生的心理特征： 工资计算是政策性强且与千家万户联系的，工资的计算对于学生有一定的吸引力，日常生活里会有所听闻，有兼职经验的学生更有切身经验，这个项目学习学生会非常感兴趣。					
教学重点	（1）计算企业每个职工的工资。 （2）计算企业每个职工的"养老、失业、医疗"社会保险个人自付部分、个人所得税等扣款编制工资结算表。					

续表

教学难点	（1）销售人员提成工资的计算（拓展性知识）。 （2）各部门相应承担的核算工作职责。 （3）各部门单证的取得与传递。			
教学方法及学习方法	（1）教学方法：任务驱动教学法、情景教学法、岗位角色扮演法一体化。 （2）学生准备：让学生分组设岗（车间、部门工资核算组、人力资源部、财务部出纳与会计），模拟职业情景在学习中实践，在实践中学习，完成各岗位的任务，并吸收其他岗位的知识与技能。 （3）教具准备：多媒体课件、支票、图章、工资计算的各项计算表。			
教学任务过程				
阶段	教学内容	教师活动	学生活动	教学目的
创建职业情景	创设五家小型企业，学生分组构建企业的基本生产车间—车间、二车间，行政部门和产品展销部。设定各部门工资核算组负责人（15分钟）。 分发模拟企业的考勤、产量统计资料（10分钟）。	组织学生自行调配分组构建部门，鼓励成绩优秀的学生竞当部门工资核算小组负责人。 提问：企业的主要经营业务、企业的工资政策。	学生根据自己的学习兴趣、学习能力组建各部门，并根据职责明确自己的工作岗位。 学生浏览相关资料，介绍企业的主要经营业务及工资政策。	让学生有独立进行计划工作的机会，培养学生的工作条理性。 让学生培养与企业职工的沟通能力，能向企业职工解释工资制度。
分配岗位工作任务	明确各部门工作岗位的工作任务： 基本生产车间（一车间）工资核算组：计件工资、加班工资、津贴计算。 基本生产车间（二车间）工资核算组：缺勤应扣工资、加班工资、津贴计算。 行政部门工资核算组：缺勤应扣工资、加班工资、津贴计算。 产品展销部工资核算组：销售提成工资、加班工资、津贴计算。 人力资源部：社保"三险"个人自负部分计算。 财务部： 会计：编制个人所得税计算表、编制工资结算表、编制工资汇总表、填写职工工资条。 出纳：开具现金支票、银行提现、发放现金入工资袋。 （25分钟）	播放课件，解释各工作任务应该注意的事项。	学生观看课件，明确自己的工作岗位及工作任务。	让学生理顺工作流程，清楚自己在本岗位的工作任务和职责，同时培养良好的团队合作能力。

续表

阶段	教学内容	教师活动	学生活动	教学目的
	任务行为分析			
按照工作任务实施教学	[任务行为] (90分钟) 任务一：计算职工工资 1. 计算职工计件工资 相关知识链接：(1) 某职工计件工资 = ∑ (本月产品产量×产品的计件单价)； (2) 加班工资 = 日工资×加班天数×加班工资比例； (3) 广东省企业工资支付条例。 2. 计算职工缺勤应扣工资 相关知识链接：(1) 某职工的计时工资 = 该职工月标准工资 − 缺勤应扣工资； (2) 病假扣款条例。 3. 计算销售人员销售提成工资 相关知识链接：销售人员提成工资 = 当月完成销售额×提成率。 任务二：职工工资计算表交至人力资源部门审核 4. 计算表传递 任务三：计算社保"三险"个人自付部分 5. 计算每个职工社会保险（养老、失业、医疗） 相关知识链接：《广州市社会保险条例》 任务四、职工工资计算表与社保"三险"个人自负计算表审核无误后交至财务部。 6. 计算表传递 任务五：个人所得税计算 7. 计算个人所得税 相关知识链接：(1) 我国个人所得税法规定； (2) 应交个人所得税 = 应纳税所得额×适用税率 − 速算扣除数。 任务六：编制工资结算表、工资结算汇总表、填制工资单 8. 编制工资结算表 9. 编制工资结算汇总表 10. 填制工资条 [任务技能] (35分钟) 任务七：出纳开具现金支票 11. 支票填写、背书 任务八：银行提现 12. 出纳持支票去银行提现 相关知识链接：内部会计制度。 任务九：发放现金入工资袋 13. 出纳按工资结算表的实发金额，发放现金入职工工资袋。 任务十：职工签收 14. 职工签收。	播放课件讲解相关知识。 到一车间巡查指导。 播放课件讲解相关知识。 到车间和行政部门巡查指导。 设问：请有兼职销售经验的学生分享自身经验。 巡查指导。 到人力资源部巡查指导，播放课件讲解相关知识。 巡查指导。 到财务部会计岗位巡查指导，播放课件讲解相关知识。 到财务部会计岗位巡查指导。 课件显示支票填写、背书。 巡查指导。 巡查指导。 巡查指导。	基本生产车间（一车间）落实完成。 基本生产车间（二车间）、行政部门落实完成。 产品销售部门落实完成。 各部门负责人把审核无误的工资计算表传递至人力资源部。 人力资源部落实完成。 计算表经部门负责人审核无误后传递到财务部。 财务部会计人员落实完成个人所得税计算表。 财务部落实完成工资结算表、工资汇总表和职工工资条。 出纳开具现金支票。 点钞技能的实践。 按每个职工的实发工资分发入工资袋附职工工资条。 职工在工资结算表上签名领取工资。	让学生在整个工作流程中通过参与其中一项工作环节，调动学生学习热情，冲破学习障碍。并在整个操作过程中，引发学习兴趣，培养认真细心的工作态度和敏锐的服务意识。 让学生熟练地规范签发、背书支票。 点钞技能运用。

续表

阶段	教学内容	教师活动	学生活动	教学目的
成果展示、各组互相评价	展示各企业工资计算表以及已分发好的职工工资袋（10分钟）。	点评，鼓励工作需要改善提高的企业小组，表扬工作优秀的企业小组。	各企业小组组织互相观赏工作成果，各企业小组自评工作中遇到的问题，选出工作协调，成果良好的企业为模范企业进行表彰。	检查计算表阿拉伯数字填写是否规范整齐，不连笔，独立有形，略倾斜。票据填写是否正确无误。
小结	利用多媒体课件归纳工作流程。	总体评价课堂上各组表现，理清工作流程及劳动法规与实际操作的连接。	师生共同探讨。	帮助学生加深、消化知识。
教学后记	通过任务引领项目教学活动，学生掌握企业工资核算的相关知识，能初步应用工资核算的基本技能完成一家小型企业一个月职工工资的计算。培养学生严谨的工作态度和服务意识，为提高会计岗位的职业能力奠定良好基础。			

注：作者为广州市财经职业学校陈杏。

〔案例3-18〕"归集分配材料费用"教学设计（注：案例选自《会计专业教学法》）。

【教学对象分析】本节课的教学对象是会计专业××级××班学生，学生已完成了基础会计、财务会计等专业课程学习，掌握了成本费用归集分配的基础知识。整体上，大部分学生的学习态度端正，有一定的学习积极性，能在教师的指导下，积极思考，较好地配合教师开展各项课堂活动。小部分学生学习兴趣不高，学习方法欠缺，表现在学习的主动性和探索性不够，学生不爱提问题，不愿意动手动脑。

【教学目标分析】本单元的教学目标是使学生掌握成本核算岗位必备的理论知识、技能要求和综合素养。具体包括归集分配要素费用、归集分配辅助费用、归集分配制造费用、计算完工产品成本。本节课教学内容为海达公司2019年7月材料费用归集与分配的业务，在教学过程中要充分体现知识目标、技能目标和素质目标。本节课的知识目标是使学生理解企业如何选择材料费用分配方法，分析每种方法的利弊，技能目标是汇总材料费用并分配材料费用。素质目标是通过对企业如何选择材料费用分配方法的探讨，培养学生管理意识和为企业服务的意识，通过材料费用汇总和分配的过程培养学生细致严谨的工作作风，通过小组协作方式培养学生团队意识，竞争意识，提高学生与人沟通交流能力。

【教学内容分析】海达公司是生产塑料制品的企业，本单元设计的主要任务是计算海达公司完工产品成本。为了计算完工产品成本，又对该任务进行分解，设计了几个子任务。学生已经完成了其中一项，任务一是确定成本核算对象，本节课的内容是任务二归集分配材料费用。具体教学内容包括：根据领料单编制发料凭证汇总表，编制材料费用分配表，编制记账凭证。

为了达到上述教学目标，在本节课的教学内容应当是利用前面所讲的材料费用分配的方法，培养学生的实际应用能力。在本节课中使用任务驱动教学法可以充分调动学生的参与积极性，紧密围绕材料费用归集分配这一核心工作展开教学任务设计，并突出关键知识点与技能点，在整个教学活动过程中依据教学内容分解老师活动和学生活动，明确工作任务，让学生在轻松又严谨的课堂氛围中，通过自己实践、获取知识和技能。在完成任务过程，需要小组成员之间的协助与交流，可以增进同学之间的感情，培养学生的团队意识，激发学生学习的积极性和学习热情。

【教学方法】任务驱动教学法。

【教学用具】企业原型、电脑、投影仪、音响、场景布置用品、海达公司业务简介、生产流程简介的光碟、海达公司成本费用管理制度、原始凭证、记账凭证、多栏式明细账。

【教学重难点】教学重点是材料费用归集过程和分配过程。教学难点是企业如何选择材料费用分配方法。

【教学过程】

一、设计任务

本单元主要任务是学生能正确计算企业完工产品成本和单位成本。为了完成该项任务，教师设计了一个小型制造企业海达公司的案例，但是教师没有把这个案例直接抛给学生，而是先带着学生到海达公司参观，参观前告诉学生回来后要为海达公司计算产品成本。通过参观企业，让学生把真实的任务带回课堂，这种做法，既解决了企业无法接纳大批学生直接顶岗实习的问题，也解决了学生因为没有感性认识，对所学理论知识不感兴趣，无法与企业实际工作联系起来的难题。在不妨碍企业正常工作的情况下，教师带领学生参观企业厂房、生产工艺流程、财务部工作，由企业人员现场介绍生产过程，财务人员讲解财务核算过程。参观企业后，教师精心设计的海达公司案例作为一个任务布置下来，学生从收集、汇总原始单据开始，编制记账凭证，到登记成本费用明细账、结账、编制完工产品成本计算单。在把握教学总体目标的基础上，把总目标细分为一个小目标，并把每一个学习模块的内容细化为一个个容易掌握的"任务"，通过这些小的"任务"来体现总的学习目标。这样做，有利于学生弄清楚数据之间的钩稽关系，哪些属于输入数据，哪些是输出数据，输入数据的生成途径和来源。本节课教师设计的子任务是海达公司材料费用的归集与分配。在实施该项任务之前，学生已经了解了海达公司概况，确定了成本核算对象。

二、创设情境提出任务

教师只是设计任务，但是每节课具体应完成哪项子任务，由学生在充分讨论的基础上提出。因为成本费用核算这部分知识计算比较复杂，很多学生难以理清数据的来龙去脉，把企业系统的成本核算割裂成一个个简单的知识点。采用任务驱动教学法，把计算企业产品成本作为一项总任务，为了完成该项任务，企业每一步应做什么工作，作为细化的子任务由学生在实践过程中自己的提出，这样不仅有利于调动学生的学习热情，而且有利于学生掌握企业成本核算流程，在完成任务的过程中体会到成就感。例如，本节课教师先总结学生已完成的工作，然后提出本节课我们应该做什么？学生讨论的结果可能有几种情形，比如说有的同学提出根据原始凭证编制记账凭证。教师在肯定这一思路的情况下让学生具体操作，学生会发现另一个问题，很多张领料单要编制很多张记账凭证，而且领料单上只有数量没有金额，不能直接根据原始凭证编制记账凭证。这时教师再进一步启发，学生会想到根据原始凭证编制原始凭证汇总表。

三、分析任务

（1）生产部应以生产作业计划为根据开具领料单、领料单一式三联。

（2）生产车间指定人员持领料单向仓储部领用所需原材料。

（3）仓管员审核单据手续是否齐全。符合者予以发放原材料，当面清点原材料数量并记账，除领料单一联退领料单位外，其余两联由仓库接收，其中一联自存；另一联送财务部。

（4）月末，由各用料单位专职人员根据各种领退料凭证进行汇总，财会部门成本核算员划价进行金额汇总，编制发料凭证汇总表。

（5）材料消耗汇总表确定本月领用材料金额合计，能直接入成本的就直接计入，由几种产品共同负担的，需要在这几种产品之间进行分配。编制材料费用分配表。

(6) 根据材料消耗汇总、材料费用分配表编制记账凭证。

(7) 月末，财会人员与仓管员清点库存，盘点实物，做到账实相符。若发现不符，财务部门应追查原因，及时处理。

(8) 对海达公司选择的材料费用分配方法进行评价，并提出改进意见。

四、自主协作，完成任务

将学生分成四组，每组选一名组长负责具体工作。任务驱动教学法强调学生独立探索、亲自完成任务的全过程，以培养学生用探索式学习方法去获取知识与技能的能力以及与他人合作的能力。因此，教师尽量不要直接告诉学生应当如何去解决面临的问题。例如，在编制发料凭证汇总表环节，学生根据领料单汇总发现材料数量的合计，但是不会确定发出材料的金额，这时，教师不能直接告诉学生运用以前学过的存货发出计价的知识点，而是启发学生，向学生提供解决问题的有关线索或资源，由学生分组去独立完成任务。为了培养学生发散性思维，解决企业实际问题的能力，教师设计的任务应具有一定的开放性，在按照海达公司已经选择的方法完成材料费用的归集分配后，教师应尊重学生的想法，对海达公司选择的材料费用分配方法进行评价，并提出改进意见。

五、交流评价

(1) 学生评价：在选择分配方法环节表扬论述理论充分、善于表达自己观点的同学；在费用归集和分配环节，表扬本小组完成最好的同学。

(2) 让学生代表总结本堂课的收获。

(3) 由教师总结本堂课的主要内容。

(十一) 混合式教学法

在信息技术的迅猛发展的大环境背景下，当前的学生成为在数字环境下成长起来网络原住民。由于成长环境不同，他们的生活学习方式发生巨大变化，例如高度依赖于网络、喜欢个性化学习，智能手机成了他们随身必备之物，在校园、公交、地铁随处可见他们翻阅手机的身影。这些都为移动式学习、碎片化学习奠定了基础。教育部关于加快推进职业教育信息化发展的意见中指出："要充分运用信息技术的优势发展改革职业教育，以信息技术变革传统教育教学，以信息化促进职业教育现代化。"移动学习时代已经到来并呈迅速发展趋势。

混合式教学最早出现在美国企业培训中，通过不断的实践与探索，发现传统的培训方式与在线网络学习有机结合起来，能有效提高企业经济利益，达到更优的培训效果。后来混合式教学模式被借鉴引入到教育领域。何克抗认为："混合式教学就是把传统学习方式的优势和网络学习的优势结合起来，既要发挥教师引导、启发、监控教学过程的主导作用，又要充分体现学生作为学习过程主体的主动性、积极性与创造性。"李克东和赵建华认为："混合式教学在形式上可以看作面对面课堂教学和网络在线教学的有机结合，更深层次还包括以教师为主导和以学生为主体的课堂活动的混合，不同学习方式和环境的混合，不同教学媒体和教学资源的混合等"。

混合式教学体现了"以教师为主导，学生为主体"的教育理念。即教师发挥引导、启发、监控教学过程的主导作用。学生则体现的是学习的主动性、积极性与创造性。混合式教学具有以下特征：（1）教学形式上采用"线上"和"线下"两种途径展开。（2）"线上"教学是整个教学活动的必备环节。（3）"线下"教学是基于"线上"学习而开展的，是更加深入的教学活动，并不是对传统课堂活动的照搬。

传统教学模式绝大多数时间都是教师在课堂上讲授基础知识和重难点知识，而留给学生思考的时间和师生和生生互动交流的时间明显不足。移动教学互动平台的混合式教学，则很好地解决了传统教学极少涉及的课前和课后环节。借助移动教学互动平台，将教学活动分为课前、课中、课后三个环节。课前，教师通过平台推送给学生自主学习的微课、课件和测试题，学生进行课前自主学习和自我测试，教师初步了解学生课前自学情况和掌握学生课前学习的主要问题。课堂上，教师可以实时地跟踪和查阅学生的学习数据，准确了解学生对知识点掌握情况，使得课堂教学变得更有针对性，把更多的时间留给学生，进行交流互动，实现了课堂教学从教师为主体向学生为主体的转变，提高课堂教学效率。课后，除了传统操作将作业要求或测试卷推送给学生，实时检测学生学习掌握情况外，教师还可以将课程主要内容、实验演示、微课视频等学习资源上传到移动教学互动平台，便于学生在课后实践与知识巩固中，遇到难以理解的问题时，进行重复观看，满足学生随时、随地学习的需要。

近几年间信息技术不断进步，网络课程资源包罗万象，丰富多彩，同时，随着各类社交工具和网络软件的不断更新和发展，线上教学资源的互动和共享能力得到很大提升，极大促进混合式教学发展。2016年教育部发布的《教育信息化"十三五"规划》提到要大力发展教育信息化。2018年教育部发布的《教育信息化 2.0 行动计划》明确提出了利用网络教育，真正走出一条中国特色的教育信息化发展路子。2019 年的《职校人才培养方案指导意见》提出适应"互联网 + 职业教育"发展需求，运用现代信息技术改进教学方式方法。职业教育正在积极推广翻转课堂、混合式教学等新型教学模式，推进课堂知识技能教学改革革命。

目前，国内服务职业教育的智慧教学平台有"智慧职教""爱课程"（其中的中国职教 MOOC 频道）和"智慧树"等。

"智慧职教"是由高等教育出版社建设和运营的职业教育数字教学资源共享平台和在线教学服务平台，该平台汇聚了国家级、省级、校级及企业资源库的建设成果，为广大职业教育教师、学生和社会学习者提供了优质的数字资源和在线应用服务，并且可以为有需要的院校或企业开通专属的在线教学云平台（职教云），在"职教云"中构建属于自己的在线教学环境，帮助教师整合平台资源和自有资源，为自己的学生开设专属在线课程，开展线上线下混合教学。

爱课程中国职教 MOOC 频道于 2015 年 11 月正式在"爱课程"网站上线。中国职教 MOOC 适应经济发展新常态和技术技能人才成长成才新需求，以"互联网 +"改造传统教学、推动职业院校教育教学改革、促进资源开发和共享，为提高职业教育质量，实现人人成才、多样成才，更快、更好地建设现代职业教育体系，提供有力的信息化支持。频道课程分为职业教育和教师提升两大类，职业教育类课程汇聚具有职教特色的优秀课程，涉及职业教育公共课和先进制造业、现代服务业，并逐步发展为系统、完整的职业教育在线课程体系；教师提升类课程将促进教师素质提升与专业成长。频道所有课程均可供社会学习者进行职业培养培训，服务于终身学习的社会需求。中国职教 MOOC 平台具备在线同步（直播）课堂功能，课程结构设计和教学内容发布简明易用，教学活动符合职业教育教师的教学习惯与学生的学习习惯，支持对学习行为与学习记录进行多维度的大数据分析。平台提供多样化应用模式，全国职业院校可在此进行 MOOC 课程建设，开展线上线下混合式教学；并且可针对特定区域、学校，定制个性化在线课程（SPOC），提供更加自由的教学模式，更有针对性地因材施教，更加关注学习对象的学习过程。

另外，国内开发了越来越多的满足教师日常教学管理的智慧教学工具，例如雨课堂、91 速课、UMU 互动学习平台、课堂派、蓝墨云端课等。具体智慧教学工具在教学媒体进行详细介绍。

〔**案例 3-19**〕2018 年全国职业院校技能大赛职业院校教学能力比赛高职组教学设计比赛一等奖《方寸之间显智慧——增值税发票的填开》作品的教学过程设计。（资料来源："全国职业院校技能大赛教学能力比赛"官网视频资料，经作者整理形成文字稿）

【教学过程设计】

教师将增值税发票的基本理论学习及"懂票"通过发布两个任务前置到课前（任务一：观看最新财税政策；任务二：观看微课完成答题）。课中则聚焦"会开"，设立讲新政、评答题、树规范、教流程、聚情景、树心得六个环节。课后完成三分享一推送（拓展一：共享教学内容；拓展二：分享实践经验；拓展三：推送学习资源）从而实现"会开"的核心目标。

【具体教学过程】

课前，教师发布增值税发票基本理论学习任务。课中，聚焦"会开"，设置讲新政、评答题、学规范、教流程、聚情景、树心得共六个环节。课后，完成深分享再推送，从而实现懂票会开的核心目标。具体教学过程如图 3-21、图 3-22 所示。

图 3-21　教学过程（1）

（1）课前：学生登录平台接受教学任务。（教师制定并发布任务准备学习资源。学生在作业区查找任务，浏览任务书）

任务一：观看极速财税课堂上 2018 年 5 月 1 日增值税税率下调视频。

任务二：看增值税发票 4w 微课，完成小税手超酷在线答题。逐步完成"懂票"这一知识目标。

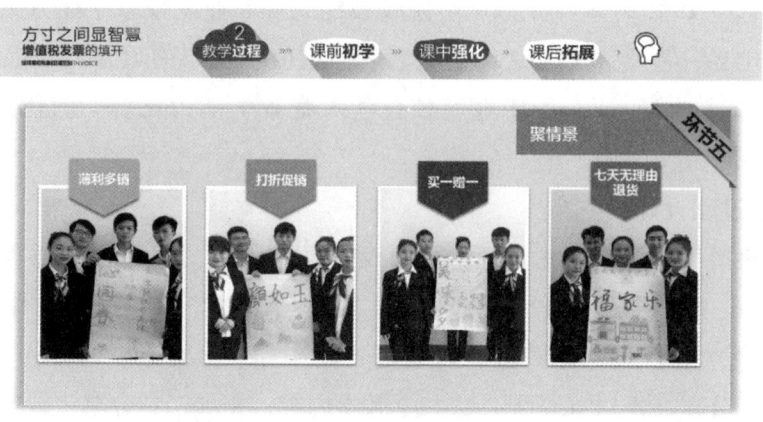

图 3-22 教学过程（2）

（2）课中：强化六大环节依次递进，学生在做中学、做中教、做中求中牢牢掌握会开技能。

环节 1：讲新政。财税气象主播通过 PPT 简述新政，加上教师解读，学生对新政策背景和意义有更深的了解。

环节 2：评答题。教师通过分析课前在线答题统计数据，发现学生对增值税发票的种类与内容掌握较好，但是对增值税发票填开规范存在疑惑。

环节 3：学规范。教师利用原创的"小发票，大智慧"交互填开游戏，精准补足短板。数据显示 5% 的学生会填全发票项目，10% 的学生出现开票人与负责人未岗位分离的填写问题，40% 的学生未选择税收编码。针对前两个问题教师及时调整教学策略，推送错题学习包，邀请学生自评出错原因。对于税收编码问题，教师播放税务人员采访视频。最终，老师总结填开规范，为下一环节奠定基础。

环节 4：教流程。老师讲解开票流程，学生在税务实训平台完成正数发票的填开并打印盖章。学生对开票流程掌握快。老师邀请学生上台互评。对于学生易打印错格问题，老师现场演示日常工作中试打发票经验，学生兴趣高涨。

环节 5：聚情景。为了提高学生学习兴趣和自主探究能力，老师将学生分组，薄利多销（沁园春商贸公司），打折促销（颜如玉包装公司），买 1 赠 1（美味多食品公司），7 天无理由退货（福家乐超市）。首先各公司销售代表进行合同谈判。根据合同内容，每组成员齐心协力完成增值税发票的填开并传递给对方企业审核，各组派代表上台评价收到的发票，沁园春公司反映增值税发票最多只能开具 8 种商品。老师讲解清单发票的意义，播放清单发票填开录播视频，邀请学生上台演示；对包装公司打折促销合同，学生一致同意以折扣后的金额开票，但是不知如何操作。教师发挥教学引领作用，讲解销售额和折扣额在同一张发票上分别注明可按折扣后的金额征收增值税，培养学生合理节税观念，并演示操作流程；对于美味多食品公司买 1 赠 1 提供的赠品应不应该开票的问题，学生展开激烈讨论。老师邀请企业专家线上进行答疑；超市企业根据合同规定允许顾客 7 天无理由退货，面对退货的发票如何处理？学生回归课本，快速掌握当月作废发票方法和适用条件，但是学生反映跨月作废概念难懂，红冲流程复杂。针对红冲流程，老师播放动画视频并总结口诀，带学生诵读。最终学生在税务实训平台完成不同情况增值税发票填开练习。成绩显示 81% 的同学掌握了 4 种不同情景发票填开。为关注每位学生的成长与进步。老师安排学习伙伴一对一，帮助尚未完全掌握的同学。同时布置课后发票填开练习，生成多元评价数据图，完成"会开"这一技能目标。

环节 6：树心得。方寸之间显智慧。学生发表心得感悟。老师总结，依法纳税是公民义务，合理节税是会计的职业素养。

（3）课后拓展：为了实现人人皆学，处处能学，时时可学。班级信息员将填开口诀与录播视频共享到极速财税课堂。老师制作财税现场零距离工作视频，分享最新开票方法。最终推送下堂课预习任务与财税气象播报时政新闻。

【教学反思】

本课以国家最新税收政策走进课堂为契机。用情景案例辅助教学过程，用仿真实训平台综合评价学习效果，借助自主开发极速财税课堂缩短课堂与时政距离。最为重要的是知票育人不忘教学之本。培养学生依法纳税，合理节税的职业素养，充分发挥信息化教学优势，达成懂票会开的核心目标。为了更好地提升教学效果，我将从以下三个方面持续整改优化：（1）完善自主研发财税游戏。以期实现更多容量、更多数据、更有乐趣。（2）坚持终身学习的理念。持续追踪新知识新政策。（3）加大课堂思政的教育力度与深度，将思政课堂与立德树人理念深植教学。

〔**案例 3－20**〕2015 年全国职业院校技能大赛高职组信息化教学设计比赛一等奖《审计中的存货监盘》作品教学设计。（资料来源："全国职业院校技能大赛教学能力比赛"官网视频资料，经作者整理形成文字稿）

【教学内容分析】

审计实务是一门拟实体化的课程,主要参考行业规范及审计助理的岗位要求,对课程进行二次开发,根据财务报表审计流程为主线,根据审计工作过程设计项目和学习任务。本课题选自项目七模块二存货审计中的存货监盘,设置为两课时。

【学情分析】

在此之前,学生已经学习了存货的会计核算,存货审计的基础理论具备了基本的财务软件和审计软件的操作技能,但是存货监盘程序如何实施,存货监盘有哪些流程,他们还不清楚,仍需要进一步学习,从往届学生反映来看,审计知识十分枯燥,审计过程极其抽象,学生无法到企业现场进行存货监盘,教学效果不是很理想,如图 3-23 所示。

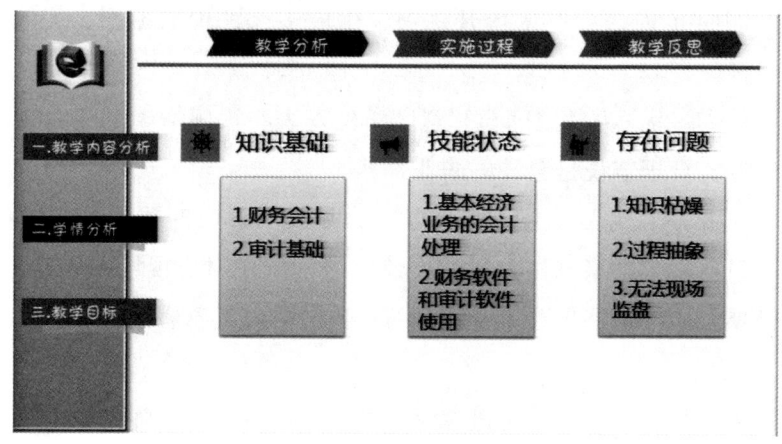

图 3-23　教学过程（1）

【教学目标】

根据教学内容和学情分析,确定本课题知识、技能、素养三维教学目标,如图 3-24 所示。

【教学重点】

本课程有两个教学重点：（1）实施观察和检查程序。（2）编制存货监盘结果汇总表,在编制存货监盘结果汇总表中对监盘结果差异处理是教学的难点。

【教学设计理念】

本课程主要采用任务驱动教学法,按照存货监盘的工作流程设计了监盘前、监盘中、监盘后三个学习任务。紧紧围绕福斯特审计实务教学系统和审计之星计

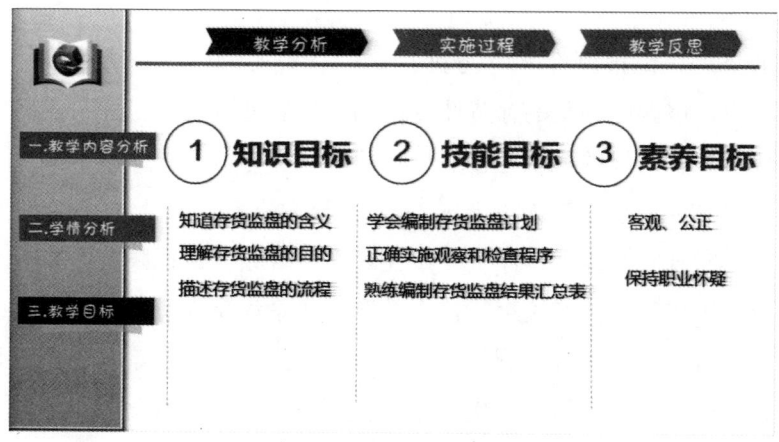

图 3-24　教学过程（2）

算机辅助审计软件，独创性地融入自主开发的 3D 虚拟仓库存货监盘交互游戏软件等多种信息化手段进行教学，提高教学效果，优化教学过程，如图 3-25 所示。

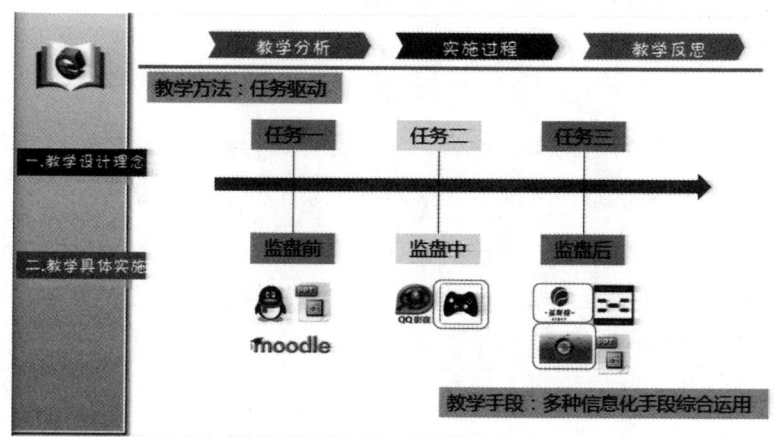

图 3-25　教学过程（3）

【教学过程】

1. 课前预习

课前，学生通过课程 QQ 群接收学习任务：（1）登录自主开发的课程 moodle 平台，通过浏览相关视频资源学习存货监盘的相关知识。（2）登录福思特科技公司开发的审计实务教学系统，在自我学习模块根据系统账号完成存货监盘计划，并分组准备课中汇报 PPT。

2. 课中教学

（1）任务一：汇报评价（15分钟）。

学生分组汇报课前编制的存货监盘计划汇报后进行组内自评，组间互评和教师点评完成过程和结果的双重考核。

（2）任务二：观看视频及交互游戏（25分钟）。

监盘中实时观察和检查程序，学生先观看微视频，该视频是在校企合作单位拍摄的，反映了审计人员实施存货监盘的实际场景和流程，用来解决学生抽象问题难以理解的难题，在微视频制作中，我们特别注意创设情景，强调审计人员保持职业怀疑的职业素养，接着学生利用自主开发的3D虚拟仓库。存货监盘交互游戏软件演练观察和检查程序，这个软件用了3D仿真虚拟技术，再现了模拟企业仓库的场景，学生通过控制虚拟审计人员演练程序完成任务二的练习。软件根据观察检查程序执行要点，设计三个环节。例如观察检查范围、检查路径、检查技术等方面，使学生在玩游戏的过程中，轻松掌握审计程序的关键点，让抽象化问题得到直观化呈现，大大提高了学习效果。

（3）任务三：①观看演示；②软件实操；③连线专家；④方案设计；⑤汇报评价。

监盘后编制存货监盘结果汇总表，学生首先观看教师运用福思特审计实务系统编制存货监盘结果汇总表的演示，学习并记录汇总表的编制方法和步骤。其次利用博科资讯有限公司开发的审计之星计算机辅助审计软件分组协作，根据操作步骤编制模拟企业存货监盘结果汇总表，编制存货监盘结果时，对存货监盘结果差异的处理是教学难点。学生偶尔会存在疑惑。为了解决这个难题，我们QQ连线校企合作单位，某会计师事务所经验丰富的注册会计师，由他向学生讲解差异的处理方法。学生听完专家讲解后，利用思维导图软件设计存货监盘结果差异的处理方案，通过设计方案，增强学生对存货监盘中不同差异的处理方法，设计方案时，学生根据专家列出的盘盈盘亏的主要原因考虑差异的数量大小，确定下一步审批程序，根据模拟企业相关资料，依据设计方案完成模拟企业存货监盘结果差异的处理。最后分组汇报完成的模拟企业存货监盘结果汇总表及差异的处理。

（4）归纳练习。

教师根据汇报中出现的问题进行分析和点评，完成过程和结果的双重考核。课堂教学任务结束之前，学生在教师引导下回顾本课的学习内容，明确重难点，根据教师创设情景,思考如何保持客观公正的职业素养,然后接收课后作业。

3. 课后沟通

课后,(1) 登录福思特审计实务性的系统,完成学习内容自我测试。(2) 在课程 moodle 平台中完成并上传及题库中的案例,通过对拓展案例分析,进一步提高自己对存货监盘结果差异处理的能力,课后学生在审计实务教学系统完成做测试后,可以及时看到得分用时和差错点,教师也可以在系统中看到学生整体的掌握情况和每个知识点正确率,学生可以通过 QQ 群和 moodle 教学平台与教师进行课后的讨论和交流,教师也可以利用他们对学生作业情况进行及时的评价和指导,如图 3 - 26 所示。

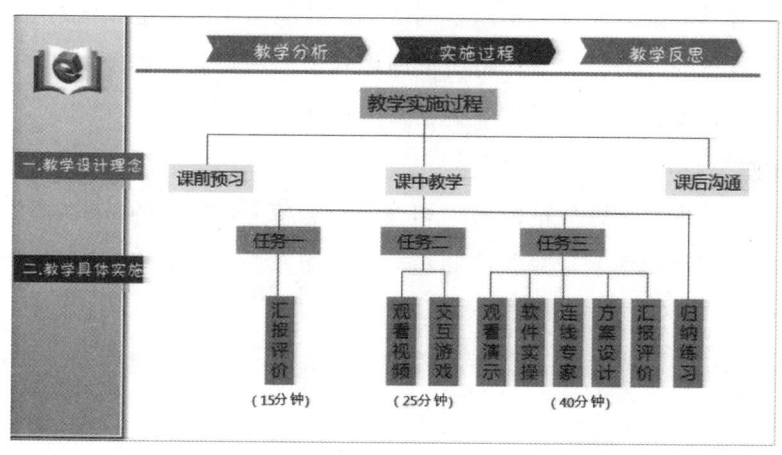

图 3 - 26　教学过程（4）

【教学反思】

（1）特色。本课程的特色之处,一方面按照实际工作流程设计了三个学习任务,学生在完成任务过程中学习所需的知识和技能,每个人完成后又通过汇报游戏方式完成的及时评价;另一方面紧紧围绕福思审计实务系统和审计之星计算机辅助审计软件独创性地融入了自主开发的 3D 虚拟仓库存货监盘、交互游戏软件来进行教学,解决了学生抽象问题难以理解学习兴趣不高等难题。教学效果得到了明显提高。

（2）改进。当然本课程所使用的 3D 交互游戏软件在设计和技术层面上仍需要进一步开发和完善,从而达到更好的效果。

〔案例 3 - 21〕"有凭有据"记账凭证教学设计。

【教学内容分析】

本节课的内容选自北京交通大学出版社教材《基础会计学》的第六章第三节。课堂教学设计依据人才培养方案、课程教学大纲及会计岗位工作能力标准，分析课堂教学内容。记账凭证，是会计人员根据审核无误的原始凭证或原始凭证汇总表加以归类整理而编制的，用以确定会计分录并作为登记账簿的直接依据。本章节内容上承"原始凭证"旧知，下接"会计账簿"新知。

【学情分析】

教学对象为中职一年级学生，他们已学习"会计要素与会计科目""账户""复式记账和借贷记账法""企业主要经营过程的核算""原始凭证"等基本概念和原理；具有对基础会计学基本内容的认知，及能运用借贷记账法对企业主要经济业务进行核算的能力，但缺乏将所学原理知识运用到会计实务工作的能力。学生动手能力强，爱通过实务操作掌握新知习得技能。

【教学目标】

知识目标：理解记账凭证的概念和种类；熟悉记账凭证的基本内容。

能力目标：掌握填制记账凭证的基本规范和方法，掌握审核记账凭证的基本原则。

素质目标：培养学生善于思考、团结协作的能力，以及遵守会计职业道德和养成职业素养。

【教学重难点】

重点：区分记账凭证种类及其基本要素内容。

难点：正确选择记账凭证种类并进行规范填制、审核。

【教学策略】

课堂教学将采用"探究—学习—解惑—巩固—实践"的教学策略，具体实施如下安排。

课前：将学生分组，并通过线上学习平台分享资源，布置学习任务，各小组根据学习资源自主完成学习任务。

课中：各小组首先派代表汇报小组任务完成及自主学习情况，了解学生对新知识点的自学程度及疑惑之处；其次以各小组提出的问题为一个小导向，开始对新知识的学习及课前学习疑惑的逐一解答；完成新知识的学习后，通过一项"课堂小测试"，了解学生学习情况，教师跟踪分析动态，查漏补缺；最后通过"来找碴"小游戏来巩固新知识,突破教学重难点。

课后:根据课堂小测试完成情况、小游戏成绩进行分组(或按学生意愿自主分组),组织各小组以实际案例为主体,完成其基础经济业务的核算任务,锻炼学生动手动脑能力。

【教学方法】

混合式教学法、讲授法、练习法、任务驱动教学法。

【教学过程设计】

一、课前:分组学习,完成任务

按照班级学号分组,通过91速课平台推送"记账凭证类别、基本要素及填制"的两个微课视频,并设置发布"课前小测试",由各小组组长带领成员根据平台学习资料,自主学习"记账凭证"新知并完成小测试。

此外,为顺利开展课中"记账凭证填制"的学习,教师提前准备好经济业务案例资料,各小组分析讨论经济业务案例,初步编制经济业务的会计分录。

二、课中:问题导向,高效学习

(一)小组汇报,提出疑惑

随机抽查三个小组汇报课前任务完成情况。被抽查小组派代表汇报本小组对"记账凭证"自主学习、课前小测试的完成情况及学习过程中遇到的问题,由此了解学生对新知识点的自学程度及疑惑之处。

(二)问题导向,学习新知

1. 复习前课,导入新课

回顾"原始凭证"基本概念及作用,原始凭证是在经济业务发或完成时填制的凭证,记录或证明经济业务的发生或完成情况的原始凭据。业务经办员取得相关原始凭证,需要将原始凭证传递给企业会计人员,会计人员取得原始凭证后,需要审核原始凭证记录或证明的经济业务内容的真实性、规范性等,然后用会计专用语言,即"会计分录"进行描述。那么填制会计分录的载体就是"记账凭证",本节课主要学习记账凭证的概念、种类和基本要素,以及如何填制和审核记账凭证。

2. 问题导向,目标学习

(1)记账凭证有几种类型?其主要特点是什么?

(2) 记账凭证的基本要素有哪些?

(3) 记账凭证填制的要求是什么?

(4) 记账凭证审核的内容有哪些?

(注：先汇总各小组提出的问题，根据学生实际学习情况，及时调整安排与学生学习情况相适应的导向问题，更好地发挥问题导向的作用)

3. 讲解新知，解答疑惑

(1) 厘清记账凭证的种类及各类凭证的特点，重点讲解"收、付、转凭证的基本内容及特点"。通过教师仔细讲解，引导学生学习"收、付、转凭证概念及其特点"，再通过创设一系列问题，解决问题，使学生更有效地学习、理解该知识点，如图3-27所示。

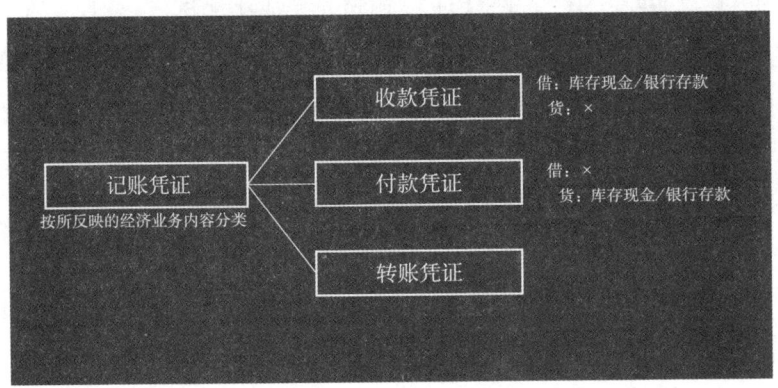

图3-27 教学过程

创设问题：

①2017年3月1日A公司收回光明公司前欠货款50 000元，存入银行。请问此业务应采用何种凭证进行核算?

②2017年3月2日A公司以现金支付电话费800元。请问此业务应采用何种凭证进行核算?

③2017年3月6日A公司前期向甲公司开出的一张120 000元的商业承兑汇票到期，企业无力偿还款项。请问此业务应采用何种凭证进行核算?（及解答各小组提出的相关"记账凭证类别"的问题）

(2) 再创设问题，通过"记账凭证"实物教学道具，引导学生观察模板，思考回答，再由老师补充与总结，加深学生印象及理解，如图3-28所示。

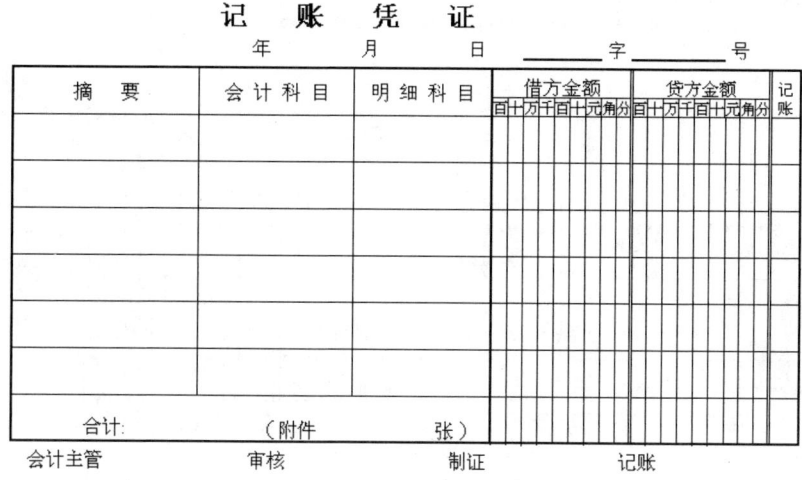

图 3-28 记账凭证（1）

创设问题：

①记账凭证的填制日期是否一定是经济业务发生的日期？

②经济业务的内容摘要，应该简写还是全写？

③记账凭证是不是一定要相关人员签名盖章？为什么？

（及解答各小组提出的相关"记账凭证类别"的问题）

（3）学生在课前已分析讨论教师提供的经济业务案例资料，并初步编制经济业务的会计分录。同时教师在课前需要准备经济业务案例对应的正确记账凭证，或以课件形式展示，或以实物教具展示。在课堂教学中，教师先系统讲解"记账凭证的填制要求与审核内容"知识点，然后检验课前各小组学习任务的完成情况，各小组以随机抽查或抢答等方式对经济业务案例资料做分析，并展示编制会计分录成果。在学生展示课前任务成果基础上，教师做出修正补充与归纳总结，加强学生对"会计分录的编制""记账凭证的填制和审核"的深入学习与思考，如图 3-29 所示。

创设问题：

①填制记账凭证时是否一定要遵循"先借后贷"原则？

②记账凭证的编号能否不连续？

③记账凭证的审核只需要审核金额？

（及解答各小组提出的相关"记账凭证填制"的问题）

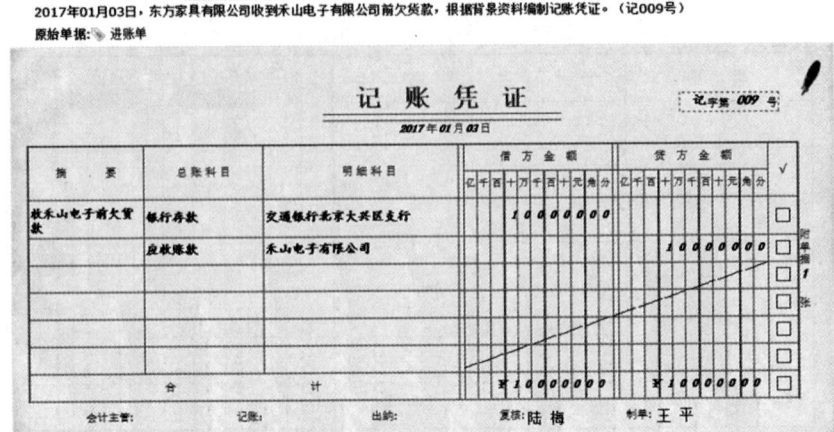

图 3-29 记账凭证（2）

（三）课堂小测，巩固新知

根据课堂学生学习情况与对新知识的吸收程度，将课前准备好的习题加以调整，再通过 91 速课进行发布（若有指导书，也可直接将课后习题作为课堂小测）学生完成小测试，教师根据后台数据分析，跟踪分析学生学习动态，查漏补缺。

（四）小小游戏，突破重难点

设置"来找碴"小游戏。

游戏准备：以某一企业的经济业务内容为背景材料，教师在课前完成经济业务的核算，并填制记账凭证，以电子版凭证显示。每项经济业务需要填制两份记账凭证，其中一份为正确记账凭证；另一份是错误记账凭证，错误记账凭证的出错地方主要是：或"凭证日期不符合要求"，或"凭证填写要素不齐全"，或"凭证金额出错"，或"摘要填写不清楚"，或"会计科目使用不正确"，或"缺少相关责任签名签章"等。

游戏规则：采取小组对抗的形式，参与小组找出每项经济业务的记账凭证所存在的错误之处并进行改正，同时采取计分模式，以用时最少、纠错最多为判断标准判定名次。游戏结束后，请成绩优异的小组派代表与同学们分享他们分析经济业务、审核记账凭证的思考路径及审核凭证心得体会等。

在游戏的最后，请同学们发表游戏环节后的感想，之后教师总结发言，引出"会计人员要有认认真真、勤勤恳恳的工作作风和工作态度，正确看待自己的错误并积极改正；更要以诚信为本，严谨务实，在工作中本着实事求是的态度；另外,'细节决定成败',要养成严谨细致的工作态度,在工作中一丝不苟,尽心尽责做好每一件小事;最重要的要坚持'不断学习'的精神,顺应时代的变化,积极学习新知识,不断充实、提升、完善自己,努力成为一名合格、优秀的财务人员",培养学生正确的职业道德。

(五)总结新知,加深理解

教师系统总结课堂新知,梳理知识点之间的逻辑关系,加深学生对知识点的理解。

三、课后:拓展任务,学以致用

课后拓展学习任务1:登录会计实训平台,两人一小组,分别担任"会计人员"和"财务经理"角色,即分别承担填制记账凭证和审核记账凭证工作。通过实训操练,加强同学们的填制和审核记账凭证的能力。

课后拓展学习任务2:在人工智能化、财务智能化的背景下,会计工作方式出现了巨大的变化,财务机器人、财务共享等改变了会计传统核算方式。财务机器人是能够部署在服务器或计算机上的应用程序。财务共享是将不同国家、地点的实体的会计业务拿到一个SSC(共享服务中心)来记账和报告。同学们通过文献检索,了解会计核算方式的变革,了解财务机器人和财务共享的基本运行机制。有条件可到上线财务机器人和财务共享的集团企业参观学习。

(十二)头脑风暴法

现代创造学奠基人奥斯本创立了头脑风暴法,并将头脑风暴法定义为一群人为了试图解决某一特定问题聚在一起,畅所欲言,集思广益的一种会谈技术。在一个轻松、自由的环境下,与会者就某一个问题或主题,畅所欲言,互相启发,创造性地提出解决问题办法的过程。头脑风暴法被越来越广泛使用在教学领域中,日益被广大师生接纳采用。

1. 头脑风暴教学法的实施原则

(1)自由联想原则。这项原则的核心是求新、求奇、求异。让所有参与者抛开所有传统思维和习惯的包袱,自由联想,尽情发挥,不用考虑自己的想法是否正确,也不必担心自己的想法是否"荒唐可笑",所产生的想法越新颖、越离奇越好。自由联想原则的目的在于让所有参与者有一个足够宽广的思考和想象空间,从而灵感大量涌现,创造性地解决问题。

(2)以量求质原则。以量求质原则具体体现了"质量递进效应"。目的在于以创造性设想的数量来保证创造性设想的质量。这就好比捕鱼，要想收获更多更大的鱼，你就要大面积撒网，多次撒网。长期以来，我们教师习惯性地对学生提出的一些看似"无用"的想法过早地介入批判，迫于教师的"权威"，学生无法突破局势，无法继续创造性地提出解决问题的想法。因而在头脑风暴的过程中，我们要控制过早介入批判。头脑风暴法强调讨论者要在规定的时间内，加快思维的流畅性、灵活性和求异性，尽可能多地提出有一定水平的新设想，作为获得质量高的创造性设想的重要保证。

（3）延迟评判原则。目的是限制在畅想和讨论问题阶段过早地进行批评或评判。延迟评判原则克服了"评判"对创造性思维的抑制作用，使头脑风暴者在畅想和发言的过程中充分感受到心理自由和心理安全，保证良好的激励气氛不受破坏。如果过早地进行评价，则可能会使创造性思维在萌芽阶段就被扼杀掉。因此，进行头脑风暴的所有参与者，包括主持者和发言人，对别人提出来的设想，不允许进行是好是坏的评论，禁止批评别人的意见。

（4）综合改善原则。"综合就是创造"，奥斯本指出"最有意思的组合大概就是设想的组合"。它的目的在于要求参与者勤于、乐于并善于在别人的基础上，对各种设想进行综合、完善，从而形成更有价值的设想。由于时间的限制，大量的设想未经深思熟虑，多少会有考虑不周的缺点，每位头脑风暴者除了提出自己独立思考的设想，还应该从他人的设想中激励、启发自己，或补充他人的设想，或将他人的若干设想综合起来提出新的设想等。随着参会者的发言，大家的联想之间形成震荡，就好像每个人都被卷入，或者就好像放鞭炮一样，只要点燃一个爆竹，势必引爆一串爆竹，产生连锁反应，这正是头脑风暴的玄妙之处。

上述四项原则各有侧重，相辅相成，构成一个系统整体，从而保证头脑风暴的顺利进行。自由联想原则突出求异创新，这是智力激励的目标。以量求质原则追求创造性设想的数量，这是获得高质量创造性设想的前提。延迟评判原则要求气氛活跃，思维轻松，这是激发创造力的保证。综合改善原则强调相互启发、相互激励、相互补充和相互完善，这是头脑风暴成功的关键。

2. 头脑风暴教学法的实施步骤

（1）起始阶段。教师先向学生解释头脑风暴法的基本规则，简明扼要地说明所要探讨的问题，鼓励学生进行创造性思考。教师介绍问题时注意不可过多解释、过分周全，避免干扰学生的创新思维想象力。

（2）畅谈阶段。畅谈是头脑风暴法的创意阶段。如果时间允许，让学生先就所需解决的问题独立考虑 10 分钟左右。然后引导学生自由发言，自由发挥，自由想象，相互补充，相互启发，真正做到知无不言，言无不尽。在发言时可以按顺序逐一发表意见，若轮到的人当时无新构想，可以先跳过。经过几个轮回，大量的新想法便涌现出来。参与人员每讲出一个主意或方案，马上由速记员在黑板上记录并编上序号，参与人员都能看见，有利于启发新思考、新想法。在畅谈阶段，教师应避免对学生的想法和建议发表即时评论，也应阻止学生对其他同学的意见立刻发表评论。

（3）总结阶段。通过头脑风暴的畅谈阶段，往往能获得大量与议题有关的设想。最后由师生共同总结，分析实施或采纳每条意见的可能性，并对其进行总结归纳提炼。

〔案例 3-22〕"固定资产减值"教学设计（注：案例选自《会计专业教学法》）。

【学生学情分析】

本节课的教学对象是中等职业学校会计专业××级××班学生，已经掌握了与会计相关的基本理论和基本技能，在认知能力方面有其特点。一般来说，他们的抽象思维能力相对较弱而形象思维能力相对较强。空间视觉、身体动觉等方面的能力较强。这些学生具有与中职教学相匹配的观察力的动手能力，会在实际实操的过程中完成教学任务。学生喜欢用触摸方式学习，在动手实践时，他们的兴趣高涨，乐此不疲。通过实践，他们会为自己智力个性的开发而兴奋不已，进而促使学习信心和学习兴趣倍增。该班学生也有其缺点，好多学生具有学习动机水平低、学习兴趣缺乏、意志薄弱、缺乏责任感、懒惰、怕苦、畏难、自信心不足、不能正确认识自我、缺乏独立思考、自卑或妄自尊大、情绪波动大、难以自控等不良倾向。因此，在该班如何组织好教学、如何提高学生学习兴趣显得尤为重要。

【教学目标分析】

通过教学使学生了解固定资产减值的概念；掌握资产负债表日企业判断固定资产是否存在可能发生减值的迹象；掌握固定资产的公允价值减去处置费用后的净额估计；掌握固定资产预计未来现金流量现值的确定。

固定资产减值的处理是学生今后从事会计工作的一种必备技能。通过头脑风暴法，让学生在自由、愉快、畅所欲言的气氛中交换观点，并以此诱发集体智慧，激发学生的创意与灵感，形成可行的解决办法。同时，让学生学习的积极性和主动性得到提高，课堂气氛更加活跃，最大限度地挖掘学生的潜能，培养学生的自信心，培养学生的创造性思维能力、自学能力、创新能力和实践动手能力。同时，培养学生的团队合作精神和严肃、认真、细致的工作态度，培养学生良好的职业道德，树立良好的职业形象，为以后从事会计工作打下坚实的基础。

【教学内容分析】

本节教学内容是固定资产减值准备，包括固定资产减值的概念、在资产负债表日企业判断固定资产是否存在可能发生减值的迹象、固定资产的公允价值减去处置费用后净额的估计、固定资产预计未来现金流量现值的确定等内容。

【教学重难点】

重点和难点是固定资产可回收金额的计量。该内容比较抽象，难理解，学生学起来容易出错。采用头脑风暴法让学生集体讨论，激发学习兴趣，使难以理解的内容变得易于学习。在整个过程中，教师要注意调动学生的积极性，让每个学生都参与进来，让学生始终处于积极兴奋的状态，乐于发言、思考、分析、总结，不断构建自己的会计知识网络。

教学过程设计如表3-9所示。

表3-9　　　　　　　　　　教学过程设计

教学对象	××专业××班级		授课学时	1学时
教学方法	头脑风暴法			
教学资源	计算机、数码相机、录音笔、录音机、企业固定资产总账、明细账等会计资料			
教学过程				
教学步骤与内容		教学目标	教学方法	时间
一、确定议题 一个好的头脑风暴法需要从对问题的准确阐明开始。因此，教师必须在头脑风暴前确定议题，议题提前发布给学生，让学生进行准备。还要设定一个目标，使学生明确通过这次讨论解决什么问题，同时不要限制可能的解决方案的范围。在"固定资产减值"教学中选择的主要议题是：在资产负债表日，企业判断固定资产是否存在可能发生减值的迹象有哪些？固定资产的公允价值减去处置费用后的净额如何估计？固定资产预计未来现金流量的现值如何确定？		确定议题	讲授法	5分钟
二、准备 在准备阶段，需将全班学生分成若干小组并任命组长，确定一定的时间限制。这样学生在讨论发言时可以形成一种竞争的氛围，进一步促使学生踊跃参与、活跃思维。针对教学内容实际，把全班学生分成6个小组，每组分配一个小议题，每小组10人，设一名组长，安排两名记录员，小组讨论时间限制在20分钟。		确定分组	讨论	5分钟

续表

教学步骤与内容	教学目标	教学方法	时间
三、实施 简明介绍头脑风暴法的基本原则和讨论问题的主要内容，然后激发学生踊跃发言，一些有价值创新的设想往往可以经过"思维共振"的头脑风暴产生。每个小组进行讨论、交流，让学生根据自己的见解和过去学到的知识去发言，在这一阶段，学生的答案没有一个是错误的，都要对学生进行鼓励，并准确地记录下来，同时鼓励小组内的同学在别人设想的基础上补充完善，形成自己的设想。这一阶段是关键，根据各组议题的不同，提出建议非常多，而且五花八门。	(1) 讨论在资产负债表日企业判断固定资产是否存在可能发生减值的迹象。 (2) 讨论固定资产的公允价值减去处置费用后的净额的估计。 (3) 讨论固定资产预计未来现金流量现值的确定。	头脑风暴法	20分钟
四、解决问题 尽管有些建议不确切甚至是错误的，但这些都是学生智慧火花的闪现。教师宣布"头脑风暴"会议结束后，应给学生一个设想酝酿时期，使他们还能提出一些设想来进一步补充他们已提出的设想。教师最后对这些建议进行分析，总结固定资产减值的迹象，解决问题一。接着总结固定资产的公允价值减去处置费用后的净额的确定顺序、固定资产预计未来现金流量包括的内容和预计固定资产未来现金流量的方法，解决问题二和问题三。	形成解决问题的方案。	讨论、演示	10分钟
五、总结	培养认真、严谨的工作态度。	讨论、演示	5分钟

会计专业教学方法除了以上介绍常用方法外，还有思维导图法、项目教学法、引导文教学法等方法。对于会计教学方法，教师应具备以下三个基本观点。第一，教学有法，教无定法，贵在得法。教学有法是走向教无定法的前提，教无定法是对教学有法的升华，从教无定法到贵在得法是飞跃。第二，教学方法既是科学，也是艺术。教学方法既要追求正确、规范与合理，也要追求灵活、多样与巧妙。第三，教学方法既有继承性，又有发展性。合适的教学方法在学习与借鉴基础上，可以进行一定的改造和发展。

第三节 教学媒体选择

"媒体"一词来源于拉丁语"Medium"，意为两者之间，是指信息在传递过程中，从信息源到受信者之间承载并传递信息的载体或工具。当媒体被用于教学场景，承载、传递和控制以教学为目的的信息，并介入教与学过程之中的时候，就成为教学媒体。

根据承载和传递信息的工具或装置是机械的还是电子的，可以把教学媒体分为传统教学媒体和现代教学媒体。传统教学媒体承载和传递的是静态的信息，主要是一些机械的物质工具。包括图书资料、插图、图表、实物、模型、标本、展示板等。现代教学媒体是指具有记录、存储、传播和再现教学信息的电子媒体。其经历了从电影电视媒体到多媒体计算机，再到互联网，最终到移动智能媒体的功能发展。电影、电视媒体实现了从抽象到具体的内容呈现。多媒体计算机在电影、电视媒体的基础上，实现了从线性到交互的教学。互联网将多媒体计算机连接起来，形成广阔的信息网络，构建了从封闭到开放的教学空间。移动智能媒体进一步拓展了教学空间，将现实空间与网络空间连接起来，实现了网络教学从虚拟网络空间渗入现实生活中。从会计专业教学特点来看，既要使用传统的教学媒体，又要使用现代教学媒体。

2018年教育部发布《教育信息化2.0行动计划》，计划提到大力提升教师信息素养，推动教师主动适应信息化、人工智能等新技术变革，积极有效开展教育教学，促进数字校园和智能教育的发展，用信息化促进职业教育现代化。以下主要介绍多媒体课件、微课和移动教学工具等现代教学媒体在课堂教学中的设计运用。

一、多媒体课件

多媒体课件是现代教学媒体中被广泛运用的信息化资源。多媒体课件是指利用数字处理技术和视听技术，以计算机为中心，按照教师的教学设计，将文字、语言、图像等多种媒体信息集成在一起，以实现对教学材料的存储、传递、加工、变换和检索的一种现代信息化教学技术手段，其目的是帮助教师传递信息、促进学生获取知识和技能的教学软件。当前，职业教育普遍运用多媒体进行课堂教学，但也存在使用多媒体教学不当的问题，如教学中呈现出"教师围着计算机转，学生盯着屏幕看"的情形，使得原本利用语言和板书就能讲清楚的问题反而使学生不能理解了。因此，教师在设计和制作多媒体课件时应该遵循以下原则。

（1）教育性原则。多媒体课件知识点要深入浅出，难点应分散，重点要突出，易于学生接受；教学内容应具有启发性，能对学生思维提高有所促进，能力培养有所提高；要使用典型的例题、练习题和作业题。制作出符合职业院校学生认知规律、直观的、有启发性的、趣味性的多媒体课件。

（2）科学性原则。多媒体课件的教学内容不仅要正确，而且要层次清楚、逻辑严谨；所举的例子要准确真实并合情合理，模拟仿真时要形象；要选择符合有关规定的场景、素材、名词术语进行操作并且规范。

（3）技术性原则。多媒体课件中的文字、图像、动画、声音要设计合理。具体规范要求是：文字要醒目、色彩要逼真、画面要清晰、动画要连续，配音要标准、音量要适中、智能性要好、交互设计要合理。

（4）艺术性原则。多媒体课件在教学使用过程中要取得良好教学效果必须能体现出比较高的艺术性，一个优秀完美的多媒体课件应当是新颖并具有创意；整体构思要巧妙并且节奏要合理；整体画面要简洁，可考虑使用悦耳的声音。

（5）使用性原则。我们制作的多媒体课件最终是要拿到教学实践中进行具体应用的，面对不同的使用者，多媒体课件的操作要灵活并且要简单方便，应该具有很强的容错能力，文档配备要齐全。

表3-10是由教育部教育管理信息中心指导的全国多媒体课件大赛评分标准（2016）。

表3-10 全国多媒体课件大赛评分标准

一级指标 （分值）	二级指标 （分值）	三级指标 （分值）	指标说明
教学内容 （20）	科学性规范性 （10）	科学性（5）	教学内容正确，具有时效性、前瞻性；无科学错误、政治性错误；无错误导向。
		规范性（5）	文字、符号、单位和公式符合国家标准，符合出版规范，无侵犯著作权行为。
	知识体系 （10）	知识覆盖（5）	在课件标定范围内知识内容范围完整，知识体系结构合理。
		逻辑结构（5）	逻辑结构清晰，层次性强，具有内聚性。
教学设计 （40）	教学理念及设计（20）	教育理念 （10）	充分发挥教师主导、学生主体的作用，注重培养学生解决问题、创新和批判能力。
		目标设计（5）	教学目标清晰、定位准确、表述规范，适应于相应认知水平的学生。
		内容设计（5）	重点难点突出，启发引导性强，符合认知规律，有利于激发学生主动学习。
	教学策略与评价（20）	教学交互（5）	较好的人机交互，有教师和学生、学生和学生的交互、讨论。
		活动设计（5）	根据学习内容设计研究性或探究性实践问题，培养学生创新精神与实践能力。
		资源形式与引用（5）	有和教学内容配合的各种资料、学习辅助材料或资源链接，引用的资源形式新颖。
		学习评价（5）	有对习题的评判或学生自主学习效果的评价。

续表

一级指标（分值）	二级指标（分值）	三级指标（分值）	指标说明
技术性（25）	运行状况（10）	运行环境（5）	运行可靠，没有"死机"现象，没有导航、链接错误，容错性好，尽可能兼容各种运行平台。
		操作情况（5）	操作方便、灵活，交互性强，启动时间、链接转换时间短。
	设计效果（15）	软件使用（5）	采用了和教学内容及设计相适应的软件，或自行设计了适合于课件制作的软件。
		设计水平（5）	设计工作量大，软件应用有较高的技术水准，用户环境友好，使用可靠、安全，素材资源符合相关技术规范。
		媒体应用（5）	合理使用多媒体技术，技术表现符合多媒体认知的基本原理。
艺术性（15）	界面设计（7）	界面效果（3）	界面布局合理、新颖、活泼、有创意，整体风格统一，导航清晰简捷。
		美工效果（4）	色彩搭配协调，视觉效果好，符合视觉心理。
	媒体效果（8）	媒体选择（4）	文字、图片、音、视频、动画切合教学主题，和谐协调，配合适当。
		媒体设计（4）	各种媒体制作精细，吸引力强，激发学习兴趣。
加分（2）		应用效果（1）	已经得到广泛应用，取得了良好的应用效果，有较大推广价值。
		现场答辩（1）	表述清晰、语言规范、材料充实、重点突出；快速准确回答问题，熟练演示课件。

二、微课

微课是在教育信息化、网络化发展过程中诞生的一种全新的教育资源形式。黎加厚认为："微课是指时间在10分钟以内，有明确的教学目标，内容短小，集中说明一个问题的小课程。"胡铁生认为："微课是'微型视频网络课程'的简称，它是以微型教学视频为主要载体，针对某个学科知识点（如重点、难点、关键点、疑点、考点等）或教学环节（如学习活动、主题、实验、任务等）而设计开发的一种情景化、支持多种学习方式的在线视频课程资源"。焦建利则认为"微课是以阐释某一知识点为目标，以短小精悍的在线视频为表现形式，以学习或教学应用为目的的在线教学视频。"总的来说，微课是指按照专业教学标准和教学实践要求，以阐述某一知识点为目标，以短小精悍的在线视频为表现形式，以学习或教学应用为目的的在线教学视频。微课既可用作课堂教学的辅助教学资源，又可用作个体课外学习的自主学习资源。

目前微课受到了越来越多教育工作者的关注。中国微课网、凤凰微课、微课网、荔枝微课和第九课堂等微课资源平台的建立，为教师教和学生学提供了海量的教学资源。使用者能够根据自身需要，在微课平台上选择视频课进行教与学。现在微课资源固然好，但毕竟资源有限，且不一定适合实际的教学需要，我们需要根据教学实际需要设计和录制微课。

（一）微课的分类

（1）讲授类。讲授类是目前诸多微课平台上最常见的类型。属于简单的知识传授过程，适用于教师使用口语化、生活化的语言向学生传授知识。在讲授过程中，往往会设定一些问题，用问题引出背景或提醒注意，通过解决问题达到学习新知识的目的。

（2）问答类。问答类通常是教师根据教学内容需要有意识地设计问题并向学生提问，也有些是自问自答的方式向学生传递知识信息。在微课设计中，教师根据学生观看的视频内容适时设问，引发学生思考，学生自己思考或通过合作学习得出答案。这类微课在课前导学、课后复习、练习过程中用来引导学生自学或者检测、巩固学生对知识的掌握情况等应用较多。

（3）演示类。这一微课类型是将事物直观、充分、有效地展示给学生，或者给向学生做示范性的演示实验，让学生从演示实验过程中通过模仿获取知识和技能的过程，在演示过程中可以边做边提问题，让学生根据问题的提示与引导，通过观察获得感性知识。

（4）练习类。练习类微课是对学习者的学习效果的检测和巩固。学生通过完成教学练习任务，不断反复地解决一定练习提出的问题，借此形成解决同类问题的思维、技能或行为习惯。

（5）实训类。学生在教师和实训指导书的指导下，使用相关的仪器设备、仿真职业工作资料，按照职业工作标准，以工作流程为导向，从实训中理解习得实训技能。

（6）讨论类。在课堂教学当中，围绕一个中心问题让学生发表自己的观点和看法，学生、教师互相思维的碰撞，集思广益，开阔思路，解决问题。

（7）表演类。在语文、德育等艺术类课堂教学当中，教师自己或者引导学生通过朗诵、角色扮演、表演等方式表现教学内容，科学地创造情境或是通过存在问题交流讨论，促进学生对于学习内容的理解。

（8）启发类。教师从学生的认知水平出发，结合教学任务、内容和教学的重难点，创设学习情境，提出引导性问题，通过问题，启发学生主动思考，达到调动学生的学习积极性的目的。

（9）自主学习类。学习者是学习的主体，在学习过程中要充分发挥学习者的自主能力，通过问题引导或者独立的分析学习问题、探索问题、实践等方法来实现学习目标。

（10）合作学习类。学生通过一对一或分组相互交流、相互督促、相互解决存疑问题，实现学习目标。这一类型有助于提升学生的交流能力、语言表达能力等综合素质，相互促进，提高学习效率，拓宽学生的思想维度，增强学习的有效性。

（11）探究学习类。学生对自己希望认知的领域进行大胆假设、猜想，提出问题、分析问题，并借助一定的资源和条件进行探索研究解决问题，达到获得知识和技能的目的。

不同类型的微课都有着一个共性，就是围绕着问题展开学习，因而在微课设计过程中必须重视问题的设置与问题引导的设计。问题设计的巧妙与引导问题的合理得当，可以激发学生深层次的思考，可以提升学生在学习中有效提出问题、分析问题的思维、解决问题获得新知的能力，从而达到学生职业能力培养的需求。

（二）微课设计原则

1. "微"原则

微课与其他教学资源的最显著特征是"微"，主要表现在微课内容选择的"微"和微课视频时长的"微"。在内容选择上，尽可能选择小的知识点进行讲解。这就要求教师在选择微课内容前，将课程内容细化，分割成若干小的学习对象。在时间安排上，微课的讲解时间应尽量控制在学习者注意力集中的时间范围内，一般是10分钟。虽然每节微课是独立的，但每节单独的微课组合起来却是系统完整的知识模块，加上配套的学习任务单和其他辅助资源，能够为学生提供全方位的教育服务,便于学生更快更易地吸收与消化所学知识点。

2. "学生主体"原则

教学过程是一个以教师为主导、学生为主体的师生互动过程。学生是教学主体,是微课的使用者,学生的学习效果是衡量微课使用价值的标准,微课的设计应突出学生的主体地位,以学生为中心。这就要求教师,在设计微课前充分了解教学对象已有的知识、经验和能力;在选择微课内容时进行教学对象学习需求分析;在课程资源的呈现方式上充分考虑教学对象的心理特征;在微课程活动设计时充分激发教学对象的学习兴趣和主动性。

3. "对接岗位"原则

职业教育各专业来源于社会职业岗位群。在开发会计专业微课时教师要依据现实企业会计岗位群,对接职业技能标准,研究专业课程内容,选择真实的生活场景和工作场景,学生在专业理论学习和技能操作中的重点、难点、关键点和易错点等对学生有学习障碍的知识点作为微课内容。结合真实情境设计微课,既能够激发学生学习的兴趣,保持学生学习的动机,也能为学生未来的职业发展服务,满足学生将来从事的职业岗位的需要。

4. "交互性"原则

学生利用微课进行学习时,是对着微课视频进行学习的,为了避免学生产生枯燥感和乏味感,强化学生的学习记忆,就需要加强微课的交互性设计。心理学研究表明,采用视听元素结合的形式可以扩大工作记忆的信息处理容量并增强工作记忆效率,降低工作记忆的认知负荷。因此,在微课设计时,应尽量减少文字、符号等内容,多考虑使用图片、动画、图表、框图等可视化手段来表达、呈现与文字一致或相近的内容,对重难点知识配以适当的提示文本和精炼的同步解说,使学习者能通过形象具体来理解抽象难懂的知识,从而更好地促进学习者的认知加工过程。在课程设计中教师还可以设置难度适中的问题给学生思考,或插入一些题目与学生互动,利用探究式学习和问题式学习增加学生的主体意识,使他们更加积极地投入课程的学习中。

〔案例3-23〕"货币时间价值的魔力"微课教学设计。(资料来源:"全国高校微课教学平台"官网)

教学设计如表3-11所示,教学过程设计如表3-12所示。

表 3-11　　　　　　　　　　　　　教学设计

章节	第三章　货币时间价值 第四章　第一节　货币时间价值模型	课时	2
授课班级与时间	班级： 时间：　　年　　月　　日（第　周，星期　）第　节	授课人	
学情分析	学生自主学习能力较强，喜欢通过动手和接触进行学习、探索；喜欢聚集在一起交流探讨知识、对新事物、具有吸引力事物的好奇感很强，极力想知道。对于纯理论教学、记忆公式兴趣不大，而本章内容公式多且难以理解，这样会影响到教学效果。 学习本章之前，学生对财务管理的概念有了一定了解，知道财务管理的基本内容，对财务管理的基本方法和财务管理的环境也有了一定的理解。学生知道利息这一基本概念，但从财务管理的角度对利息如何计算和应用，还不是完全清楚。学生关于货币时间价值的理念没有建立起来。			
教学目标	（1）知识目标：理解时间价值的含义及其数量特征，熟练掌握货币时间价值的计算方法。 （2）能力目标：准确判断货币时间价值的类型，初步掌握时间价值在财务决策中的应用。 （3）素养目标：具备动态看待资金价值的意识，牢固树立时间价值的观念。			
教学重难点	教学重点、难点：复利终值和现值的计算与运用。 解决途径：做上教、做上学，教学做一体化。			
教学方法	讲授法、案例教学法、任务驱动法、演绎推理法。 ☆抓住三个关键点：为什么、是什么、干什么。			
教学资源	教材、网络与计算机多媒体设备。			
教学反思	财务管理课程应该是双向开放式的课程，需要建立和不断完善"互联网+课堂"的模式。在这两个方向上，我们做了一些工作，但显然还不够。 在获取外部信息资源方面，我们一直在强化老师的主体地位，而忽视了学生的创造力。财务管理课程的案例库必须是动态更新的，必须体现实务一线的最新动态。在这方面，学生的人数优势、年轻人对新知识新热点的敏锐度、能熟练运用互联网的能力都应当被充分挖掘。让学生参与案例库的建设，不仅仅是为了丰富教学资源，更主要的目的是引导学生自主学习，接触社会，提高学习积极性，培养学生的学习能力。 在课程资源向外辐射方面，我们的在线课程建设还处在起步阶段。如何完善财务管理在线课程，如何提高在线课程的吸引力、点击率，如何提高线上学员的学习体验，这是我们下一步努力的方向。			

表 3-12　　　　　　　　　　　　教学过程设计

过程	时间	教学内容与形式	教师活动	学生活动	设计意图
一 课前任务 课上分享	8分钟	新课导入： （1）财经信息播报：由学习小组指定人员播报一则财经新闻，要求与利率、时间价值相关。（教师课前布置任务，要求学习小组在课下完成任务单中指定的任务，并在本次课上展示） （2）教师点评任务完成情况。 （3）过渡到新课：以"1626年，荷兰人彼得用24美元从印第安人手中买下了整个曼哈顿岛"的故事，展现货币时间价值的魔力，引起学生的共鸣和兴趣，并由此引入到课堂教学内容上来。	主持并引导学生上台汇报。 鼓励任务完成出色的小组。 过渡，引出教学内容。	小组准备ppt并派人上台汇报。 思考回答。	通过"找、说、问、评"的过程，引导学生自主学习，接触社会，提高学习积极性，培养学生的学习能力。 承上启下，引入正题。

续表

过程	时间	教学内容与形式	教师活动	学生活动	设计意图
二 呈现内容 明确目标	2分钟	（1）呈现学习内容： 第一节　货币时间价值模型 ①基本概念及符号。 ②复利终值的计算。 ③复利现值的计算。 （2）展示学习目标（知识目标、能力目标、素质目标）——见〔案例3-23〕中"教学目标"。	简要说明。	边看边听。 记下要点。	让学生知道要学习的内容，做好心理准备。 师生对教学目标达成共识，便于检验目标达成情况。
三 讲故事 学知识	5分钟	第一节　货币时间价值模型 （1）基本概念及符号。 基本概念： 就是指资金经历一定时间投资和再投资所增加的价值。（强调：增加价值没有考虑物价上涨的因素） 记住一句话：同样一笔钱，在过去、现在、将来，其经济价值是不同的。 符号： 单利；复利 终值F；现值P 折现率I；期数N	讲故事（用PPT将故事制作成图片，使文字内容成为可视的图片）。 播放PPT。 请学生指出概念中的关键词。	边听边看。 记下要点。	利用现成的资源，方便学习；通过故事更容易理解概念；将故事图片化，便于接收信息。
		货币时间价值作用： ①评价投资方案是否可行的基本依据。 ②评价企业效益的尺度。 投资收益与同期银行存款利率相比，看有无投资价值及企业效益的好坏。	边分析，边提问。	边听边思考并回答教师提问。	分析归纳，由感性认识上升为理性认识。
四 任务驱动教学 教学做一体化	30分钟	第一节　货币时间价值模型 （2）复利终值的计算。 单利计算法： 请学生按提供的资料及要求分别完成相应的几道计算题。 ①学生独立完成。 ②与同位交换，相互检查。 ③请学生提出对方的错误（如果有的话）。 ④教师检查并归纳完成任务情况。	指导学生阅读，安排任务并提出要求。 监督过程、检查结果。	完成任务单的内容。	培养学生习惯、通过模仿，学会基本的计算技能。 人人有事做；生生有互动；师生有互动。 体现"教学做一体化"理念。
		复利计算法： 首先说明复利计算法与单利计算法的区别； 指出货币时间价值通常按此计算法。 请学生尝试用复利的方法计算上面的计算题。 ①学生独立完成。 ②与同位交换，相互检查。 ③请学生提出对方的错误（如果有的话）。 ④教师检查并归纳完成任务情况。	边讲、边指导、边提问。	听、思考、回答提问。 记下要点。 尝试用复利方法计算。	搞清差异。 建立概念。

续表

过程	时间	教学内容与形式	教师活动	学生活动	设计意图
五 一般到特殊 共性到个性 演绎推理法	40分钟	导入复利计算法——故事："现在和将来的你"。 复利终值计算： ①关键词：复利、本金与利息之和。 ②特点：复利计算的本利和。 ③计算公式： $F = P(1+i)^n$ ④应用举例： 复利终值系数表的应用。 ⑤影响复利终值的因素。 第一节 货币时间价值模型 (3) 复利现值的计算： 导入复利计算法——案例："商业承兑汇票银行贴现"。 ①什么是复利现值？ ②计算公式：（复利现值是复利终值的逆运算） $F = F(1+i)^{-n}$ ③应用举例： 复利现值系数表的应用。 ④影响复利现值的因素。	播放视频讲故事。 指出并强调关键词、提问。 利用推导图呈现公式的由来。 动态图例展示影响因素。 举例说明。 利用复利终值公式推出复利现值公式；动态图例展示影响因素。	看图片和故事。 听例题及分析。 思考问题。 记内容要点。	激发学习兴趣；拓展知识面。 清楚概念。 利用视图推导公式，效果更直观。 有利于加深理解，便于掌握。 让学生获得直观感受，增强教学效果。
六 课堂小结	3分钟	(1) 基本公式。 (2) 单利和复利区别——利息是否参与计息。 (3) 终值和现值的关系——互为逆运算。 (4) 货币时间价值观念——时刻存在，威力巨大！在投资决策、企业效益评价中经常用到。	引导学生归纳。提出对下节内容的思考。	学会归纳问题。明确课后思考问题。	将知识与能力结构化。加强理解与记忆。
七 布置作业	2分钟	本章习题： (1) 名词解释：1—3。 (2) 单项选择：1—4。 (3) 计算分析：1—6。	布置任务。	课后完成。	巩固知识；锻炼能力。树立观念。

〔案例3-24〕"合同欺诈"微课教学设计。（资料来源"全国高校微课教学平台"）

教学过程设计如表3-13所示。

表 3–13　　　　　　　　　　　教学过程设计

项目		合同欺诈
教学背景		课程定位：《经济法》课程既是财会类专业的专业课，又是初级会计师、中级会计师与注册会计师的考证课程。通过该课程的学习，使学生能够掌握经济法基本知识，顺利通过会计考试，并具备运用经济法律知识保护自己合法权益的基本能力。 教材处理：合同欺诈的内容选自财政部会计资格评价中心主编的《经济法》（中国财政经济出版社）第五章第三节的内容。教材中对于合同欺诈的内容安排呈现出"理论性过强而过于抽象"的特点，加之学生从未接触过合同欺诈，容易导致学生无法深入理解理论知识，更难以实现熟练运用。因此，我对这一知识点进行了深化和处理：为教学内容搭配相关图片，增强内容的直观性与趣味性；结合社会现实，选用理实一体化教学案例，培养学生的分析操作能力。结合考证和实践需要补充必要的案例——"校园贷"，删减不必要的内容。以上处理的结果就是最终形成了微课作品。这样既有利于学生深入掌握理论知识，培养实践操作能力，也有利于其毕业后能够运用经济法律知识来保护自己的合法权益。 本知识特点：合同欺诈作为合同法的重要组成部分，在中级会计师考试和注册会计师考试中都处于重要地位。合同欺诈不仅是中级会计师和注册会计师的考试内容，更是学生在校期间通过网络购物、校园借贷时很容易遭遇到的实际问题。有鉴于此，本知识点的讲授内容主要包括合同欺诈的概念、构成要件和法律效力等，实用性强。通过学习，可以使学生掌握这一知识点的考试内容，并培养学生运用合同法律知识保护自己合法权益的能力，避开"校园贷"等日常生活中容易遭遇的合同欺诈陷阱。
学情分析	知识储备	有学习专业知识为将来考证与就业服务的意愿，已掌握合同法的基础知识，熟悉合同的概念、成立和法律效力。
	能力特点	对教学活动有一定的参与热情，获取视听信息的能力强，但理解能力和运用所学知识独立分析、解决问题的能力有待提高。大多数学生对合同欺诈较为陌生。
	学习态度	渴望了解外部世界，对案例教学与情景模拟等教学方式非常感兴趣，但注意力难以长久集中，学习意志较为薄弱。
教学目标	知识与能力	（1）知识目标： ①理解合同欺诈的基本规定。 ②学会识别和定性合同欺诈。 ③掌握以"校园贷"为代表的合同欺诈的法律处理。 （2）能力目标： ①提高学生运用所学知识分析案例的能力。 ②培养学生的法律意识和自我保护技能，帮助学生未来顺利地考证与就业。
	过程与方法	本课的学习过程既是学习新知的过程，也是探索新知的过程，更是技能形成的过程。根据课程目标和教改要求，遵循"以学生为主体，以能力为本位"的思想，通过情景教学、案例分析教学等方法的运用，借助微课作品，让学生亲历合同欺诈，通过"校园贷"的真实案件来学习合同欺诈的知识，形成相应技能，提高自我学习能力和法律保护能力。
	情感态度与价值观	（1）利用学生对"校园贷"的好奇，培养学生对合同欺诈强烈的学习兴趣。 （2）结合现实案例，提高学生对自身权益的法律保护意识，提升学生的社会责任感。
教学重点解决方法		（1）教学重点：①合同欺诈的构成要件。 ②识别合同欺诈，通过对"校园贷"的分析掌握合同欺诈。 （2）解决方法：通过对"校园贷"的深入分析，加深学生对合同欺诈的理解，帮助学生掌握如何处理合同欺诈借助微课作品，刺激学生的感性认识，让学生亲历过程，引导学生独立思考，帮助学生逐步掌握解决问题的关键。

续表

项目	合同欺诈	
教学难点解决方法	(1) 教学难点：①能够区分事实上的错误认识和法律上的错误认识。②准确判定"校园贷"的性质，学会如何处理合同欺诈。(2) 解决方法：结合现实案例，创设具体情境，引导学生主动思考，提升学生自主探究意识；在此过程中，一方面有效突破教学难点；另一方面培养学生独立分析和解决问题的能力，实现教学理论、实践操作和职业能力的辩证统一。	
教学策略	教学思路	以"以学生为主体，以能力为本位，以实践为导向"为指导思想，通过情境教学、案例分析等多种教学方法的运用，形成理实一体化的教学模式，鼓励学生在微课的引导下主动思考，将经济法教学与实际案例相结合，引导学生进入学习状态，分析识别合同欺诈，学会处理合同欺诈，从而使学生深入掌握合同欺诈的基本知识，培养实操能力，并最终通过学生自评、同学互评及教师评价等多元方式进行教学评价，完成教学反思。
	教法设计	(1) 任务驱动法：按照教学大纲的要求及教学目标的达成，借助典型案例将本项目的教学内容分解，以微课为本知识点的教学载体，引导学生根据案例反映出来的问题和要求来发现问题、解决问题，以达成本项目的学习目标，重点培养学生应用知识解决问题的能力。(2) 情景教学法：将教学内容置于现实生活情景中，通过举学生日常生活的例子和微课展示的手段，让学生亲历过程、体验感悟。通过发现问题、分析问题、解决问题三个环节，将教学内容与问题探究结合起来，培养学生思考与解决问题的能力。(3) 案例分析法：为了激发学生的学习兴趣，在课堂中选用贴近学生、贴近校园、贴近专业特点的真实热点案例，将学生置于现实的"校园贷"环境中，通过学习和分析案例，提高学生分析、解决实际问题的能力，从而达到良好的教学效果。
资源整合	(1) 搜集资源。①课前通过百度、搜狗等搜索引擎，以及现实生活中通过公检法等相关途径，了解现实中以"校园贷"为代表的合同欺诈真实案例，整理归类教学素材。②结合考证要求和社会现实，将本节的教学内容进行拓展延伸，确保教学内容的实用性。③完成网络教学平台和课程在线资源建设，为学生进行在线复习和测试奠定基础。(2) 挑选资源。①根据教学需要，选取各种多媒体资源，确定教学设备。②对搜集好的教学资源根据教学需要进行取舍，以此为基础设计教学案例，完成微课的制作，编组在线测试题。③要求学生课前做好在线预习，为课堂教学做好准备。(3) 运用资源。①在教学过程中根据教学需要合理使用教学图片、教学视频等多种教学资源。②让学生根据教学素材进行思考、分析和讨论，引导学生观察"校园贷"存在的问题，启发学生思考，从而完成自主探究。③要求学生课后借助多媒体教学网站在线复习、作业和测试，检测本次课的学习情况。	
教学评价设计	(1) 对每一位学生的回答给予及时鼓励评价。(2) 对每一个问题的完成结果进行点评与讲解。(3) 引导学生思考，对学生的表现予以评价。(4) 结合学生的完成情况要求学生进行自评和相互点评。(5) 对整个课堂的教学情况、学生学习情况、知识掌握情况以及学生的学习积极性、主动性等做点评与总结，尤其注意表扬先进、鼓励表现一般的学生，要求学生在以后的学习过程中再接再厉。	

续表

教学过程	教师行为	学生行为	教学意图
一、创设情境，导入新课 【导入新课】同学们好，前面我们学习了《经济法》第五章第三节合同效力中可撤销合同的概念，现在我们要学习可撤销合同的第一个类型——合同欺诈。在讲课之前，先问问大家，都听说过近年高校频发的"校园贷"吧？ 【背景介绍】"校园贷"是近来轰动校园及社会舆论的话题。有些家庭无力负担孩子在校时的超前消费需求，这促使部分大学生通过"校园贷"来获得资金，导致"校园贷"在全国高校都有不同程度的蔓延。调查显示，在资金短缺时有8.77%的大学生会选择"校园贷"，85%的大学生不知道"校园贷"的风险，超过90%的大学生不知道"校园贷"是否违法，几乎没有深陷"校园贷"的大学生选择通过法律来维权。	教师结合社会上比较著名的合同欺诈典型进行情境创设，吸引学生注意力。 给学生介绍案例知识背景。	学生通过课前复习，积极思考并进入角色，配合教师进行回答。 学生了解知识背景，对知识点产生兴趣。 学生跟着教师的问题去思考。	鼓励学生自己思考，激发学生的求知欲望。 通过调查数据，让学生能够由抽象知识向感性认识过渡。
【教师引导】你们知道吗，"校园贷"就属于典型的合同欺诈。现在同学们肯定产生了一个疑问，明明欠债还钱、天经地义，为什么老师却把"校园贷"定性为合同欺诈。下面就让我们来看看，究竟什么是合同欺诈吧。	教师通过设问自然地转入下一教学环节。	教师通过设问自然地引导学生产生疑问，进而思考。	
二、任务驱动，展开新课 （一）概念 【教师讲授】根据合同法第54条的规定，合同欺诈指的是行为人故意用虚构假象或隐瞒真相的手段，使相对人在违背真实意愿的情况下订立合同。也就是说，合同欺诈其实就是被欺骗而订立了合同。	教师通过法条，自然导入合同欺诈的有关规定。	学生结合生活通俗词汇来理解专业术语，从而进行掌握。	实现教学环节之间的无缝对接。
【重点强调】那么，究竟如何认定合同欺诈呢？这是本知识点学习的重点内容。下面，就让我们学习一下合同欺诈的构成要件。	教师设疑，提出悬念，引出教学案例。	学生初步思考两者之间的关系。	教师的阐述和启发都很重要，架设学生用语与专业术语之间的桥梁。
（二）构成要件 【教师讲授】1. 行为人故意实施了欺诈 这反映在行为人吸引相对人订立合同的过程中，故意用虚构假象或隐瞒真相的手段对相对人进行了欺骗。 【教师举例】例如在网上买衣服，就是一个常见的买卖合同。相对人看到的图片非常精美，收到的衣服却不是图片上的样子，就属于这种情况，有些不良网购商家虚构了衣服精美的假象，欺骗相对人。 【教师讲授】2. 相对人因受欺诈而对合同产生了事实上或法律上的错误认识	通过学生日常网上购物举例，启发学生产生共鸣，积极思考。	学生结合生活经验认真思考，具体分析，发现问题，开始思考如何解决问题。	在教师的引导下提升学生增强学生自我探究的兴趣。
【难点强调】这是本知识点学习的难点，大家要用心思考，学会如何区分这两种错误认识。事实上的错误认识指的是相对人对合同内容产生了错误的理解。法律上的错误认识指的是相对人对调整合同的法律知识产生了错误的理解。	将教学难点的不同内容进行比较分析，引导学生思考和探索答案。	学生在教师的思路引导下认真思考，自我学习，结合生活经验进行想象和理解。	

163

续表

教学过程	教师行为	学生行为	教学意图
【比较分析】如前面所举的例子，相对人误以为买的衣服与展示的图片一模一样，就是事实上的错误认识。而商家以合同已经履行完毕为由拒绝退货后，相对人以为自己只能自认倒霉，就是对法律产生了错误认识。两个错误认识的对象完全不同。关于这个难点，大家听懂了吧？ 【教师讲授】3. 相对人因受欺诈订立了合同 【图片展示】相对人订立合同完全是商家欺诈的结果。正如前例，毫无疑问，如果不是受到了精美图片的误导，相对人是不会购买衣服的。 【教师小结】所以，只要符合以上三个构成要件，就可以认定为合同欺诈。 【自然过渡】现在大家肯定想知道，对于因欺诈所订立的合同，是否还有法律效力呢？ （三）法律效力 【教师讲授】《合同法》第54条规定，合同欺诈属于可撤销合同，相对人可以申请人民法院撤销合同，合同自始无效。也就是说，对于因欺诈而订立的合同，可以通过人民法院宣布该合同不复存在，并自合同签订之时就没有法律效力。这样，就可以很好地保护遭受合同欺诈的相对人的合法权益。 【教师设问】以上就是合同欺诈的基本规定。现在大家肯定会问，老师还是没有直接解答为什么"校园贷"是合同欺诈呀？以下我们就通过分析"校园贷"的真实案例来深入理解合同欺诈，解答这一问题。 （四）案例分析 【视频播放】2017年5月，浙江某职业技术学院女生小陈，相信小广告上说的某网络平台贷款"利息低、审核快"，于是提供身份证、学生证以及父母的联系方式订立了借款合同，借本金8 000元，短短4个月时间，就需要偿还本息100万元。还被对方使用暴力威胁等手段非法催债，家中被迫卖房还债。 【教师提问】依据前面所学习的知识，请问为什么小陈的"校园贷"是合同欺诈？小陈应该如何运用法律武器保护好自己的合法权益？ 【教师引导】要确定小陈的"校园贷"是否是合同欺诈，关键在于分析"校园贷"是否符合合同欺诈的构成要件。 【案情分析】(1)"校园贷"采取虚假广告等手段散布"利息低"等虚假信息，吸引小陈通过不良的网络平台借款，在短期内产生了巨额利息，是典型的欺诈，符合合同欺诈的第一个要件。 (2)小陈听信了不良贷款机构的谎言，误以为"校园贷"利息低，实际上利息却高得惊人，这是典型的受欺诈而产生了事实上的错误认识，符合合同欺诈的第二个要件。	通过多媒体展示相关图片，再现三个要件。 教师通过设问自然地转入下一教学环节。 结合前面所学习的可撤销合同的规定，引导学生回忆，深入理解法律效力。 教师通过设问自然地转入案例环节，同时引导学生思考。 播放教学视频，展示相关图片资料，展示完毕进行提出问题。 教师根据案例，结合合同法的知识和有关生活常识进行设问，逐步分析案情，启发学生思考，并逐步给出答案。在分析过程中，教师通过具体数字引导学生计算年利率。	学生在教师的提示下回忆前面所学习的内容，并开始运用。 教师引导学生产生疑问，进而思考。 学生根据教师的引导进行回忆，温故而知新。 教师引导学生产生疑问，提升学生探究兴趣。 学生观看视频和资料的过程中同步思考。 学生根据教师展示的内容随着教师的思路进行思考，在教师的提示下同步分析安全，逐渐得出答案。学生在教师的引导下自己计算形成答案。	改变传统的教学模式，充分体现以学生为主体，进行自我探究的教学策略。 通过教师引导与启发实现知识的比较分析，结合学生生活经验举例更容易让学生理解掌握。 教师引导学生回忆，提高教学的趣味性，吸引学生注意。 实现教学环节之间的无缝对接。 只是前后呼应，加深学生的理解和记忆，帮助学生深入掌握知识。 实现教学环节之间的自然过渡

续表

教学过程	教师行为	学生行为	教学意图
（3）小陈要是知道"校园贷"的真相肯定是不会订立借款合同的，她陷入"校园贷"完全是受欺诈的结果，符合合同欺诈的第三个要件。 【案例总结】综上所述，不良贷款机构诱骗小陈订立借款合同，发放"校园贷"收取高额利息，是典型的合同欺诈。"校园贷"根本不是合法的借款合同，借款人可以申请人民法院撤销合同，合同自始无效，这样就可以保护好自己的合法权益。 【教师小结】通过对典型案例"校园贷"的分析，大家想必对于合同欺诈的基本规定已经有了深刻的理解吧。 （五）知识归纳 【知识引申】下面将为大家归纳一下，"校园贷"作为大学生非常容易遭遇的一种合同欺诈，法律对之都有哪些具体规定？ (1)《合同法》规定，对于合同欺诈，相对人可以申请人民法院撤销合同，合同自始无效。 (2)《刑法》规定，发放高利贷，放贷过程中具有暴力威胁等非法行为情节严重的，可以认定为非法经营罪。 【教师小结】所以，深陷"校园贷"的大学生不用屈从于不法贷款机构的压力，可以请求人民法院以合同欺诈为由撤销借款合同。而且，放贷方一旦使用暴力威胁等手段催债，其行为就触犯了刑法，构成了犯罪，可以报警。 三、课程总结、拓展延伸 【教师总结】今天我们学习了合同欺诈，并对通过典型案例"校园贷"的分析，深刻理解和掌握了什么是合同欺诈，如何认定合同欺诈以及应该如何处理合同欺诈。 【拓展延伸】在日常生活中，同学们一定要对"校园贷"为代表的合同欺诈有清醒的认识，树立科学合理的消费观念，提高风险防范意识。如果不慎陷入了合同欺诈，要学会运用法律武器保护自己的人身和财产安全，必要时可以报警和向人民法院起诉。 【情感教育】同时，作为青年中的优秀分子，通过学习掌握了法律知识的大学生们，要认识到自己肩负的社会责任，理论联系实际，积极地参加学校和政府部门组织的普法活动，运用所学知识让更多的人避免上当受骗，用自己的实际行动共筑伟大中国梦！ 【布置作业】最后，请大家扫描以下二维码，关注老师的微信公众号进入本课的在线开放课程，进行课后复习，并完成在线作业。	教师结合现实总结案例，并对所学知识进行总结。 教师通过向学生展示相关图片，引导学生学会如何运用法律知识对问题进行处理，完成教学任务，充分体现以学生为主体的教学方法。 教师对本课进行总结，结合现实常见案例，对学生开展普法与校园安全教育，同时进行情感教育，提升学生的社会责任感，帮助学生端正学习态度。 利用在线开放课程资源对教学实施进行拓展延伸，实现传统教学与在线教学的融合。	学生结合现实进行思考，并回顾前面的知识。 学生跟着教师的引导认识非法手段和法律规定，在教师的引导逐步地掌握知识，完成自我学习、自主探究，学会运用。 学生在教师的引导下复习所学知识的同时，通过学有所用提升学生的学习兴趣，通过情感教育帮助学生能够树立法之信仰。 学生通过教师微信公众号进入在线开放课程，完成复习和作业。	从理性知识到感官冲击，提升学生学习兴趣，同时深入思考问题。 依照知识点的内在逻辑，联系案情引导学生自然地继续往下思考，得出答案，实现教与学互动。引导学生自己计算，可以减少教学过程的枯燥性，加深学生理解。结合现实，容易引起学生共鸣，加深学生理解和记忆。理论联系实际，让学生融会贯通。本环节的目的在于学以致用，学生学习不仅在于"学会"，更要"会用"这一环节对学生的意义不仅对于学习知识，还有利于学生培养自我保护意识、通过法律解决问题的意识和社会责任意识。便于学生复习和巩固所学习的知识，方便学生在课后完成作业与测试。

续表

教学过程		教师行为	学生行为	教学意图
资源开发	（1）设置情境，引导学生分析案例，从而达到解决问题的目的。 （2）通过微课演示多种教学资源，引导学生掌握抽象的教学内容。 （3）通过一系列网络购物、"校园贷"等相关实例的讲解点拨到自主探究的过渡，启发学生对知识的理解和总结，完成能力的迁移。 （4）通过典型案例的展示，再现"校园贷"这一合同欺诈对学生的危害，激发学生的学习兴趣，从而实现教学目标。			
教学总结	成功之处在于通过微课使学生真正"动"起来，思维也"活"起来，做到了学生全员参与教学过程。开放式的教学让学生在"悟"中明方法，在"操作"中自主探究。学生学得主动，学得轻松，体验到成功的快乐。 1. 优势 （1）情景教学法和案例分析法非常适用于本课教学，通过创设情境、借助多种教学资源引导学生掌握合同欺诈的有关规定，改变了传统教学模式，打破了书上的条框界限，激发了学生的学习兴趣，营造出轻松的学习气氛。 （2）教学设计实现了自主探究，课堂采用了多种教学手段激发学生的学习兴趣，特别是微课展示，使得课堂气氛非常活跃，学生都能积极参与整个教学过程，在愉快的环境中轻松地掌握知识技能，充分体现了以学生为主体的教改理念，教改尝试较为成功。 2. 不足 目前只能在课堂教学中增加社会实践因素，使之辅助于教学，尚不能通过一种教学模式将教学过程与社会实践完全融合，做到真正的理实一体。 3. 改进 在今后的教学中继续认真准备、积极改进、深入探索，不断寻找经济法理论与社会实践的结合点，探索如何将经济法课堂教学与社会实践更加紧密地结合起来，使之真正成为一个整体，同时确保每一节课都能上得生动、幽默，激发同学们的学习兴趣，将教改进行到底。			

（三）微课设计的步骤

微课也是完整的一节课，可参照沃特·迪克提出的 ADDIE 模型，将微课设计分为分析（analysis）、设计（design）、开发（development）、实施（implement）和评价（evaluate）五个步骤。

（1）分析。分析是进行微课开发的准备工作，主要分析微课使用者即学习者的特征和分析教学材料的特点。对学习者的特征分析主要包括对学生现有的知识结构的分析、对学生学习能力和学习习惯的分析等。对教学材料的分析包括对教材的选择和教学重难点的分析。具体来说，职业院校专业课微课程的设计必须了解职业院校学生的原有学习基础和学习能力，分析职业院校学生所要掌握的职业岗位能力，以及掌握这些能力所需要的理论知识和操作技能，进一步对知识和技能进行分析和分解，预设学生在学习过程中可能出现的障碍。

（2）设计。职业院校专业课微课的设计主要包括微课视频当中具体表达主题的内容选择、视频呈现的思路、视频的时长等，还包括配合微课视频进行学习的其他支撑性材料的设计。微课设计内容的选择一般以职业岗位知识技能相对应的、在学生学习专业知识过程中的重点、难点、关键点、易错点和易混淆点等知识，微课的时长一般不超过 10 分钟为好。而其他的学习支撑材料包括学习任务单、辅助练习等资源，在进行微课视频设计的时候，要一并将辅助性材料思考在内。

（3）开发。此阶段是微课的具体制作阶段，主要包括微课制作的手段、工具的选择，微课视频、音频的处理过程，视频的完善和字幕的添加等后期加工等，与之相对应的还有学生学习任务单等辅助性资源的制作。微课制作的方式从"手机+白纸"的平民化制作方式，到专业演播厅录制的"高大上"的制作方式，都有不少的实践者。教师可以根据自己现有的能力、技术和工具选择适合自己的制作方式；在使用工具上，从手机到 DV 摄像机再到专业的录像设备也是应有尽有。在微课视频的后期处理上，有多种软件可以进行处理，如 Camtasia Studio、会声会影等各种操作简便的音视频处理软件。辅助性资源的制作则依据教师对学生的分析和微课内容的设计进行制作，可以是学生学习的任务单，也可以是一些在线测试题，还可以是一些拓展性的视频资源。

（4）实施。实施即把所开发出的资源具体应用的阶段，主要环节可以包括学生课前的自主学习、课中的小组研讨、教师答疑点评、微课练习的使用等。此阶段，教师需要对微课的实施进行系统的教学设计，根据教学方法，确定微课在哪个教学环节使用以及微课使用时的师生活动。

（5）评价。评价主要包括两个方面：学生的"学"和教师的"教"。对学生来说，必须对学生利用微课进行的学习兴趣、学习效果等进行评价。作为对学生学习的一种反馈，及时的积极的评价有利于促进学生的学习，增强学生的学习动机。对教师来说，则是教师应用微课教学的实施效果进行评价，教师利用微课进行教学的反思等。评价有利于提升教师的教学水平和专业素质，能够促进教师的专业发展。

表 3-14 所示的是由教育部教育管理信息中心指导的全国微课大赛评分标准（2016）。

表 3-14　　　　　　　　　　全国微课大赛评分标准

一级指标（分值）	二级指标（分值）	指标说明
作品规范（10）	材料完整（4）	材料包含微课视频、教学设计方案和微课录制中使用的辅助扩展资料、课件、习题等。
	技术规范（6）	视频长度8~10分钟；视频图像清晰稳定、声音清楚，构图合理；主要教学环节配有字幕；文字、符号、单位和公式符合国家标准；方便学习者选择停止和继续播放等。
教学设计（30）	选题（4）	所选主题紧紧围绕一个主要知识点或主要教学问题，适合以微课的形式展现；有助于学生事先学习或理解、巩固或扩展所学课程内容。
	教学目标（4）	教学目标正确、明确、具体，教学思路清晰；能够解决教学内容中难点、重点、个性化教学等问题，提高教学效率。
	教学内容（7）	教学内容适当、准确，无科学性、政策性错误，能理论联系实际，反映社会和学科发展，能确保教学目标的实现。
	学习者（5）	微课教学目标和教学内容适合学习者的年龄和认知发展水平；根据学习者个性差异有相应处理。
	教学策略（10）	教学顺序、教学活动安排、媒体的选择等适合确定的教学目标、教学内容和学习者特征。
教学实施（25）	教学呈现（15）	教学导入简短顺畅，促进学生回忆先前知识经验；新内容的呈现能激发学生学习的动机；教学具有启发性、指导性，有助于学生建构或巩固知识，形成能力，建立态度。
	教学语言、节奏或教态（10）	如有声音，需用普通话讲解，语言清晰生动，表达能力强；如有教师出现，需仪表得当，教态亲切自然大方，展现良好教学风貌；教学节奏适合学生的学习，具有较强的感染力。
技术实现（30）	操作与传播展示（15）	便于教学演示操作，能够通过网络便捷传播，具有较强的通用性，易于被学习者在各种技术环境下观看（兼容PC、手机和平板计算机等）。
	教学视频制作（15）	选用的制作软件适当，编辑制作准确，符合通常教学和学习环境的使用；视频播放格式兼容性好，主要采用高清、标清标准；文件量适度。
教学效果（5）	应用推广（5）	有良好应用效果，受到学习者的普遍欢迎，具有在相关专业或学科上推广的价值。
加分（5）	学员网评（5）	作品点击率高、投票较多、学习者评价好；作者与学习者互动良好。

（四）微课脚本

视频微课开发要求课程研发人员不仅要懂得教学设计，还要掌握一定的脚本编写、视频拍摄和视频剪辑技术。"脚本"一词作为编剧术语，指戏剧表演、拍摄电影等所依据的工作底本。微课主要以短视频的形式呈现，可以将"微课脚本"看作微课制作时所依据的工作底本。脚本设计是微课制作的核心，体现了设计者对微课内容的整体把控，是易于拍摄制作团队集体协作的项目书，正如一部精彩的影视作品需要优秀的剧本一样，微课脚本也决定着一节微课的成败。

微课脚本的写作应是"豹头""熊腰""凤尾"。微课的开头如猎豹一般迅速地提出问题，且问题聚焦、典型，让学生迅速了解这节课要讲什么，但同时也要留下伏笔。问题提出后，通过相应知识点的讲解以及难点的曲折变化，随即内容变得丰满起来，这个部分需要着重分析知识点之间的逻辑关系，需要剖析本课的重点、难点，也需要恰当的举例、列举数据等，使脚本变得扎实饱满、坚挺有力，壮如"熊腰"。到结尾时，需要和"豹头"进行有效的呼应，学生听完知识点、重点、难点后难免会有所混淆，短时无法消化，结尾就需要更加逻辑清晰，问题聚焦，这个部分有如凤凰修长漂亮的尾羽，把周身的斑斓衬托得更加美丽。当然，"凤尾"不是堆积花哨的辞藻，需要教师发挥智慧给出一个让学生意料之外的收尾，埋下对整个系列课程乃至教师所有课程都有所期待的伏笔。从这个意义上来说，"凤尾"的现实意义大于前面两个部分。

〔案例3-25〕"增值税视同销售行为之自产或委托加工货物用于集体福利或个人消费"微课脚本设计。（资料来源："全国高校微课教学平台"）

教学过程设计如表3-15所示。

表3-15　　　　　　　　　　　　教学过程设计

课程名称	企业纳税实务	知识点（技能点）	增值税视同销售行为之自产或委托加工货物用于集体福利或个人消费
所属单位	会计学院	作者	赵娜
视频长度	9分26秒	录制时间	2017年10月
本微课知识点类型 在所选择项打√	☑重点　　☑难点　　☑易错点　　☑考点		
适用范围 在所选择项打√	☑课前复习　☑新课导入　☑知识理解　☑练习巩固　☑小结拓展		
教学背景	学生背景：20世纪90年代末期出生的学生，该群体图像认知能力强，对新鲜事物感兴趣，思维活跃，个性突出，但在学习中缺乏毅力，自控力较差。 课程背景：该微课实施以我校实施专业课程改革为背景。传统的授课方式已不适用，尽量采用动画、视频等翻转课堂方式，课业任务以闯关、比拼等方式为主，激发学生学习兴趣，培养自主学习能力，达到最佳学习效果。 知识点背景：增值税中视同销售的概念是纳税实务课程学习中的重点和难点，是考试中的高频考点。在实务中，我国大部分的税收来自流转税中的增值税，如果对视同销售的概念不清晰，非常可能会出现偷税漏税的行为，影响税收。因此，无论学生还是实务工作者均应该清楚掌握这方面内容。		

续表

教学目标	（1）知识目标：掌握增值税视同销售中将自产货物用于集体福利或个人消费的规定，掌握在该视同销售行为中销项税的确认和进项税的抵扣原则。 （2）能力目标：实务中具有准确识别视同销售行为的能力，并能够比较自产货物和其他来源的货物对视同销售行为的异同；能够完成进项税的准确抵扣，并具备计算税款和会计处理的能力。 （3）情感目标：培养学生遵纪守法和诚实公正的职业素养，提高专业素质，培养学生独立思考、解决问题的能力。
内容分析	在该内容学习中，需要掌握两点：一是理解并掌握该视同销售行为的本质；二是掌握该视同销售行为涉及进项税的抵扣原则。对此，我们将提出两个问题：一是自产货物作为集体福利或个人消费的行为用不用缴纳增值税？为什么？（特定视同销售行为的本质解读）；二是生产该批货物购买材料的进项税是否能够抵扣？（视同销售行为的进项税的抵扣原则）。并从学生的认知习惯出发，以学生的感受和需求为出发点，条分缕析地拆解该部分内容。
教学方法	讲授法、案例教学法、启发式教学。
预备知识	增值税的概念、营改增后增值税最新纳税范围和一般销售行为的销项税确认。
适用对象	财会相关专业的二年级学生。
设计思路	第一，强调本节内容的重要性，明确教学目标。指明学习方向，提高学习效率。 第二，从实际工作中的案例场景出发提出问题，解构内容，引起学生兴趣。 第三，以动画和短片、实时手写展示的形式阐述两个核心问题的答案，立体化教学，提高学生的知识接受水平。 第四，案例延伸。及时总结并提问，刺激学生思考，检验学生的知识掌握程度，并为下节课的内容做案例铺垫。
教学过程	
步骤流程	内容	时间
步骤1：揭示教学主题	本节微课的主题是增值税视同销售行为之自产或委托加工货物用于集体福利或个人消费。	00:16～00:31
步骤2：强调教学重点	实务中老板存在疑问，学生学习中概念区分不清，故为学习的重点。	00:32～1:11
步骤3：解构学习目标	一是理解并掌握该视同销售行为的本质； 二是掌握该视同销售行为涉及进项税的抵扣原则。	1:12～1:51
步骤4：案例情境导入问题一	问题一：自产或委托加工货物作为集体福利或个人消费的行为到底用不用缴纳增值税？为什么？	1:52～3:10
步骤5-1：案例分析，解决第一个问题	（1）增值税是一个链条税。 （2）增值税链条要保证完整。 （3）所有货物必须承担一定的税负才能退出流通环节。	3:11～4:25
步骤5-2：案例分析，解决第一个问题	使货物增值有两种方式：自产或委托加工。	4:26～5:02
步骤5-3：案例分析，解决第一个问题	该视同销售行为的属性： 脱离增值税范围，转移进入消费领域。	5:03～5:44

续表

步骤流程	内容	时间
步骤6：案例情境导入问题二	问题二：生产该批货物而购买材料的进项税是否还能够抵扣？	5:45~6:25
步骤7：案例分析，解决第二个问题	增值税进项税可抵扣的前提条件： (1) 纳税主体必须是一般纳税人且取得增值税专用发票。 (2) 增值税的链条完整。也就是说，购买该材料的进项税有产品的销项税对应。	6:26~7:25
步骤8-1：拓展问题	拓展：外购行为取得的货物用于集体福利或个人消费的进项税能否抵扣呢？并予以解答。	7:26~8:04
步骤8-2：分解拓展问题，深入分析	分析： (1) 是不是视同销售行为？不是。 (2) 进项税能不能抵扣？不能。	8:05~8:47
步骤9：总结思考，布置思考题	(1) 如果工厂将自产的食用油发放给员工作为集体福利呢？（提示：2017年7月1日，取消增值税13%的税率） (2) 如果是生产白酒的企业将自产的白酒发放给员工作为集体福利呢？ (3) 不管是发放食用油还是白酒，如果这些福利产品都是外购而来的呢？	8:48~9:00
教学总结		

（一）教师方面

首先，通过本次微课的教学设计，把知识项目化，细化成 N 个小的知识点，并用简明扼要的语言重新加工讲解，提高自身的逻辑思考能力和总结能力。

其次，在短小精悍的微课作品中，内容必须翔实可靠，要求教师必须充分挖掘"隐性知识"，开拓教师视野，实现教学观念的迁移和提升。

再其次，在整个微课设计的过程中，经历了"研究—实践—反思—再研究—再实践—再反思"的过程，提高自身的自我批判能力。

最后，微课强调知识性和趣味性结合，要求充分考虑学生的思想活动和认知习惯，提高了自身的共情能力。

（二）学生方面

首先掌握知识性的内容，即增值税的视同销售行为之一"自产或委托加工货物用于集体福利或个人消费"，并掌握该行为涉及的进项税能够抵扣，并通过问题的延伸掌握外购货物用于集体福利或个人消费涉及的进项税不能抵扣。

其次通过微课中的案例情境模拟，提升学生将来在实务中的问题解决能力。

最后通过学习微课设计的思路，提高学生的举一反三和批判性思考能力。

（五）微课制作工具

（1） PowerPoint 2010 版本及以上。

PowerPoint 是微软公司的演示文稿软件，广泛用于工作汇报、企业宣传、产品推介、婚礼庆典、项目竞标、管理咨询、教育培训等领域。PowerPoint 2010 版本及以上版本自带"录制"功能制作微课，用户可利用"录制幻灯片演示"功能逐页录制解说并另存为 Windows Media 格式微课。

（2）Camtasia Studio 6.0 版本及以上。

Camtasia Studio 是一套专业的屏幕录像软件，是比较常用的微课制作软件。用户可以方便地进行屏幕操作的录制和配音、视频的剪辑和过场动画、添加说明字幕和水印、制作视频封面和菜单、制作交互式微课等。

（3）Focusky V3.1.0 版本及以上。

Focusky 是一款简单易上手的 3D 动态 PPT 制作软件、动画视频制作软件，编辑模式类似于 OFFICE PPT，操作简便，容易上手，适合制作产品宣传广告片、动画宣传片视频、公司报告、课件、微课、演示文稿、幻灯片、纪念册等。

三、移动教学工具

目前，国内开发了越来越多的满足教师日常教学管理的智慧移动教学工具，例如雨课堂、91 速课、UMU 互动学习平台、课堂派、蓝墨云端课等。从设计理念上来看，各移动教学工具的一大突破是把移动终端应用于课堂，例如手机、平板在课堂上不再被禁止使用，而是作为可以辅助学习的工具。从内容上看，移动教学工具可以分为资源和功能两个部分。资源主要包括图书、期刊、报纸、原创、视频、图片等。功能主要包括在线考勤、记录表现、作业统计、课件共享、课程讨论、成绩汇总、班级公告、助教协助等。移动教学工具为"互联网 + 教育"提供了广阔而便捷的平台，使混合式教学模式的实施成为可能。以下主要介绍雨课堂、91 速课堂和 UMU 互动学习平台。

（一）雨课堂

雨课堂是清华大学在线教育办公室和学堂在线共同推出的新型智慧教学工具，是教育部在线教育研究中心的最新研究成果。通过连接师生的智能终端，雨课堂将课前—课上—课后的每一个环节都赋予全新的体验，快捷免费地实现大数据时代的智慧教学，包括师生多元实时互动、教学全周期数据分析等。雨课堂全部功能基于 PPT 和微信，轻量易用，操作便捷。

使用雨课堂可以实现将融入了 MOOC 视频、语音、图文、习题等资源的教学课件推送到学生手机端，并及时获取学生反馈；实现课上实时答题、投票、弹幕互动，为传统课堂教学增添了更有效的互动方式。此外，雨课堂可以全程记录学生的学习状态，为师生提供完整的立体化学习数据支持。雨课堂具体功能如图 3-30 所示。

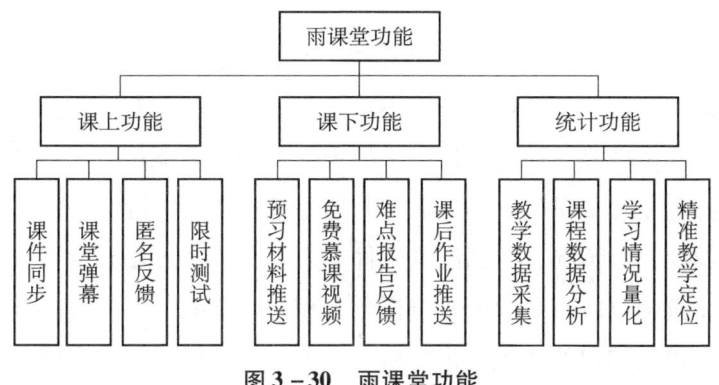

图 3-30 雨课堂功能

1. 课上功能

雨课堂课上功能由课件同步、课堂弹幕、匿名反馈和限时测试四个部分构成。

（1）课件同步：雨课堂可以实现在授课过程中方便地接收教学幻灯片。教师讲解的每一页幻灯片都会通过雨课堂即时发送到学生手机端，方便学生获取和保存课件，能够及时回顾课程内容，不再忙于抄写和拍照幻灯片内容，提高学生的听课质量。

（2）课堂弹幕：雨课堂将弹幕功能移植到课堂环境中，所有弹幕信息滚动显示在授课屏幕顶端，相当于全班学生进行集体的"并行讨论"，提高学生学习积极性。弹幕的发布是匿名的，只有教师可以通过后台管理界面看到信息的发送者，作为统计和评价的依据。

（3）匿名反馈：学生在手机端接收到课件时，每页内容下方都有一个"不懂"按钮，如果学生对此页内容没有理解或存在问题，可以在此做标记，此时信息将匿名反馈给教师；教师端可以统计"不懂"反馈信息数量，及时了解学生掌握程度，调整授课节奏，对于重难点问题进行有更有针对性的集中和反复讲解。

（4）限时测试：利用雨课堂的在 PPT 中的插件，教师可以添加题目到 PPT 页面中，授课中放映到该页幻灯片时，可以将题目发送到学生手机端，开始实时的课堂测试，此时学生通过手机雨课堂界面进行作答。测试时，教师可以设定答题时限，时间结束后，教师可以将正确答案和全班整体答题情况投屏，以便学生了解班级整体学习情况，进行对比分析，从而更加客观地了解自己的学习状态，教师也可随时掌握学生学习的困难，有针对性地解决学生学习难点。

2. 课下功能

雨课堂的功能是覆盖到课前、课上和课后每一个教学环节的，除了课上的多种互动形式以外，在课下推送功能也很重要。教师可以在PPT中添加视频、选择题、投票题等测试内容，还可以通过手机为每页PPT录制语音讲解，雨课堂可以将这些信息打包发送给学生。学生在打开这些推送课件进行学习的时候，教师可以实时查看学生学习情况，包括浏览课件的人数，每个人查看的页数等信息。通过课件推送，教师可以布置课前学习任务，相对简单的知识内容由学生自主学习完成，形成对相关知识的初步认识之后，在课中再开展高阶的交流互动，讲解相对较难理解的知识要点或实际应用联系比较紧密的深层次知识。

3. 统计功能

雨课堂可以在各个教学环节对学生的学习行为相关数据进行采集，用来帮助教师获取更多有用的教学数据。在很长一段时期内，由于缺乏有效教学数据的支持，教师很难了解每位学生的学习状态，往往只能凭借多年的教学经验观察学生上课时的神态、延伸、反应，或通过频繁的小测验来获得对学生的了解。但是，当班级人数超过一定量级后，即使是有着多年教学经验的教师也无法精细地了解全班学生的学习状态。雨课堂的出现，较好地解决了这一问题，在课前可以收集学生预习情况，例如PPT看了多少页，多少人没有完成预习，课后作业是否及时完成，正确率如何；在课上对教学活动记录了详细的过程数据，包括学生出勤情况、哪些教学内容被学生标记了"不懂"，限时测试的完成情况和弹幕的详细信息等。这些数据被整合分析后，可以客观地反映学生的学习状态，帮助教师分析学生的学习效果，同时也可以让教师更好地评估自己的教学过程，进而为教学策略的调整提供依据。这些在传统课堂上教师看不到的数据，被雨课堂详实地记录下来，极大地促进了教学转换为"数据驱动"模式，让教学管理进入了"数据时代"。

雨课堂作为一个轻量级的智慧教学解决方案，能够方便地在教室中实现实时接收幻灯片、实时答题、多屏互动、"弹幕式"讨论等新的课堂互动形式。学校不需要投入购买、安装任何新的硬件设备，只需要安装软件，就可以把现有的传统多媒体教室平滑升级为智慧教室——这种纯软件的部署方案便于用户快捷地实施实地部署，因此，清华大学、重庆大学、厦门大学、河北工业大学等近 20 所国内高校很快就在教学楼内全面开展了雨课堂桌面软件的预装工作，由此"跑步"进入了智慧教学时代。

〔案例 3-26〕2018 年全国职业院校技能大赛职业院校教学能力比赛高职组教学设计比赛一等奖《灯光窗帘智能控制的实现》作品的教学过程中关于信息化教学设计内容，如图 3-31 所示。（资料来源："全国职业院校技能大赛教学能力比赛"官网视频资料，经作者整理形成文字稿）

图 3-31　教学设计

教学过程分为课前、课中和课后三个阶段，按照三段六步六任务，开展基于雨课堂平台的线上自学、统计反馈、线下实时调整和组织课堂教学相结合的混合式教学方式。以灯光窗帘的智能控制为工作任务，以任务驱动的形式进行理论讲授和实操训练。

课前教师通过雨课堂发布学习任务，学习灯光窗帘控制系统硬件的接线与安装以及控制系统的工作原理，并将 PPT 课件传递上雨课堂，并设置截止学习时间。教师还可通过语音进行针对性提醒或指导，让学生边看边听边预习，并完成课前测试。教师可以随时收到学生的学习情况反馈，了解学生预习的效果，并对课程内容进行调整。

进入课堂教学环节，以黄小姐的智能家居体验动画引入课堂教学的任务要求，完成回家、娱乐、就餐、离家四种产品的一键式控制以及实景仿真实现。根据任务要求，深入分析并引出本次任务的设计方案，现场体验本设计方案的实现，并进一步理解及控制设计原理。教师根据课前测试反馈，同学们对硬件接线中自动控制终端接线掌握的不是太理想，10分钟小组讨论，以交互式Flash动画进一步深入学习。学生在听课的过程中，遇到没听懂或有疑问的地方可以点"不懂"键，教师收到雨课堂汇总的学生不懂的数据反馈后，发现大部分同学对控制系统的工作原理还存在疑问，因而针对这个问题，通过控制原理拓扑图现场再重点讲解，另外针对教学重点教师在课堂上通过雨课堂推送互动题，当下查看学生的答题情况，实时把控学生的掌握情况。上述方式有效地解决了教学重点。传统的实践性课程过程难以监控，实操进程无法把控，我们将灯光窗帘控制的软件配置，按照工程实施中的软件配置过程，分为六个小任务制成6个微课视频。以小组挑战大比拼的方式组织课堂教学的实施。在进行比拼之前，小组讨论施工安全注意事项，教师宣读施工安全规范，强化安全意识。小组成员自主明确分工，根据指导书协作完成任务。各小组在挑战大比拼的过程中遇到问题，点开微课视频进行学习，在小组讨论无法解决的时候，教师指导协助。小组比拼中，教师巡视发现共性问题，例如智能家居网关联不上，教师结合微课视频及现场设备再进行集中讲解，在边做边学边教的过程中有效地解决了教学难点。每个任务按完成的速度给予4、3、2、1的积分评价。六轮比拼下来积分最多的小组获胜，借助实操过程监控评价系统对学生进度及完成情况进行实时把控。灯光窗帘智能控制安装调试完成后，进行小组演示并做故障总结、师生点评，然后各小组分别做经验分享，教师做总体的故障及解决方法的总结。在总结分享期间进行小组互评和教师评价。即课中成绩的评价由挑战大比拼60%，教师20%和小组互评20%构成，直接在实操过程监控评价系统中实时评分，如图3-32所示。

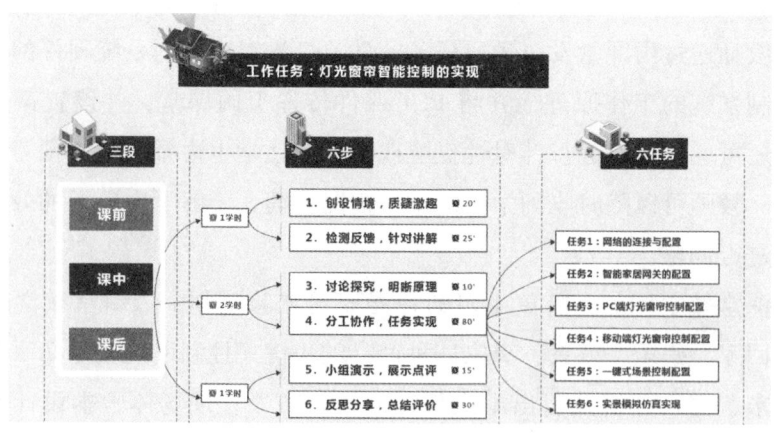

图3-32 工作任务

课后同学们需要查阅课程微信公众号推送的工程案例，结合本单元的学习完成创新思维拓展项目的设计方案，并提交到课程平台上，另外在雨课堂中推送关于直流电机的相关慕课视频，深化掌握窗帘电机的工作原理，利用网上的教育资源丰富教学，为学生可持续发展能力提供支撑。本单元的成绩评价由课前课中课后三部分组成。

（二）91 速课堂

91 速课网（www.91suke.com）是广东力拓网络科技有限公司旗下研发的教育服务平台，专注于为混合式教学、金课建设提供承载，并为此研发了五种 H5 课件的制作工具和线上教学微课堂（速课堂）。帮助学校、单位、个体教师缔造一个为移动教学提供全方位服务的云平台，全方位支撑翻转课堂、混合式教学、SPOC 教学。

在基本计算机软硬件支持条件下，教师无须下载和安装其他软件，直接通过 PC 端（www.91suke.com）或关注微信公众号（91 速课）就可实现轻松开创建虚拟班级，通过班级邀请码或扫描二维码邀请学生加入。上课前，授课老师先将微课、课件 PPT 和测试卷等教学资源发布到速课堂上并推送给学生，老师可对教学资源设置预约发出时间、限时学习/进入、重复测试等，供学生尽快并按时完成课前预习或者课上测试。课堂上，教师可利用平台发起投屏，支持手机与 PC 端同步显示，进行学生考勤签到，根据教学进度随时分享教学素材资源，进行头脑风暴课堂讨论、实名投票等教学活动与课堂互动。课后，教师通过平台进行作业布置、依据教学安排需要发布班级公告和进行在线交流讨论等。速课堂平台结合 AI 人工智能大数据，对学生各方面学习情况进行定时追踪记录，实现过程化数据采集，及时生成课堂报告，供教师随时查看了解学生学习情况，适当调整安排教学内容，为教学改革提供数据分析基础；速课堂提供的强大师生教学互动功能使师生之间的交流密度更大，能够实现更高效的有效沟通，有效提高课堂教学效果。一般的智慧移动教学工具都是由主讲教师负责平台管理和教学管理；速课堂提供协同教学功能，支持多名教师共同教授管理同一个班级的教学，满足课程教学团队建设需要，如图 3-33 所示。

速课堂除了具备一般的课堂教学辅助功能，还提供了五种制作 H5 课件创作模式，分别是"PPT 语音课件""创作型课件""教学轻课件""速课 video""速绘微课"。教师可自由选择适合自己的创作模式来打造自己的教学课件，如图 3-34 所示。

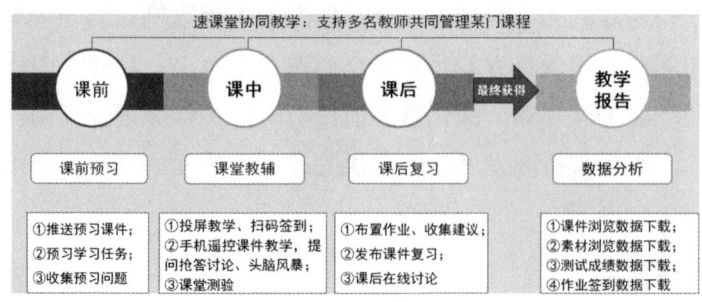

图 3-33 速课堂功能

图 3-34 91速课堂五种 H5 课件创作模式

1. "PPT 语音课件"

PPT 语音课件是五种课件中最快的一种。它可帮助教师将现有的 PPT 课件快速转换成移动教学资源课件,迅速开展移动教学与翻转课堂。课件转化好后可插入本地音频或手机扫码配音,给课件配音可提升学生对知识点的了解程度,更易掌握知识点。如果配音效果不佳,平台还提供了文字转语音服务,教师可在 PC 端输入要转化的文字,即可自动将其转为音频,使得教学课件的制作变得更多样化与便捷化。

制作流程:使用 PC 端登录账号,点【课件管理——创建新课件】,选择 PPT 语音课件即可进入制作页面。点"选择上传"按钮,按提示选择一个 PPT 即可。等待 3~5 分钟即可转化成功。成功后按提示扫码配音和修改基本信息。编辑完毕后,确认发布即可成功制作一个 H5 课件,如图 3-35 所示。

2. "创作型课件"

创作型课件是最有强交互性的精美 H5 课件。此课件提供免费的各类专业模板,模板内还提供文本编辑器、各类图片素材、视频上传工具、音频制作工具等基础组件,帮助教师创建知识结构完整的教学课件。并提供"教学"模块,包括试卷、练习题、Word 资料、PPT 资料、第三方课件等教学功能组件,极高地提升课件的交互性、学习性、扩展性,充分利用传统的教学资源,大大提升课件

图 3-35 "PPT 语音课件"配音与修改信息页面

的交互性与趣味性，全方位支撑教师的课件设计创意，打造场景式交互教学课件，激发学生的学习兴趣。

制作流程：使用 PC 端登录账号，点【课件管理——创建新课件】，选择创作型课件进入模板列表页（见图 3-36），选择适合的模板或直接创建空白课件，即可进入课件编辑页。

图 3-36 创作型课件模板列表

3. "教学轻课件"

随时随手通过手机微信便可制作的 H5 教学课件。操作简单，只需考虑插入图片（照片）、文字、音频、音频等内容。支持实时录音、拍摄上传。此课件适用于现场类、实践类教学；专注于记录某现场教学问题的知识讲解。

制作流程：在微信搜索"91 速课"公众号并关注，从公众号菜单栏点击"我的——我的资源"进入课件管理区，选择"教学轻课件"即可马上开始制作，如图 3 - 37 所示。

图 3 - 37　教学轻课件制作入口与功能展示

4. "速课 video"

最简单、最易上手的微课视频。通过微信小程序进入，构架简单。此课件聚焦教学场景，免费提供各种教学场景的精美、实用视频模板。老师一键选中模板后，只需更改模板的图片、文本、音频，在 1 分钟内即可建设 1 个教学短视频。

制作流程：在微信的发现——小程序进入，搜索"速课 video"即可进入制作页面。替换模板里的文字、图片、视频即可生成新的视频课件，如图 3 - 38 所示。

图 3-38 速课 video 制作入口与模板区

5."速绘微课"

可自由手绘的微课视频。此课件可让教师边录音边手绘屏幕上的图，讲解或分析里面的知识点，还提供白板方便注解。绘制路径提供笔触大小和颜色的设定，适合多种讲解场景。教师还可以通过页面按钮随时对课件内容顺序进行调整。并提供横竖屏转换功能，丰富课件的展示模式。

制作流程：在微信的发现——小程序进入，搜索"速绘微课"进入制作页面。点击新建速绘微课，点"添加一张图片"或设置为空白页面，然后点击"开始录制"，在倒计时结束后即可开始对课件页面的制作，如图 3-39 所示。

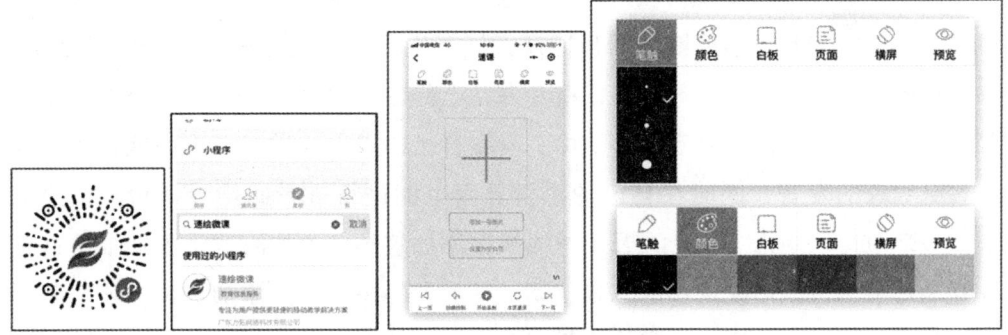

图 3-39 速绘微课操作介绍

（三）UMU 互动学习平台

UMU 互动平台是北京优幕公司开发的一款互动式学习平台，主要适用于移动学习、培训、会议、授课等多种场景，UMU 提供微课、互动、企业版三种服务。以下主要从 UMU 的教育功能入手，主要介绍平台的 UMU 微课、UMU 互动这两个方面。

1. UMU 微课

UMU 微课是一个基于比较成熟的社交网络平台进行教学的分享平台。UMU App 可以轻松帮助教师生成微课相关内容，通过一些社交网络平台，例如微信、QQ 等进行教学与活动，并且能够实时地获取学习者的参与情况。UMU 互动学习平台上的微课程形式多种多样：图片音频微课、视频微课、直播课。图片音频微课也叫语音微课，教师可以利用手机移动端 App，直接在手机上就能快速制作微课，每个课程小节时长必须控制在 5 分钟以内，并配以 9 张以内的图片和语音讲解，此微课具有时长短、方便制作、学习者观看流量消耗小等特点。视频微课，教师可以将已经制作好的视频微课程直接上传到网页版 UMU 互动学习平台的"我的课程"中，此课程不限时长，动态效果好。直播课程，类似于视频直播，教师可以在 UMU 互动学习平台上发布直播课程进行现场直播，观看者可以实时在视频下方进行提问。

2. UMU 互动

教学除了讲授之外，更重要的是教学者和学习者之间的交流互动，互动可以产生共鸣，互动可以迸发灵感。UMU 互动学习平台互动功能多样：添加问卷、添加提问、添加讨论、拍照上墙、添加游戏、添加签到、添加抽奖、添加考试。添加问卷，该环节可以收集参与者的信息，做课前的调研活动，数据可以通过手机客户端实时查看问卷反馈数据且通过大屏幕也可以直观地展示相关问卷数据；添加提问与添加讨论，该环节可以避免课堂上部分学生参与讨论的现象，每个人都可以通过扫码加入课堂互动环节中，发布自己的想法，学习者不仅能在大屏幕上看到大家的发言，同时在自己的手机界面也能进行查看并给予评价；拍照上墙，该环节可以用来展示个人及小组成果。添加签到、添加游戏、添加抽奖这三大互动环节，可以活跃现场的气氛，调动学习者的积极性。添加考试，该环节可以作为课后的一个检测，用来检测学习者的学习效果。

为推动中等职业教育教学改革创新，提高教师信息素养、教育技术应用能力和信息化教学水平，促进信息技术在教育教学中的广泛应用，从 2010 年开始，教育部主办全国职业院校信息化教学大赛，受到了各职业院校和教师越来越多的重视。2018 年"全国职业院校信息化教学大赛"调整为"全国职业院校技能大赛教学能力比赛",比赛更加注重考察教师的教学设计能力、实施能力、科研能力及技术应用能力等综合素质。

2019 年国务院发文的《国务院关于印发国家职业教育改革实施方案的通知》(简称"职教 20 条")以及教育部发文的《职校人才培养方案指导意见》都提出了职业教育要适应"互联网+职业教育"发展需求,运用现代信息技术改进教学方式方法。职业教育教师需要不断学习提升信息化教学能力,不仅有助于提高教师实践教学水平,同时也确保高技能人才培养质量。下面以 2018 年教学能力获奖作品为例,介绍教育信息技术在职业教育教学中的运用。

〔案例 3-27〕2018 年全国职业院校技能大赛职业院校教学能力比赛中职组教学设计比赛一等奖《跃动乒乓灵动艺匠——乒乓球反手拨球技术》作品的教学策略中关于信息化教学设计内容。(资料来源:"全国职业院校技能大赛教学能力比赛"官网视频资料,经作者整理形成文字稿)

传统乒乓球教学主要存在三个方面的问题,拍面角度难体会,球的落点难控制,即时评价难实现,因而通过引入智能球拍、智能发球机、蓝墨云班课平台等手段,有效地解决以上问题。本课主要采用混合式教学,多种信息化手段贯穿课内外,采用任务驱动法、分层教学法,结合多种信息化资源,完成定点训练,智能拨球任务,有效地突破了教学的重难点,如图 3-40 所示。

图 3-40　教学策略

本节课分为课前、课中和课后三个阶段。课前完成模仿任务,课中完成探究任务,课后完成拓展任务。在课前,在课前学生会收到老师所发布的任务,学生按要求观看乒乓球反手拨球技术的微课视频。然后完成线上的技术支持测试。接着进行拨球的模仿训练，拍摄短视频或照片上传到平台并完成发球机分层测试。通过两个测试，教师不仅检查了学生完成任务的情况，而且根据测试数据将学生分为初级、中级和高级，优化了课中教学。在课中主要分为三个阶段：多维讲解、智能拨球、做手步法。阶段一：多维讲解。首先教师对学生上传到蓝墨云班课平台的视频进行分析点评，归纳各层次学生拨球时共同存在的问题，例如初级容易出边线；其次通过三维动画讲解技术动作，帮助学生排疑解惑。进而教师进行现场示范讲解，引出教学的重点。阶段二：智能拨球。初级是单人多球训练，中级是双人定点对打，高级是三人两点对打，通过分层教学进行探究学习。针对初级经常出边线的问题，学生可以利用智能发球机，控制出球的速度，落点和频率，有助于学生控制拨球时的拍面角度，有效地解决出边线的问题。小组长通过 App inventor 开发的数据统计软件及时反馈练习情况，通过两组数据对比可以看出出边线的次数明显减少，有效地解决拍面角度的问题。针对中级学生回球下网的问题，我们通过智能手机的慢动作拍摄，学生在回放中学会分析下网的拍面角度，建立正确的击球动作，从而解决下网的问题。针对高级经常出底线的问题，教师在球桌上画好有效区域。学生运动智能球拍完成两点轮换接球动态追踪连续回击次数，有效地解决出底线的问题。通过团队协作，学生自评互评和教师评价，根据反馈调整击球拍面角度，强化正确的动作结构，通过发球机检测训练效果，实现层层递进提升，这样教学重点就完成了。阶段三：做手步法。针对学生击球动作不协调和不连贯，学生分组协作，跟随音乐，做手步法，并拍摄视频上传至蓝墨云班课平台，学生依据评分标准对展示的同学进行线上的组间评价，有效地解决了传统课堂上部分同学开小差的问题，促进了学生相互学习，突破了教学的难点。

课后，在线上，教师要求学生登录蓝墨云班课平台，自选一段视频资源，例如人机大战的视频，分析视频中反手拨球的使用率和命中率。在线下，学生完成接球游戏并拍摄视频和上传到平台，教师在查阅作业时，发现各层次的同学反手拨球技术都有了明显的提升，最终教师对学生的综合表现进行多维度的过程考核，不仅考核了学生对技能的掌握，更考核了学生的学习态度，合作能力和自主学习能力，考核结果更加科学和全面。通过传统课堂和信息化课堂的反手拨球命中率统计数据表对比我们可以清晰看到，相对于传统课堂而言，信息化课堂对命中率的提升有显著的效果，如图 3-41 所示。

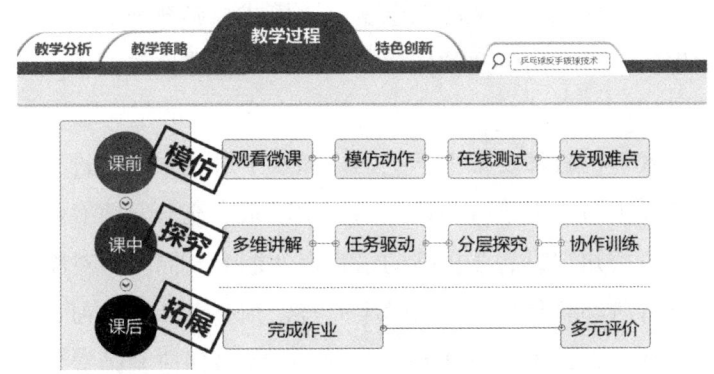

图 3-41 教学过程

第四节 教学过程设计

教学过程是朝着预设教学目标前进的，教学目标对教学过程起着引导性和规约性作用。教学过程是学生以学习间接经验为主的特殊认知过程，是以教师为主导、学生为主体的师生双边活动，是师生共同学习教学内容、达成教学目标的过程。在教学过程设计中，会计专业特点、学习者学情、教学内容、教学方法和教学媒体的选择都在教学过程中得以体现、表达和有机组合。站在整个教学设计的角度来看，教学设计的系统性、定向性、生本性、发展性和可行性等原则在教学过程的设计中得以体现。教学过程设计的目的是通过合理安排和组织外部教学事件，以达到科学地影响学生内部学习过程的发生，因此，教学过程的设计对整个会计教学设计是否成功起着至关重要的作用。当前我国教学实践中普遍采用的教学过程主要有三大类。

一、"讲解—接受"模式

"讲解—接受"模式是使用最多、最广为人知的一种教学模式。源于赫尔巴特的"四段教学法（明了—联想—系统—方法）"，经苏联教育家凯洛夫等加以改造传入我国。基本操作程序是：复习旧课→激发学习动机→讲授新课→巩固练习→检查评价→间隔性复习。这种模式以传授系统知识、培养基本技能为目标。着眼点在于充分挖掘人的记忆力、推理能力与间接经验在掌握知识方面的作用，使学生比较快速有效地掌握更多的信息量。该模式强调教师的指导作用，认为知识是教师到学生的一种单向传递的作用，教师处于主体地位，学生的自主性相对较弱。

在该教学模式下，教师要根据学生的认知水平对教学内容进行加工处理，力求使得所传授的知识与学生原有的认识结构相联系。充分发挥教师在教学中的主导作用，教师在传授知识时需要较强的语言表达能力，同时要对学生在掌握知识时常遇到的问题有所经验与觉察。对学生而言，则要求课前预习、课后复习，上课集中注意力认真听讲，跟着教师的教学节奏，积极回应教师提出的问题，认真完成教师布置的课堂作业和课外作业。该教学模式能使学生在短时间内接受大量的信息，能够培养学生的纪律性和抽象思维能力。但其缺点是学生对接收的信息不一定能真正地理解，不利于培养学生的创新思维和解决实际问题的能力。这种教学程序需要教师克服"填鸭式"的讲授和学生机械被动的学习。教师能提供有潜在意义的教学内容，激发学生有意义学习的兴趣，发挥学生学习主动性。

二、"自学—辅导"模式

"自学—辅导"模式是"教师主导、学生主体"教学观的体现，基本程序是：呈现自学内容→学生自学→学生讨论、交流→教师讲解→练习运用→及时评价→系统小结。"自学—辅导"程序是对传统"传递—接受"教学程序的颠覆性改革。该教学程度需要教师紧扣教学要求，弹性设计出导学学案和前移作业，使得学生在导学学案和前移作业的引导之下进行先学，继而提出需要教师解答的问题。教师再根据学生在先学过程中提出的问题和学生在独立完成前移作业中出现的问题，根据动态生成的课堂教学制订适合的教学方案。这种教学程序能够让学生主动参与学习，培养学生的自学能力和小组合作意识，培养学生的表达交流能力等，因而广受师生青睐。

三、"行动—探究"模式

"行动—探究"模式是建立在皮亚杰的认知发展理论、布鲁纳的认知发现学习理论及建构主义学习理论等基础上形成的，重在培养学生通过行动、体验获得理论知识，培养探究和思维能力。基本程序是：提出行动任务→分析行动任务→收集资料→执行行动任务→成果展示→评价结果。该教学模式需要教师建立一个民主宽容的教学环境,充分发挥学生的思维能力,培养学生的问题意识,教师要掌握学生的前认识特点实施一定的教学策略,同时需要提供给学生探究式学习的设备或相关资料。这种教学程序切合职业教育提出的"让学习者在基于工作任务的实践中,掌握符合工作岗位的关键职业能力,做到'做中教''做中学',帮助学生主动建立自己的知识经验体系和习得技能"的课改理念,应受到会计教师的高度重视。书本上的知识是静态的、零散的,只有想办法让书本上的知识"活起来",具有仿真性、趣味性,才能更好地吸引职业院校学生的兴趣,引起学生求知欲。因此,在进行会计教学过程设计时,应该结合实际生活和学生兴趣,模拟真实工作情境,以完整的工作过程为导向,以工作任务的形式将知识点串联起来。

2014 年的《国务院关于加快发展现代职业教育的决定》提出"职业教育服务经济社会发展和人的全面发展,推动专业设置与产业需求对接,课程内容与职业标准对接,教学过程与生产过程对接,毕业证书与职业资格证书对接,职业教育与终身学习对接。重点提高青年就业能力。"2019 年的《职校人才培养方案指导意见》要求指导教师规范教学过程,及时将新技术、新工艺、新规范纳入课程标准和教学内容。这些都对会计职教师资提出新的课堂教学要求。

〔案例 3-28〕"行动—探究"模式范例(见表 3-16)。

表 3-16 教学过程设计

课题	其他业务核算	课时	2 课时
授课教师		授课对象	中职财会专业
教学内容	教材:《会计基础》广东科技出版社。 教学内容:模块 4 任务 6 是核算企业在生产经营过程中,除筹资业务,采购和销售业务以外经常发生的其他经济业务,例如职业借支款、报销差旅费,现金支付业务等。		
教学对象分析	学生逻辑思维能力较弱,但对新生事物充满好奇,动手操作能力较强,通过前面学习,学生已基本熟练掌握借支单、报销单、支票等票据的填写。基于会计职业工作过程的教学做,引领学生发散思维学习,突破学习障碍。		
教学目标	(1)专业能力:知道业务员、出纳、会计、财务主管等在预借差旅费及报销业务中的岗位职责,并能顺利完成预借差旅费及报销业务流程。 (2)学习能力:能处理报销业务可能发生的情况,对学习过程进行自我管理,自我评价。 (3)社会能力:培养严谨的工作态度和敬业精神,学会更好地协同合作,提高创新能力。		
教学重难点	重点:预借差旅费和报销差旅费的业务流程。 "其他应收款"账户结构及用途。 难点:预借差旅费和报销差旅费的业务流程操作。 "其他应收款"账户运用。		

续表

教学方法	任务驱动教学法、情景教学法、角色扮演法、小组讨论法			
教具准备	多媒体课件、借支单、现金、住宿票、火车票、报销单、收据、记账凭证、业务考核表、任务引领书等。			
教学过程	教学内容	教师活动	学生活动	设计意图
创设情景 提出任务	工作情景：1月3日，业务员李华出差，填制借支单预借差旅费2 000元，拟返回单位后3个工作日内办理有关报销手续；1月10日，李华出差回来。1月12日报销差旅费。 工作任务： （1）分析讨论预借差旅费及报销差旅费的业务流程。 （2）分析讨论各种原始凭证及其传递流程，明确经济业务。 （3）完成填制记账凭证任务。	介绍教学情景，即职业工作情景同时提出工作任务。	了解职业工作情景，初步明确布置的工作任务。	激发学生学习兴趣，提高参与任务的积极性。
讲解新知 分配任务	课件展示：差旅费预借及报销业务流程图及注意事项。 分组（组内异质，组间同质）：4位学生一组，分别扮演业务员、出纳、会计、财务主管；教师担任部门主管。 每组一份任务引领书、一套单据资料和一份业务考核表。	讲解预借差旅费和报销的业务流程、业务人员和相关凭证传递，以及在工作过程中需要注意的事项。 分组并明确各岗位的工作职责和要求，并派发资料。	知道差旅费预借和报销业务流程及关键点，并进行思考。 分组分岗，由成绩较好，有一定组织能力的学生担任财务主管。 各组领取任务引领书，单据资料，业务考核表，接受任务。	让学生了解教学的重点和难点。

续表

教学过程	教学内容		教师活动	学生活动	设计意图
讲解新知 分配任务	任务引领书 岗位职责：经济业务：业务员预借差旅费／经济业务：业务员报销差旅费 业务员：填写、传递借支单，预借差旅费／粘贴单据，填写、传递报销单，报销差旅费 会计：审核借支单、填制记账凭证／审核报销单凭证，填制记账凭证 部门主管：核准签名借支单／核准签名报销单 财务主管：核准签名借支单／核准签名报销单 出纳：根据借支单，支付现金／根据报销单，报销差旅费 任务考核表 班（ ）小组 岗位角色（ ） 姓名（ ） 评合内容 优秀(90-100) 良(75-89) 一般(60-74) 差(60以下) 合计 1.单据填写准确度(30%) 2.单据填写整洁度(10%) 3.讨论问题积极性(10%) 4.归纳总结深入性(20%) 5.团队间的组织力(30%) 总 合		讲解预借差旅费和报销的业务流程、业务人员和相关凭证传递，以及在工作过程中需要注意的事项。 分组并明确各岗位的工作职责和要求，并派发资料。	知道差旅费预借和报销业务流程及关键点，并进行思考。 分组分岗，由成绩较好，有一定组织能力的学生担任财务主管。 各组领取任务引领书，单据资料，业务考核表，接受任务。	让学生了解教学的重点和难点。
巡视指导 执行任务	课件展示："其他应收款"账户结构、用途。 课件展示：报销费用小于预借款和报销费用大于预借款的财务处理。		巡视，引导学生按照任务要求进行业务操作；发现学生完成任务过程中存在的共性问题和个性问题，分类指导；观察学生自主学习和协作学习的能力。 讲解任务执行过程中普遍出现的问题和难点。	学生执行任务一：预借差旅费。 ①辨识讨论，制订计划。 辨识凭证，参考任务书，分岗归类凭证。分析任务，讨论任务完成的计划，明确步骤。 ②执行计划，协同合作。 按业务流程计划，学生开始尝试执行任务。角色业务员填写借支单，角色部门主管审核借支单并签名，角色财务主管审核借支单并签名，角色会计填制记账凭证，角色出纳根据凭证支付现金。 ③自评任务，查漏补缺。 角色财务主管带领组员检查工作任务完成情况。 学生执行任务二：报销差旅费。	培养学生自学能力，团队合作能力，提高会计工作技能。

189

续表

教学过程	教学内容	教师活动	学生活动	设计意图
巡视指导执行任务	课件展示:"其他应收款"账户结构、用途。 课件展示:报销费用小于预借款和报销费用大于预借款的财务处理。	巡视,引导学生按照任务要求进行业务操作;发现学生完成任务过程中存在的共性问题和个性问题,分类指导;观察学生自主学习和协作学习的能力。讲解任务执行过程中普遍出现的问题和难点。	有了完成任务一的经验,各组能较快完成任务二。各组讨论制订计划,明确步骤。角色业务员粘单,填写报销单,角色部门主管审核签字,角色财务主管审核签字,角色会计依据原始凭证填制记账凭证,角色出纳支付或收回现金。	培养学生自学能力,团队合作能力,提高会计工作技能。
交流展示归纳总结	课件展示:其他业务核算的重点和难点。	教师总结各组任务完成的各方面情况,并归纳项目任务中运用的重、难点知识。最后根据任务考核表评出优秀小组,并予鼓励。	(抽样陈述)小组展示成果,介绍工作完成流程及成果,并说明工作过程存在的问题和解决方法。	培养学生分析、归纳、总结能力。帮助学生加深理解知识。

〔案例3-29〕2018年全国职业院校技能大赛职业院校教学能力比赛高职组教学设计比赛一等奖《企业偿债能力分析》作品的教学过程设计,如图3-42、图3-43所示。(资料来源:"全国职业院校技能大赛教学能力比赛"官网视频资料,经作者整理形成文字稿)

图3-42 教学过程(1)

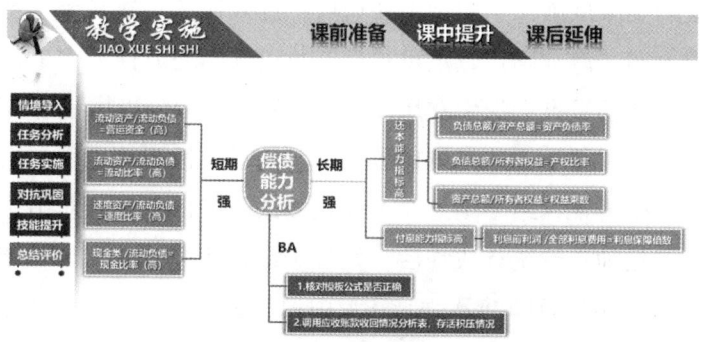

图 3-43 教学过程（2）

教学过程分为课前预习、课中提升和课后延伸三个部分。

1. 课前预习

学生登录优慕课，查阅教师发布的差异化任务书并完成以下工作任务：(1) 小组讨论，预习优慕课中资料，并上传有讲解有例题的自制 PPT 课件。(2) 沿用各小组期初自选企业的 2016 年财务报表，搜集企业近 3 年披露的重大事项并整理上传。(3) 完成课前测试。课前测试结果显示学生对长期偿债能力指标计算及分析的学习效果不好，教师及时调整授课计划。

2. 课中提升

分为 6 个教学环节，用时 90 分钟。首先情境导入，学生登录网络教学综合平台，观看视频并跟帖讨论万达为什么要变卖资产？学生普遍认为万达资金链存在缺口，需要变卖资产，偿还债务提高其偿债能力。那么作为星空集团的财务人员，如何评价企业偿债能力呢？师生共同探讨并明确本节课的学习任务：3.1 计算星空集团长短期偿债能力指标。3.2 分析星空集团偿债能力。

任务分析环节小组代表上台讲解课前自制的 PPT 课件。达标组代表讲解流动比率等短期偿债能力指标公式及内涵。培优组代表讲解资产负债率等长期偿债能力指标公式及内涵。讲解时，小组代表可提问其他同学回答 PPT 中的例题。讲解后，其他同学利用弹幕匿名提问，代表及其组员都可以回答。教师点评，其他同学总结指标计算规律，如短期偿债能力指标分母均为流动负债项目，分子为各比率对应的资产，指标值越高说明企业短期偿债能力越强。长期偿债能力指标则不同，还本能力指标值越低，付息能力指标值越高，长期偿债能力越强。

学生完成闯关测试确保掌握理论知识后，进入任务实施环节。各小组填写任务分配及完成方案。教师确定方案可行后，小组开始完成任务3.1计算偿债能力指标，这是本节课的重点。学生在用友BA中利用指标分析模板计算偿债能力指标值，教师观察学生操作。达标组讲解公式并演示模板调整过程，培优组自主核对模板公式，学生将计算结果填到3.1在线测试中进行自测，对出错的地方再次讨论及时修正。教师查看统计成绩后，发现少部分达标组成员出现产权比率和权益乘数指标计算错误。教师演示强调BA中模板公式的对应关系从而突破重点。学生利用3.1计算的指标值完成任务3.2分析星空集团长短期偿债能力，这是本节课难点。教师指导达标组完成必做任务，启发培优组思考影响偿债能力的指标外因素，鼓励其在完成必做任务的基础上尝试挑战任务。各组将讨论分析的结果形成星空集团偿债能力分析报告并提交到教师端，教师对比点评两组报告并纠正错误。学生完善分析报告后，完成任务3.2在线测试，破解难点。教师讲解演示挑战任务，感兴趣的同学可以在课后尝试。

对抗巩固环节。学生登陆虚拟实习平台打卡上班，选择财务经理岗位，仿真企业工作流程，借助BA完成分析企业长短期偿债能力的任务。分小组对抗，系统自动评分，提高学生参与的积极性。

技能提升环节，为了拓宽学生对不同行业企业偿债能力的了解，教师要求各组分别将同仁堂和南航2016年财务报表导入BA软件中计算指标值。结合各组课前收集的信息讨论分析，既巩固学生对重点问题的掌握，又加深学生对难点问题的理解。小组形成偿债能力分析报告，锻炼学生财务公文写作能力。上台展示，教师点评和纠正，学生投票选出最佳小组，实现组间互评。

总结评价环节，教师利用思维导图帮助学生总结知识与技能点。本次课程的课前课中课后成绩各占一定比例，其中课堂成绩占本门课程总成绩的50%，学习效果较传统教学有所提高。

3. 课后延伸

随机选择同行业三家企业计算偿债能力指标，对比分析本企业的偿债能力，完善企业财务分析报告上传至优慕课。教师在批阅的过程中发现达标组学生分析语言表达更规范，培优组学生分析的更全面，教师根据学生的学习情况确定并公布下次课的分组情况，便于小组讨论预习。

第五节　教学流程图绘制

一、教学流程图概述

流程图是对过程、算法、流程的一种图像表示。用特殊约定的符号或图形将教学过程中的各个教学环节按一定的顺序结构表示出来，形成的可视化图形就是教学流程图。教学流程图是浓缩了的教学过程，它具有层次清楚、简明扼要的特点，它可以直观地显示在课堂活动中各个环节之间的联系，呈现教学过程中的重难点，反映教师教学过程设计的逻辑性和层次性。

教学流程图是课堂教学过程的基本框架，决定了整个课堂的结构与发展走向。从教学内容来看，教学遵循循序渐进的过程，因而教学流程图应该是按照教学内容由易到难、由简到繁的顺序呈现排列。从时间安排来看，教学流程图应该按照课堂从开始到结束的时间顺序进行；教学是教师的教与学生的学构成的双边活动，因而在教学流程图的设计上自然要紧密结合这两个主体，否则教学过程就会显得静态和呆板。学生在教师的教学活动指引下完成一定的学习任务，教师对学生任务的完成情况进行评价，并将评价信息及时反馈给学生并调整自己的教学，这样才能保证每位学生都能在自己的能力范围之内进行学习。此外，在设计课时教学流程图之前，还要考虑到单元教学内容、教材的特点、学习者的特征、教学目标、教学重难点、教学组织、场地仪器媒体等教学要素。

对于刚入职的新手教师，为了保证课堂教学能顺利进行，往往会花费大量时间精心进行教学设计，对每一个教学活动环节、教学内容等都会特别清晰描述，并将整个教学过程熟记于心。但当新手教师按照预设好的内容进行教学时，时常会因为课堂上的一些突发情况变得不知所措。课后才意识到有些设计好的教学环节因为自己的紧张而遗忘了。因此，教学流程图有利于新手教师在脑海中建立教学框架，有助于新手教师把握全盘的教学思路。而对于教学经验丰富的教师而言，在常态课的教学中，过于详细的教学设计也许对他们的教学能力的提升并无多大帮助，但教学流程图能协助他们形成清晰的知识构架，还能在节省大量时间的前提下保证教学井然有序展开，这样他们就能花更多的时间去关注学生的认知发展，并改进和反思自己的教学，从而提高教学的效果。教学流程图可以使教学活动的规划环节和最终的实施紧密结合起来，提高教学设计的效率。

二、教学流程图绘制作工具

目前制作教学流程图的软件比较多，常见的有 Inspiration 和 MindMapper 等。

Inspiration 是美国 Inspiration 公司开发的一种专用概念图软件，现在已经发展到 9.0 版本，新增了演示文稿管理器，可以直接将内容转化为演示幻灯片。基于可视化学习技术的 Inspiration 广泛应用在语言艺术、科学、社会研究以及任何的思维构建过程当中，使用群体小到低年级的学生，大到成人。Inspiration 直观、易用的界面可以非常形象地表达抽象的思维及复杂概念之间的关系。师生可以利用 Inspiration 来组织和管理知识概念、命题和各类教学信息；在学科教学中可以应用 Inspiration 进行概念图的制作、任务的计划和组织、复杂思维的表征以及图表和大纲的制作。

Inspiration 提供两种工作环境：图表形式和大纲形式。图表形式利于显示各要点之间的联系；大纲形式利于组织书写文件的要点。使用者可借助这个软件制作出图文并茂、色彩鲜艳、有动感的各类型、不同层次的思维导图；也可借助这个软件组织文字内容，拟写内容大纲。通过视觉上的刺激，可以让使用者更清楚要点之间的联系，使思维活动更活跃，思路更清晰，较之文字段落更能促进学习及记忆，如图 3-44、图 3-45 所示。

思维导图（mind map）是 20 世纪 60 年代由英国人托尼巴赞（Tony Buzan）创造的一种笔记方法，它和传统的直线记录方法完全不同，以直观形象的图示建立起各个概念之间的联系，是模拟思维网络系统进行的记忆、归纳和创造的工具。经过近半个世纪的发展，思维导图理论日渐成熟，受到越来越多的教育工作者的追捧，它具有让思维可视化、提升注意力与记忆力、启发联想力与创造力和开启大脑无限潜能等优点，被誉为 21 世纪全球性的思维工具。

MindMapper 是一款专业的可视化概念图实现、用于信息管理和处理工作流程的智能工具软件，可以通过智能绘图方法使用该软件的节点和分支系统。MindMapper 属于"思维导图""头脑风暴"类软件，此类软件的作用就是：把你

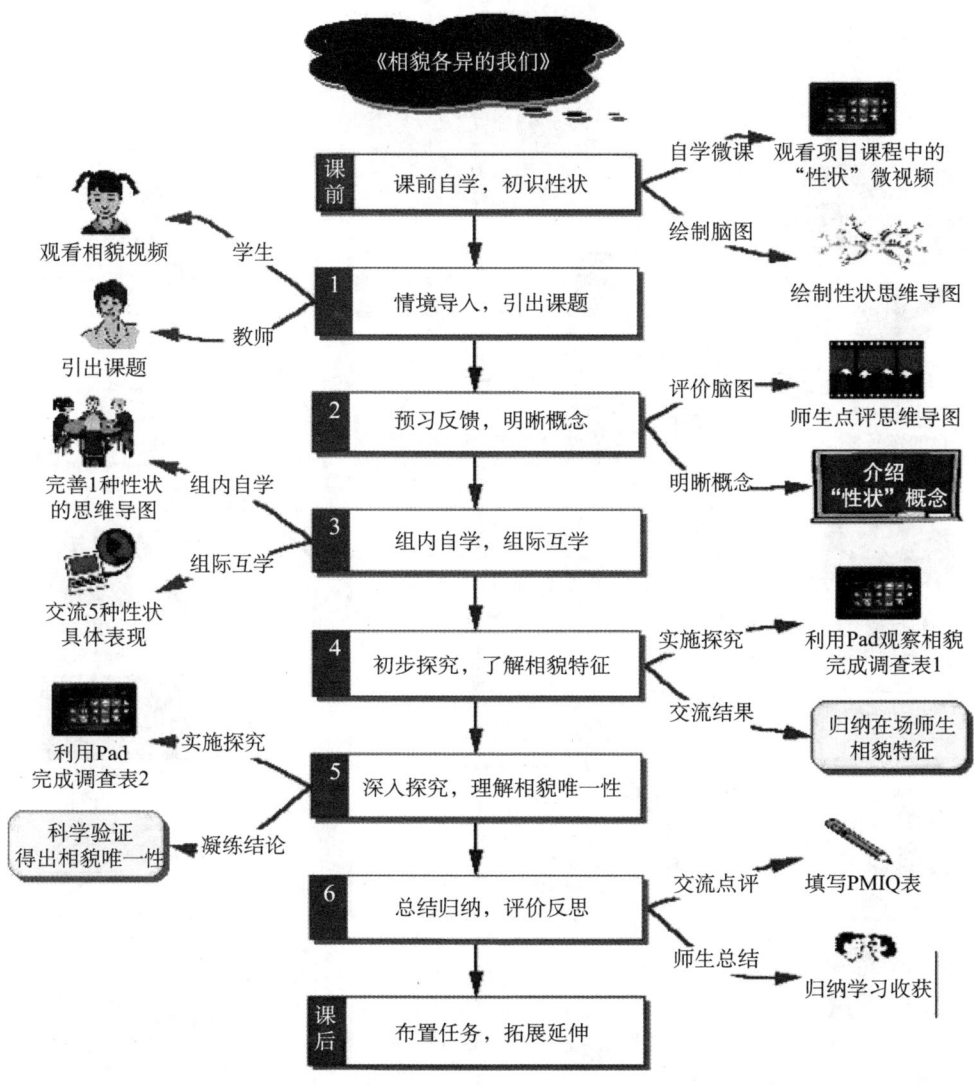

图 3-44 "相貌各异的我们"教学结构流程设计

脑袋里面混乱的、琐碎的想法贯穿起来,帮助你整理思路,最终形成条理清晰、逻辑性强的成熟思维模式。常见的思维导图有八种:(circlemap)圆圈圈、(treemap)树状图、(bubblemap)气泡图、(doublebubblemap)双重气泡图、(flowmap)流程图、(multi-flowmap)多重流程图、(bracemap)括号图和(bridgemap)桥型图(见图 3-46)。

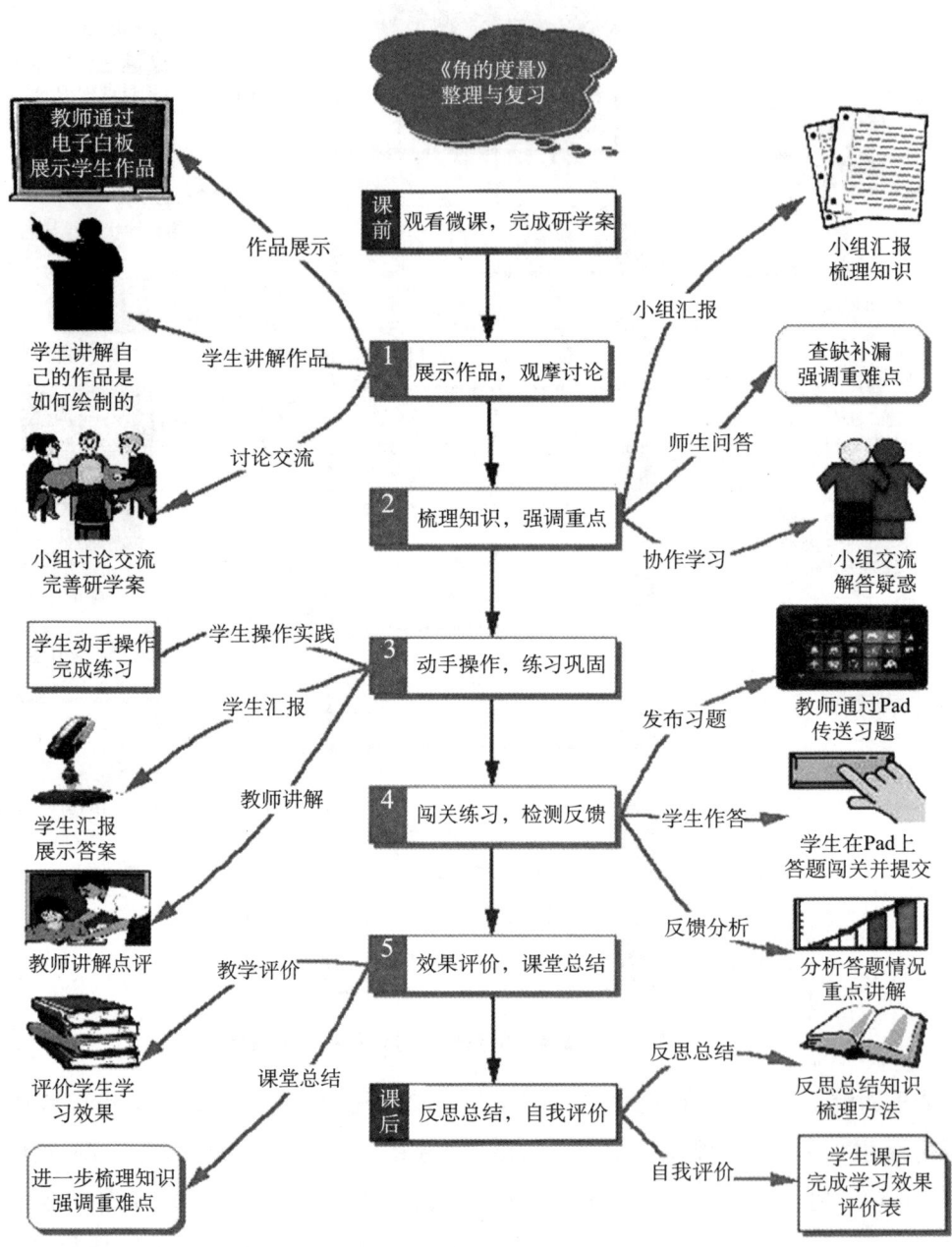

图3-45 "角的度量整理与复习"教学流程设计

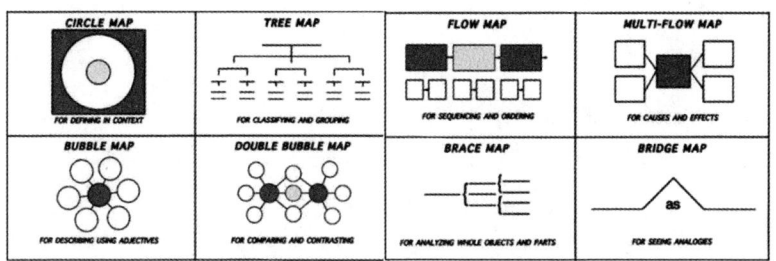

图 3-46 八种思维导图

"错账更正方法"教学流程如图 3-47 所示。

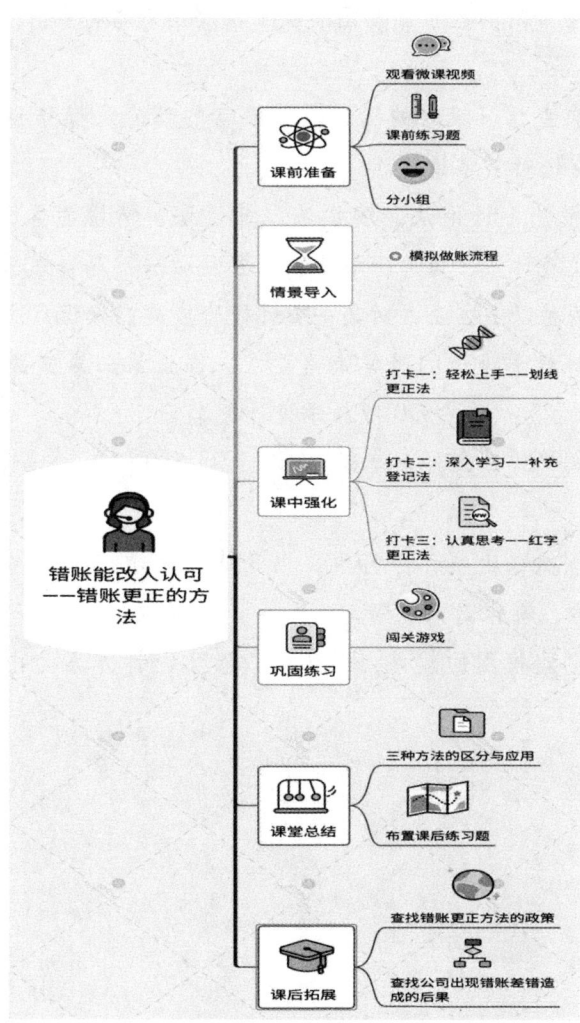

图 3-47 "错账更正方法"教学流程设计

【知识巩固】

（1）什么是教学策略？

（2）简要介绍代表性的教学策略。

（3）简要介绍会计专业常用教学方法的概念及其实施步骤。

（4）简要说明制作多媒体课件应遵循的原则。

（5）简要说明制作微课应遵循的原则和设计步骤。

（6）简要介绍目前流行的移动教学工具及其基本特点。

（7）简要介绍三种教学过程模式。

（8）简要介绍常用的教学流程图绘制工具及其基本特点。

【实践训练】

（1）试根据自主学习策略的三种具体策略的理念及操作步骤，对某一会计概念或技能知识点进行教学设计。

（2）选择讲授法、讨论法、演示法、练习法、情境教学法、对比教学法、案例教学法、游戏教学法、角色扮演法、任务驱动法、混合式教学法、头脑风暴法等其中两种或两种以上方法，对某一会计概念或技能知识点进行教学设计。

（3）根据会计教学设计的教学策略要求，修正第二章实践训练编写会计教学设计方案（2.0版），形成3.0版教学设计方案。

（4）依据全国多媒体课件大赛评分标准，以3.0版教学设计方案为内容，制作多媒体课件。

（5）依据全国微课大赛评分标准，以3.0版教学设计方案的教学重点或难点，编写微课脚本，制作微课视频。

（6）运用教学流程图的软件，以3.0版教学设计方案为内容，绘制教学流程图。

第四章　会计教学设计的教学评价

【本章导读】

教学设计过程是一个问题解决过程，也是一个教学科学研究过程。教学设计者为了找到解决问题的最佳途径，在设计过程中需要对自己设计的教学过程不断进行反思和评价工作。教学分析是否恰当，教学策略是否有效、高效，教学设计过程是否合理等，都需要经过一系列评审、测试与评价过程。

【学习目标】

理解教学评价概念及基本内容，掌握和运用教学设计评价标准。

第一节　教学设计评价概述

一、教学设计评价的含义

教学设计的评价是指对教学设计进行的价值判断和事实判断的统一，它是以对评价的反馈为途径，通过对教学设计方案的诊断性评价、对教学过程的形成性评价以及对教学效果的总结性评价来检验、修正教学设计，并使该教学设计不断完善，从而引导教学设计沿着预定目标发展的一种行为。

教学设计评价主要包括两个方面的工作：一是对教学设计方案的教学成效做出确切的诊断；二是对教学设计的成败原因进行分析，并对今后教学工作的改进做出明确的规定。它通过对教学设计方案的评定、教学过程的观察、教学效果的测评，考查教学设计方案在知识与技能、过程与方法及情感态度与价值观的设计和落实情况，以达到对教学设计方案做出确切的诊断与修正的目的。

另外，还需明确"教学设计评价""教学评价""教学设计成果评价"三个不同概念。教学评价是指以教学目标为依据，制定科学的标准，运用有关技术手段，对教学活动过程及学生的学习结果进行测量、衡量，并给予价值判断。它是通过对教学活动的评价，客观地把握学生发生了哪些变化，以便取得最佳的教学效果，它的对象主要是学生。而教学设计成果，可以指一种新的教学设计方案，可以是一套新的教学材料，例如教科书、教学录像带、计算机课件等，也可以是一个较大的系统，例如网络课程等。这些设计成果一般在推广使用之前，要在一个小范围内试用，测定它的可行性、适用性和有效性等，即进行教学设计成果的评价。

二、教学设计评价的内容

实践表明，教学设计评价是一个系统的过程。一般而言，教学设计评价的内容包括对教学设计方案的诊断性评价和调整、对课堂教学过程的形成性评价、对教学设计效果的总结性评价。

对教学设计方案的诊断性评价主要涉及对学习需要、教学内容及学生学情的分析是否准确，对教学目标的确定是否具体明确，对教学策略、教学方法的设计是否合理，对教学媒体的选择和设计是否有效，对教学评价的设计是否客观科学等。对课堂教学的形成性评价主要包括教学设计方案在课堂教学中的效果、学生参与教学活动的程度、与同伴合作交流的意识和情感、教学是否激发了学生学习的自信心，以及学科的思维品质等。对教学设计效果的总结性评价主要评价教学设计的实施效果，包括对学生学习的基础知识、基本技能的评价，学习方法、能力的掌握情况和情感、态度、价值观的评价。

在教学实践中，对大多数教学设计的评价都是从对教学设计方案的分析、教学过程的观察、教学效果的测评等基本维度来进行的。首先看教学设计方案，高质量的教学设计方案应符合内容具体、表述清楚、定位准确、便于操作等条件；其次看教学过程，如教学内容、教学方法、教学媒体、教学过程、教学资源的利用、教学风格等；最后看教学效果，主要看教学设计方案的达成情况，学生在知识、技能、能力、品德等方面有无实际进步。总之，从方案、过程、效果三个相互关联的方面评价教学设计，能够比较全面地把握教学设计的整体状况，也比较简单明确，具有通用性，因而可以把"方案—过程—效果"三维评价标准作为教学设计评价的一般指标体系。

三、教学设计评价的标准

教学设计方案应该符合一定的客观标准，从系统的角度出发，一般从教学目标、教学内容、教学方法、教学媒体、教学评价等方面进行要求。

教学目标要正确反映新课程的要求。教学设计的内容、方法、媒体和评价应该与教学目标相一致，并且符合学生的发展水平。在设计教学目标时应该协调处理好各方面的关系，三维教学目标设计要和谐统一，并充分贯彻系统性、具体性、科学性、层次性、有效性、时代性等原则。

教学方法的设计要符合教学内容的特点和学生的能力水平，符合学生认识活动的规律和身心发展阶段。教学媒体的设计要有效，要根据教学目标、教学内容、教学方法的需要及学生的特点选择不同的教学媒体。媒体的设计要有助于突出教材的重点难点，有利于提供典型现象或过程，有利于创设教学情境，有利于促使学生进行探究和发现。媒体的设计还要贯彻"低成本、高效能"的媒体选择原则，合理考虑多种指标因素，确定媒体选择的种类与数量，以最大限度地降低教育成本，使学生花最少的时间，用最简洁的方式，获得更多的信息。

教学内容的设计要充分分析学生原有的知识技能基础，为学生提供充分的能力发展空间。教学内容的设计要针对学生原有认知图式中的观念、思维定式、生活经验等与新知识之间的联系与矛盾，创设有效的问题情境，注意提供准确、适量的正例反例，引导学生正确识别学习模式，同时还要提供适量的练习以指导学生巩固新知识和进行学习的反馈。

教学评价的设计要注重科学性、客观性原则。应侧重检查学生的理解程度和分析能力，注重学生的全面和谐发展。要注重评价方法的创新，考试可以是闭卷，也可以是开卷，可以是笔试也可以是口试。

第二节　教学设计评价标准

教学设计评价的目的，一是为教学设计的方案可否投入使用做出决策；二是发现教学设计的问题，并通过解决问题形成更为先进的教学设计思想、更科学的教学设计理论、更有效的教学设计原则和更完善的教学设计模式。以下介绍四要素和多要素教学设计评价标准,教师资格考试面试大纲中评价教学设计的三维标准,以及全国职业院校技能大赛教学能力比赛中对教学设计的评价要求。

一、四要素教学设计评价标准

四要素教学设计评价标准的四个一级评价指标包括教学目标、教学内容、教学过程、教学素质。其二级评价指标和具体评价期望标准如表4-1所示。

表4-1　　　　　　　　　　四要素教学设计评价标准

评价指标		评价期望标准	得分
一级指标	二级指标		
教学目标 (20分)	目标确定 (10分)	(1) 知识、技能、素质三维目标符合课程标准要求,全面、明确、具体、可操作性强。 (2) 符合教材意图、关注学生的心理需求,教学要求恰当。 (3) 寓教于德,体现对学生思维能力、解决问题能力的培养。	
	目标表述 (10分)	(1) 目标层次合理、分类准确、描述语句具有可评价性。 (2) 密切结合课程或学科特点,注意情感目标的建立。 (3) 目标表述包括对象、行为、条件。	
教学内容 (20分)	解读 (5分)	(1) 能理清知识线索,把握教学重点、难点和关键点。 (2) 明确教材的整体结构与新旧知识联系。	
	重构 (5分)	(1) 设计适合学生学习的知识结构、创造性地开发、利用课程资源。 (2) 根据学生和教材的特点,既有预设资源,又有生成性资源的预设。	
	呈现 (10分)	(1) 目标层次合理、分类准确、描述语句具有可评价性。 (2) 有助于动态生成性课程资源的产生。 (3) 有利于学生自主、合作、探究学习。有利于学生发现知识、形成能力,积淀智慧。	
教学过程 (50分)	教学策略 (10分)	(1) 教师的主导作用和学生主体性发挥好。 (2) 以学定教,恰当选用方法,注重优化组合。 (3) 面向全体、因材施教、讲练结合、演示实验操作规范、重视学法指导。 (4) 课堂教学管理适时、恰当有度。	
	教学流程 (10分)	(1) 根据学生特征、专业或课程或学科特点、教学内容来选择教学模式。 (2) 教学流程设计科学、合理、完整,有放有收。各教学环节的教学行业描述理性、具体。 (3) 知识线索能链接教学环节,符合学习规律,层次分明,过渡自然。	
	学生活动 (10分)	(1) 充分关注学情,每个环节中学生学习任务和学习活动明确、具体。 (2) 对学生阅读、操作实验、观察思考、表述交流等学习活动有恰当适时的指导和引领,能帮助学生认知建构,激励创新。 (3) 学生的学习活动有条件、时间和空间的保证。	

续表

评价指标		评价期望标准	得分
一级指标	二级指标		
教学过程 (50 分)	情景设计 (5 分)	(1) 设计的情境能激发学生学习兴趣。 (2) 能将知识与方法蕴含于情境之中，启迪学生学习思考、建构知识和提高能力。	
	训练设计 (5 分)	(1) 练习要有助于学生掌握教材的基础知识，促进学生思维、综合素质全面的发展。 (2) 练习要有层次性，包括基础练习、综合练习、拓展性练习。	
	媒体设计 (5 分)	(1) 针对教学现状和学习目标，选择合适的教学媒体。 (2) 多种教学媒体的使用要适时、适量、适度，方式恰当，体现辅助性。 (3) 媒体表现形式应科学、合理，能支持学生的探究活动和知识建构，陶冶学生情操。	
	教学评价 (5 分)	实施激励性、发展性评价，师生的评价活动针对性强，效果好，评价成为学生情感、知识、能力的增长点。	
教学素质 (10 分)	教学语言 (4 分)	口头语言优美流畅、规范完整、生动幽默、有激情和启发性。	
	教学板书 (3 分)	板书规范认真、主次分明、重点突出。	
	课堂管理 (3 分)	(1) 课堂管理严格，责任心强，纪律良好。 (2) 能有效调节课堂气氛，组织调控学生规范、有序地学习。	

二、多要素教学设计评价标准

多要素教学设计评价标准的一级评价指标包括教学内容分析、准确把握标准、教学目标分析、知识点学习目标描述、学习者特征分析、教学重点和难点、教学媒体选择、板书设计、教学策略选择、教学过程设计、教学流程图等，其具体评价期望标准如表 4 - 2 所示。

表 4 - 2　　　　　　　　多要素教学设计评价标准

评价指标	评价指标与分值	权重
教学内容分析	(1) 正确理解和把握课程内容。 (2) 重点、难点分析准确。 (3) 准确分析教学内容在整个课程标准或教材中的地位。 (4) 准确定位分析本节内容与前后章节的联系。 (5) 根据教学目标创造性地使用和开发课程资源。	5

续表

评价指标	评价指标与分值	权重
准确把握标准	（1）准确、完整地找到课程标准的相关规定。 （2）能够准确地确定现代教育技术标准。	8
教学目标分析	（1）有过程、有方法。 （2）学生确实能够通过过程获得所列方法。 （3）有明确的情感态度指向，有明确的价值判断。 （4）情感态度的指向、价值判断与本节学习内容直接相关。 （5）知识与能力目标与学生的前知识结构相关联并可测量。 （6）语句描述上包括对象、行为、条件要素。 （7）目标总体反映和完成课程标准的要求。	10
知识点学习目标描述	（1）编号清楚。 （2）描述明确简洁到位。 （3）具体描述语句指向清晰、结构完整。 （4）能完整体现学习目标。	4
学习特征分析	（1）有对学习者共性特征进行的描述（一般特征）。 （2）描述明确简洁到位。 （3）描述内容与本节学习内容直接相关。	6
教学重点和难点	（1）重点是知识和技能体系中重要的内容。 （2）难点是学生难以理解的内容。 （3）解决重点、难点的措施具体、明确、可操作并且行之有效。	8
教学环境选择和学生课前准备	（1）环境选择描述准确。 （2）学生课前准备充分可行。 （3）学生课前准备与课堂教学内容直接相关并得到检测或落实。	4
教学媒体（资源选择）	（1）知识点编号与学习目标描述与"知识点学习目标"相一致。 （2）学习目标描述简洁清晰。 （3）媒体类型与内容要点相一致。 （4）媒体在教学中的作用具体准确。 （5）媒体使用方式恰当。 （6）通过该媒体的使用确实能够得出相应的结论。 （7）结论与本节学习目标正相关。 （8）时间设置可行、合理。	12
板书设计	（1）思路清晰、简练、实用。 （2）结构完整，并有课题。 （3）突出重点，化解难点。 （4）有辅助板书并整体设计精美。	2
教学策略选择	（1）策略选择恰当，符合学生实际。 （2）与"过程和方法"相一致、相结合。 （3）对策略的说明具体明确。	4

续表

评价指标	评价指标与分值	权重
教学过程设计	（1）教学环节名称新颖别致，清楚地指向性质不同的教学过程。 （2）学生确实能够通过过程获得所列方法。 （3）学生主体地位突出，体现"自主、合作、探究"的学习方式，能激发学生的学习热情和学习潜能。 （4）能围绕教学目标展开教学，能充分实现本节教学的整体目标，师生的活动指向清晰、结合紧密，与教学目标直接相关或密切相关。 （5）充分关注学情，在每一环节中学生有明确、具体的符合自身实际的学习任务。 （6）设计意图明确，依据合理充分。	18
教学流程图	（1）图例使用准确。 （2）能够充分完整体现教学环节。 （3）整体思路清楚。	9
个性化教学设计	（1）按照学生水平、学习内容的难度分层布置任务，为学有余力的学生做出调整，为需要帮助的学生做出调整。 （2）有具体的指导措施或学情关注。	4
形成性检测	（1）每个知识点用一个或一个以上的检测题与之对应；每个知识点上每个层次的学习目标用一个或一个以上的检测题与之对应。 （2）题量少但能满足检测的需要。 （3）重点和难点在检测中有所体现。	6

三、教资面试考试及教学能力大赛的教学设计评价标准

《广东省中等职业学校专业课教师和实习指导教师资格考试面试大纲》（以下简称《面试大纲》）（见附录2）明确提到面试内容其中包括教学设计并进行课堂教学实施。教学设计占面试总分的30%的比例。大纲明确了评价教学设计标准包括三维度内容。从行业角度判断，教学设计是否能体现所任专业对应行业的产业发展和技术发展的现状和趋势，了解教学课程在专业人才培养中的地位、作用。从专业学科性判断，教学设计是否能根据所任专业的基础知识和专业特点，准确把握教学目标、教学内容、教学重点和难点。从学生发展需要判断，教学设计是否能体现学习的主体性，教学方法和手段符合中等职业学校学生特点、内容要求和场景要求。

教育部从2010年开始每年举行全国职业院校技能大赛教学能力比赛（原"全国职业院校信息化教学大赛"），比赛设定三类赛项，包括教学设计赛项、课

堂教学赛项和实训教学赛项。其中教学设计赛项重点考察教师针对某一个教学任务或单元，完成教学设计的能力。参赛教师应落实专业教学标准、对接职业标准（规范），基于准确的学情分析和人才培养需要选择教学内容，科学确定教学目标，系统优化教学过程，合理运用技术、方法和资源等组织、实施教学，完成教学任务，进行教学考核与评价，做出教学反思与整改，具体内容如表4-3所示。

表4-3　　　　全国职业院校技能大赛教学能力比赛评分指标
——专业（技能）课程组

评价指标	分值	评价要素
目标与学情	20	（1）适应新时代对技术技能人才培养的新要求，符合教育部发布的专业教学标准、实训教学条件建设标准（仪器设备装备规范）、顶岗实习标准等有关要求，涉及1+X证书制度试点的专业，还应对接有关职业技能等级标准。紧扣学校专业人才培养方案和课程标准，强调培育学生的学习能力、信息素养以及专业精神、职业精神和工匠精神。 （2）教学目标表述明确、相互关联，重点突出、可评可测。 （3）客观分析学生的知识和技能基础、认知和实践能力、学习特点等，翔实反映学生整体与个体情况数据，准确预判教学难点及其掌握可能。
内容与策略	20	（1）能够有机融入思想政治教育元素，落实课程思政要求，及时反映相关领域产业升级的新技术、新工艺、新规范，重视加强劳动教育，弘扬劳动精神、劳模精神。针对基于职业工作过程建模块化课程的需求，优化教学内容。 （2）教学内容有效支撑教学目标的实现，选择科学严谨、容量适度，安排合理、衔接有序、结构清晰。实训教学内容源于真实工作任务、项目或工作流程、过程等。 （3）教材选用符合规定，补充引用生产实际案例，配套提供丰富、优质的学习资源，教案完整、规范、简明、真实。 （4）根据项目式、案例式等教学需要，教学过程系统优化，流程环节构思得当，技术应用预想合理，方法手段设计恰当，评价考核考虑周全。
实施与成效	30	（1）体现先进教育思想和教学理念，遵循学生认知规律，符合课堂教学实际，落实德技并修、工学结合。 （2）按照教学设计实施教学，关注技术技能教学重点、难点的解决，能够针对学习和实践反馈及时调整教学，突出学生中心，强调知行合一，实行因材施教。针对不同生源特点，体现灵活的教学组织形式。 （3）教学环境满足需求，教学活动安全有序，教学互动广泛深入，教学气氛生动活泼。 （4）关注教与学全过程的信息采集，针对目标要求开展教学与实践的考核与评价。 （5）合理运用云计算、大数据、物联网、虚拟/增强现实、人工智能等信息技术以及数字资源、信息化教学设施设备改造传统教学与实践方式、提高管理成效。

续表

评价指标	分值	评价要素
教学素养	15	（1）充分展现新时代职业院校教师良好的师德师风、教学技能、实践能力和信息素养，发挥教学团队协作优势。 （2）课堂教学态度认真、严谨规范、表述清晰、亲和力强。 （3）实训教学讲解和操作配合恰当，规范娴熟，示范有效，符合职业岗位要求，展现良好"双师"素养。 （4）教学实施报告客观记载、真实反映、深刻反思理论、实践教与学的成效与不足，提出教学设计与课堂实施的改进设想。 （5）决赛现场展示与答辩聚焦主题、科学准确、思路清晰、逻辑严谨、研究深入、手段得当、简洁明了、表达流畅。
特色创新	15	（1）能够引导学生树立正确的理想信念、学会正确的思维方法、培育正确的劳动观念。 （2）能够创新教学与实训模式，给学生深刻的学习与实践体验。 （3）能够与时俱进地更新专业知识、积累实践技能、提高信息技术应用能力和教研科研能力。 （4）具有较大的借鉴和推广价值。

【知识巩固】

（1）什么是教学设计评价？

（2）教学设计评价的诊断性评价、形成性评价和总结性评价三者的联系是什么？

【实践训练】

（1）依据《广东省中等职业学校专业课教师和实习指导教师资格考试面试大纲》和《全国职业院校技能大赛教学能力比赛评分指标》，结合会计专业和职业教育特点，总结会计教学设计评价的评价标准。

（2）依据会计教学设计评价的评价标准，选择一份会计教学设计方案进行评价并提出建议方案。

（3）依据《广东省中等职业学校专业课教师和实习指导教师资格考试面试大纲》和《全国职业院校技能大赛教学能力比赛评分指标》等，修正第三章实践训练编写会计教学设计方案，形成4.0版教学设计方案。

第五章 会计说课

【本章导读】

说课技能是教师必须掌握的一项教师基本技能，是教师技能培养的重要内容。说课技能不仅在教师模拟课堂、参加比赛、基本功训练等职前教育中处于重要地位，在教师职后的教研、评比等继续学习中也发挥着重要作用。

"说课"，就是授课教师在备课之后，向听课同行、专家介绍自己关于这节课的教学设想（意图）、理论依据、教学方法和学生学法，而后听者进行评议，交流切磋的一种教学研究方式。说课要求教师在十几分钟将一节课的教学设计、教学过程及教学内容用简单明了并且准确无误的语言表达出来，呈现给听众。它确实是一种考查教师基本功的有效方式，具有鲜明的艺术性，很强的操作性和实用价值。

【学习目标】

理解说课的概念、基本要素、基本内容，掌握和熟练运用说课的方法和策略。

第一节 说课的概念特征

一、说课的概念

说课是我国"特有"的一种教育教学培训模式和教研活动。所谓说课，是指教师在钻研教材、课程标准和充分备课的基础上，在没有学生参与的情况下，面向同行、领导或专家等，以口头语言形式系统阐述某课题的教学设计及其理论依据的行为。

广义的说课还包括评议和研讨交流,是从备"说"到述"说"再到评"说"的全过程。作为一种教学、教研改革的手段,最早是由河南省新乡市红旗区教研室于 1987 年提出来的。实践证明,说课活动能有效地调动教师投身于教育教学改革、学习教育理论、研究课堂教学的积极性,是提高教师素质,培养造就研究型、学者型、创新型教师的最好途径之一。

说课的总体思路是"教什么—怎样教—为什么这样教"。"教什么"应说清以下项目:教学主要内容、教学目标、教学重难点、前后教学内容的逻辑联系等;"怎样教"应说清根据教材特点和学生认识特点采取的教学方法、选择的教学媒体,还要说清课堂教学的思路步骤、结构环节、板书设计、作业训练,如何突出教学重点和突破教学难点等项目;"为什么这样教"是说明"教什么"和"怎样教"的理论依据,包括课程标准依据、教材依据、学情依据以及学科教学论、语言学、教育学和心理学依据等。

〔案例 5 - 1〕"歌曲 DO LE MI 和简单的五线谱知识"说课稿及研讨交流。

《歌曲 DO LE MI 和简单的五线谱知识》说课稿

尊敬的评委老师

各位领导,亲爱的同学们,大家晚上好!我是来自音乐系的 8 号参赛选手刘锦。

今天我要说课的课题是《歌曲 DO LE MI 和简单的五线谱知识》,这是人民音乐教育出版社小学音乐课本三年级的知识内容。从音乐形式和知识深浅来讲,整堂课是属于音乐初级水平。

首先在本堂课当中有两个最基本的方面需要学生掌握,(1) 歌曲的学唱;(2) 形象记忆简单的音阶音层的关系。通过这两个基本要求,再通过形象生动的教学,我想达到的教学目标是:(1) 学生能够较自然地并且能够有表情地去演唱歌曲 DO LE MI,并且乐于参加音乐活动和即兴创造活动当中。(2) 学生能够基本把握各种音阶音层的关系及音名。通过形象的记忆提高学生的基础音乐修养。将音乐与生活相联系,使我的课堂当中,学生在玩中学,学中玩。

我所面对的学生是小学三年级的同学,相对于小学二年级的同学,他们的生活范围和认知领域有了进一步的扩展,他们的体验感受和创新能力有了进一步的增强,但是,仍旧未脱离儿童的特点。他们好奇、好动,以形象思维为主,联系和模仿能力较强,因此,我打算采用兴趣引入、教授、欣赏、讨论、谈话等多种教学方式同时相结合，将我的课堂顺序设计为以下四个步骤。

环节一，将新旧知识相联系，吸引学生的好奇心，提高学生学习兴趣。因为我所讲的这节课，无论是从歌词的内容还是基本知识来说，都涉及 DO RE MI FA SO LA SI DO，七个音名，发挥联想，这就与七个小矮人和白雪公主的童话故事内容有许多的相似之处。如果将这两个知识点相结合，对于小朋友来说，教学效果是相当好的，我会有两个提问作为课题导入。(1) 同学们，你们有没有听说过白雪公主和七个小矮人的故事啊？(2) 那故事里面都有哪些主要人物啊？有没有同学可以举手告诉老师。当同学们回答出七个小矮人的时候，我会马上抓住联想，告诉他们在咱们音乐当中也有七个小矮人（七个音符），提高学生想要去认识这七个音符的兴趣。

环节二，考虑到音阶知识的枯燥乏味和小学生天真活泼好动、注意力集中时间短的特点，在课题导入之后，我会直接讲授这一知识内容，我会做一个很大的高音五线谱表和七个音符的道具。由森林里的小矮人是住在小木屋里作为过度，告诉学生七个音符的家在音谱表上大概位置？他们谁高，谁矮，以及他们的名字叫作什么？让学生亲自拿着音符，在我的带领之下去思考和寻找相应的位置并放好。在寻找的过程当中，我会通过音响设备将歌曲 DO RE MI 播放两遍，位置放好完毕后，无论位置是对是错，是好还是坏，我都对学生的行为进行肯定和简单的点评。这一环节是我的教学难点，但并不是我的教学重点，因而所占用的教学时间并不长。

结束完毕第二环节，开始教学第三环节，在这一环节当中，我的主要目的是学生能够基本会唱歌曲 DO RE MI。由于先前已经有过两遍的接触，在这一环节当中我会直接形象地告诉学生，这首歌是七个小矮人的队歌，让我们一起去学习好不好？接着，再借用钢琴、音响等教具，让学生在反复多次的音乐声当中，对歌曲 DO RE MI 由陌生到熟悉，从而主动地发挥变为自己的东西。

结束完毕第二、第三环节，我会继续牵引着他们的童话思绪进入第四环节。在这一环节当中，首先让同学们去看一组有关于白雪公主和七个小矮人的图片，启发并诱导学生去想象白雪公主和七个小矮人一起跳舞的情景，将学生的创造能力发挥到本堂课的最高点，根据歌词编排一些简单的舞蹈动作，比如说 DO 是鹿，是小母鹿，RE 是金色的阳光。在这一环节，可分为七组，分任务完成，在经过 3~5 分钟的思考时间之后分组表演，最终抽出七名具有代表性的同学上台伴着音乐共同演出，台下的同学可以一边击掌打拍子，一边和着音乐演唱，这样在音乐声当中，将童话故事贯穿于四个教学环节之中，四个教学环节实施完毕之后，我的本堂音乐课就轻松地完成了，我的说课到此完毕，谢谢！

《歌曲 DO LE MI 和简单的五线谱知识》说课评议交流

评委：你是个音乐教师，学生喜欢经典歌曲还是喜欢通俗歌曲？

选手：我觉得在这方面，小学的同学自己的思想能力没有达到中学和高中同学的独立思考，我认为如果是初中和高中的同学，他们肯定第一反应都是喜欢流行音乐。

评委：那么你在教学的过程当中，如果本堂是教授经典音乐的课，你怎么样来教？也就是说学生不太喜欢经典音乐的条件下，你怎么样去教好这堂课？

选手：谢谢老师，这是在咱们音乐课当中非常重要的一个突出问题，因为特别是初中和高中的同学，他们都很喜欢听流行音乐，而不喜欢中国传统经典的音乐。而我们的音乐教材当中往往都是这样的经典音乐。我认为当我要让学生去接受我的音乐时，我必须首先得去接受他们的东西。打个比方说，高一的音乐教材里面有一课，江河水，大家众所周知，江河水是一首二胡独奏曲，是我国经典的名曲，但是学生听着这首歌他就觉得思想很哀伤，不想去听这样的歌曲。那我就会设计，周杰伦有一首非常著名的流行歌曲"东风破"，在这首歌曲当中有很长一段时间是他没有唱，而是用二胡独奏出来的音乐。如果说，我将这首流行音乐与二胡独奏曲江河水相融合相接洽，让同学们在比较当中学习的话，我认为教学效果是非常好的，谢谢！

二、说课的要素

说课活动的主要构成要素有说课者、听说者、语言表达和说课稿等。它们是相互联系、相互作用、有机统一的整体。

（一）说课者

说课者是说课活动的主体。说课的主体是指教师或者准教师，他们是说课活动的策划者、扮演者，是说课过程的实施者。说课是教师自我展示、不断完善、磨炼教学基本的重要过程，是教师上好课的前提和基础，是全面提高教师整体素质的一种很好形式。

（二）听说者

听说者是说课活动的客体。说课的客体是指同行、领导或者教学研究人员，他们是说课活动的学习者、指导者和研究者，是说课过程的评价者。通过说课，说课者得到听说者最客观、最现实、最公正的评判，从中能吸取先进理念，科学方法，有效措施，从而达到优化课堂的教学目的。同时，说课对听说教师也是一种有效的素质培训，听说者不仅要认真听说，边听边思考，而且要对说课教师的说理做出客观正确的评价，这个过程既是检查听说者已有教学水平的过程，又是促进听说者综合运用教学理论的过程，有利于听说者教学综合素质的提升。

（三）语言表达

语言表达是说课活动的媒介。语言表达就是把自己想要表达的意思，通过语言组织，流畅地表达出来，让别人明白理解自己的想法和意思，最好能引起别人的赞同和共鸣。怎样才能在陌生人面前畅谈无阻呢？首先要进行细致的语言组织；其次通过一定的表达技巧，循序渐进地陈述自己的观点和思路。语言表达能力直接影响着说课的质量与效果。师范生提高语言表达能力主要途径包括：经常参加各类各层次的师范生技能比赛和辩论比赛等活动，主动参加社会实践锻炼以及多参加培训，接受专家学者针对性的指导。

（四）说课稿

说课稿是说课活动的核心。"说课稿"是为进行说课准备的文稿，它不同于教学设计，教学设计只是说"教什么"和"怎样教"。说课稿则需要重点说清楚"怎样教"和"为什么要这样教"。教师在了解课程标准、吃透教材、简析内容以及确定教学目的，教学重点和难点的基础上，遵循整体构思、融为一体和综合论述的原则，分块写清，分布阐述说课内容，以进一步提高说课效果。

三、说课的特征

说课不同于上课，也不等同于备课，它是介于备课和上课之间的一种集体教学研究活动。其基本特征有以下八个。

（一）科学性

说课要求教师以科学理论为指导，用科学的方法解决教学活动中的矛盾与问题，要遵循教学规律，积极学习教学理论，更新教学观念，避免教学中出现随意性和盲目性。说课中一个又一个的"为什么"、一个又一个的教学意图，能使教学过程的设计更符合教学原则，教学活动安排更为合理和科学。

（二）独立性

说课作为一种客观存在的教学组织形式中相对独立的步骤与形式，具有不可替代性。说课兼备课、上课之长，致力于教学研究，是备课、上课所不能替代的。说课有自己的目标任务、过程结构和评价体系。因此，独立性是说课之所以有生命力的最基本的特征。

（三）整体性

说课是教学中的一个子系统，它是由口头表达、教育理论、教材剖析、教学设计、教师素质等原因组成的相互制约、相互作用的一个有机整体。说课活动是说课者综合教学素养的展示和表演，它受多种因素制约，任何一个说课环节的起伏变化都会影响说课活动质量和水平。因此，说课活动是系统工程，是整个教学研究活动中的一个子系统。

（四）层次性

说课活动的听众不全是接受教育的学生，而往往是具有一定教研能力的领导和专家。说课者为了使自己的说课达到较高水平，就必须要学习先进的教育理论，提升说课的理论层次。听说者要进行评说，更需要熟悉教材、了解学生、理解课堂并读懂教育学、心理学、学科教学论、现代信息技术等方面的知识，这样说课者与听说者都能在较高层次上得到切磋与交流。因此，说课是一种高层次的教研活动形式，可以使许多参与者的教学能力得到锻炼与提高。

（五）多样性

由于说课的学科、目的、任务和要求、教材内容以及教师素质差异，说课活动需要从实际出发，因地制宜，形成各具特色的不同模式。各地区、各学校的说课呈现多种层次、多种类别、多种要求，具有多样性，从而指导各地区、各学校说课活动的研究工作。

（六）灵活性

说课形式灵活，简单易行，不受时间、地点、人员、教学进度和教材的限制。大到国家、省、市范围内的说课竞赛，小到学校教研组的说课教研，无论何时何地都可以进行交流。可见，说课具有较好的参与合作特点，能很好地解决教学与教研、理论与实践相脱节的矛盾。另外，和教学设计相比，说课稿可长可短，讨论范围可大可小，设计教学内容可多可少，具有较大的灵活性。

（七）预见性

说课不仅要求教师说课"怎样教"，而且要说出学生"怎样学"。教师要对所教学生的知识技能、智力水平、学习态度、心理特点等方面的差异进行分析，预测学生在学习过程中遇到的困难，根据不同情况采取措施加以解决。说课者还要说出自己设计的问题，估计学生如何回答，教师应怎样处理。因此，说课要对教学过程中可能发生的问题进行一些预测，从而在课堂教学中因势利导，随机应变。

（八）创新性

说课是一种新颖的教学研究活动，是课堂教学构思的显性化，是课前理性思维的碰撞。说课者要充分发挥自身的特长和教学风格；评课者则要善于发现说课者的创新之处，用自己的成功经验对说课者予以认同。说课者通过同行、专家的点评与交流，扬长避短，不断增强理性认识，从而提高教学设计能力。

四、说课的意义

从说课的内涵上看，说课是一种能够集中的、简约地表达说课者的教学认识、教学思路和教学设计的一种形式，又是融备课、上课、评课于一体的有机的结合。说课不仅是教学理论上的一大贡献，而且在一定意义上它也找到了教学理论和教学实践的有机结合点，找到了课堂教学中几个关键要素的有机结合点。因此，说课也具有独特的意义。

（一）说课有利于提高教师备课的质量

从总体上讲，教师的备课都是很认真的，但教师都只是简单地备怎样教，很少有教师会去思考为什么要这样备，备课缺乏理论依据，导致备课质量不高。通过说课活动，可以引导教师去思考，思考为什么要这样教学，这就能从根本上提高教师备课的质量，提高课堂教学效果。

（二）说课有利于提高课堂教学的效率

教师通过说课，可以进一步明确课堂教学的重点、难点、关键点，理清教学过程思路，这样就可以克服教学中重点不突出，训练不到位等问题，达到提高课堂教学的效率目的。

（三）说课有利于提高教师的自身素质

说课是一种非常简练的、占用时间不多的教学表达方式，但是这种方式对教师的要求却是全方位的。如果要高水平地把教学思路、对教学的认识、对教学各个环节的设计表达出来，是需要做大量工作的，因为它不仅仅需要教师立足于教学实践，而且要求教师必须具备一定的教育理论素养，这样才能使说课以一种最精炼的、最准确的方式把教师的所思所想、把教师对教学的理解和把握集中清晰地表达出来。短短十几分钟的说课，能够比较全面地折射出一位教师的基本教育素养。这是多年来广大教师说课实践所证明的一条重要经验，也是说课之所以被广大学校和教师欢迎和拥护，在教学实践中迅速推广开来的重要原因。当然，教师实现专业素质成长有多种途径，例如暂时的培训提高、集中学习等。但是说课是立足于教学本质常规，立足于教学实践一线，对教师真实的教学状态和教学水平的一种有效检验。所以在一定意义上，说课是一种在模拟真实状态下，帮助教师在教育实践中真刀实枪地提高和锻炼的好伙伴。

（四）说课有利于提高教研活动的实效

以往的教研活动一般都停留在上几节课，再请几个人评评课。上课的老师处在一种完全被动的地位。听课的老师也不一定能理解授课教师的意图。导致了教研实效低下。通过说课，让授课教师说说自己教学的意图，说说自己处理教材的方法和目的，让听课教师更加明白应该怎样去教，为什么要这样教。从而使教研的主题更明确，重点更突出，提高教研活动的实效。另外，我们还可以通过对某一专题的说课，统一思想认识，探讨教学方法，提高教学效率。

第二节 说课的模式与内容

一、说课类型

（一）按目标形式分类

1. 训练性说课

要走上教育岗位或者刚走上教育岗位的对象都要经历这一过程。训练性说课旨在帮助说课者熟悉教学流程，理清教学思路。

2. 研究性说课

根据明确的研究课题，说课者与听说者通过讨论、答辩、对话等方式进行交流与研讨，从而不断促进与改善教师个体和群体的教学工作，提高备课理性水平，突破教学难点问题，探讨教学热点问题。这是教研活动常用的形式。

3. 示范性说课

即由骨干、教学能手或相关专家承担，地区教研主管部门或学校组织的一种说课活动形式。说课教师结合自己的教学特色或特长，做精心准备，面对教师或师范学生做示范展示，努力做到教学新理念，诠释自己的教学思想特色、展示自己的教学才华。

4. 评比性说课

评比性说课是指以说课方式进行的评比、竞赛活动，是纯粹的说课。要求说课教师按照指定的教材、规定的课题，在限定的时间内制作课件写出说课稿，然后依次登台演"说"，由评委评定比赛名次。说课为评比提供信息和依据，评比主要是评价教师教学设计及理论水平。评比性说课有时还要求说课教师将说课内容付之课堂实践，通过上课实效来评价说课质量，最终由评委比赛名次。评比性说课是树立典型、骨干教师的有效途径。这种类型也常见于各种级别的说课比赛、教师岗位应聘能力的测试等情况。

5. 汇报性说课

教师通过说课，向教学管理人员、领导汇报自己的教学工作，让教学管理人员从中了解教师的业务水平，掌握学校教学科研动态，定制相应的校本培训计划，做到对学校科研水平的有效掌控。

（二）按知识结构分类

1. 课时说课

课时说课是指说出一节课的教学设计意图，理论依据和基本框架。这是说课的原始类型，也是说课的常见组织形式。这是目前全国中等职业学校教师说课大赛采用的主要形式。

2. 单元说课

单元说课是指说出教学单元的教学设计意图，理论依据和基本框架。

3. 章节说课

章节说课是指说出教材某一章、某一节的教学设计意图、理论依据和基本框架。

4. 专题性说课

专题性说课是指围绕教学中的某一重点、难点、热点或其他问题而进行一种有主题、有重点的说课形式。要求说课者针对这个问题,结合教育教学的理念和实践,阐述自己的观点、依据或解决问题的方法,有时还需要进行现场答辩。专题性说课具有切入点小、便于深入、角度自有、可即时交流和评价等特点。

二、说课模式

说课是备课和上课的中间环节,是教师从上课的教学设计转向理性指导下的综合设计。它需要有一定的教育理论支撑,有预设的教学过程行为和希望的教学目标达成。

(一) 说课的传统模式

大多数学校将"说课"作为教师教研活动的一种形式,往往对说课缺乏基础研究,其组织和准备说课过程都比较简单,经常停留在"个人准备"到"众人听评"的简单模式。这种模式,从备课到说课基本上是教师个体的创造性劳动。其他众多听说者只起到听众的作用,他们对说课的教材不熟悉,评议时难以深入,只能做一些共性的、简单的总结发言。

(二) 说课的现代模式

随着教育改革的不断深入,许多学校对说课模式进行一定的改进,通常采用"多项组合说课架构",有效落实专业课程标准的要求,实实在在地在课改中促进教师的专业化发展。

1. 个体与群体融合模式

(1) 集体探讨,专人准备。按照说课竞赛或者教研组确定课题,集体讨论说课总体方案,然后推荐一名教师做具体说课准备,说课教师可以将集体讨论中的初步构思融入备课之后,汇集集体智慧,再加上自身的特长,使得共性与个性,听者与说者相互融合。

(2) 集中说课,合作研讨。即一人说课,众人听评。说课者所说的内容既有个人钻研的成果，又有集体意见的汇总，根据说课要求，群体参与评议，吸收合理建议，改进不足，形成新的共识。如果意见不能统一，可以求同存异，允许保留意见，通过教学实践检验，找出改进办法措施。

2. 说课与备课结合模式

说课主要是围绕"教什么""怎样教""为什么这样教"这三个方面展示的，将备课隐形思维显性化。其实，教师备课中有许多经验积累和资料准备，例如资料收集、学情了解以及教学信息取舍等内容，将这些内容加入说课之中，对青年教师的培养有很大的帮助。

（1）示范性说课。由业务骨干和教学能手根据自己的教学特色或业务特长，做充分准备，为青年教师或为实习生做说课示范，突出教学新理念，诠释教学新思想，展示教学新技能。

（2）专项型说课。为了帮助青年教师提高备课、说课技能，可以围绕某一个专题中的其一个专项进行说课。一是说如何分析、处理和重构教材内容，提高知识教学与思维训练的深度和广度；二是说教学方法选择的针对性、过程性以及该方法的实施步骤；三是对说课中若干板块说教材、说教法、说学法、说教学过程、说教学反思等项目中的专项的构思和准备。

3. 课前设计与课后反思兼顾模式

有些教师说课时，以传统的方法设计教学过程，用空洞的理论尽力美化自己的教学设计，使理论与实践相互脱节，造成说课程序化、教条化，失去了说课应有的活力。上课以后说课，教师既能讲清课前的构思与设想，又能说出"预想"与"现实"的差异，从而做出相应的调整与变更，最终请听课教师进行评议。

三、说课内容

"说课"，就是授课教师在备课之后，向同行、领导或专家等系统介绍自己关于某节课的教学设想及其理论依据，而后听者进行评议、交流切磋的一种教研活动。说课内容是说课的关键。不同类型的说课内容自然也不同。一般来说，说课应包括以下五个方面内容。

（一）说教材

说教材，就是要全面正确地理解教材：一是要确定学习内容的广度与深度，明确"教什么"；二是要结合教学内容中各部分知识与技能之间的关系，为设计教学顺序奠定基础,知道"如何教"。

对教材的吸收、消化不能仅停留在表面层次,必须要吃"透"教材。"透"不是蜻蜓点水,而是入木三分。要想灵活处理教材,要想灵活驾驭课堂,教师必须先下足功夫研究教材,深挖教材,归纳和总结教材的内容。

1. 分析教材的地位与作用

"教材的地位和作用"说得恰当与否,直接反映说课者对教材的理解程度,并影响教学目标的制定。对教材理解越深刻,说课内容将越充实、全面,反之就只能是蜻蜓点水、触及皮毛。说教材,首先要明确本次说课的内容节选哪本教材,哪个主编和哪个出版社,然后在认真读取课程标准和教材的基础上,阐述说课课题在教学单元乃至整个教材中的地位与作用,说明教学内容哪些是前面所学知识的延伸与应用,又为后面哪些知识的学习打下坚实的基础,教学内容在整个知识体系中处于什么地位等。

2. 分析教材的处理

我们要想把课说清楚,让听者明白,要做的首先工作就是钻研教材,吃透教材,并且用简单的方法让听者明白课程是如何设计的。说教材,应明确在说课过程中对教材做了怎样的处理,通过对教材的处理对于整节课起到了什么效果。

案例分析:

以中职会计专业,企业财务会计课程中《坏账准备的核算》课题为例,说明如何进行"说教材"。

本节课选用的教材是高等教育出版社,由葛家澍和耿金玲两位老师主编的《企业财务会计》;本节内容节选第三章第一节第4点知识——坏账准备的核算。上节课,学生已经学习了坏账及坏账损失的概念;在讲授本节课时,我对教材进行了简单处理,通过增加案例,引入工作任务来增加学生学习的趣味,让学生体验在"做中学,学中做",充分体现了课堂上以学生为主体的地位。

本次说课内容在"说教材"的部分,既精炼又清晰地说了本节课选取哪本教材,本节课的内容在教材中的地位,并且说了本节课是承接上节课的内容,也就是说本节课的内容是在学生有了一定的基础之上进行教学,而且在说课过程中还介绍了这节课对教材进行了处理,说明本节课不是一味地只是讲解教材的内容,而是增加了案例和工作任务来丰富和增加本节课趣味性,让学生在课堂中一边学习一边玩,避免学习的枯燥性。特别是对于会计课程,会计专业本来就比较理论化，在课堂上比较枯燥乏味，所以在课堂上要尽可能地让学生动手，通过一些活动与内容相结合才能更好地让学生接收，实现教学做一体化。

（二）说教法

说教法，主要说明在教学过程中将采用的主要教学方法及依据，即说出所选取得教学方法及选择理由。教学方法是由教学内容、教学目的决定的，选择教法还要考虑教学对象的认知规律和年龄特点。说课者要从简单分析学生的实际情况出发，选择恰当的教学方法，如果每节课所需要的教法不止一种，要分别说明选择的依据。教法的选择和运用要以探究式教学为主，即教学过程要实现"自主化、合作化、问题化"。在课堂教学过程中，教师要重视培养学生自觉学习、主动学习的习惯；要创造机会让学生有课堂合作学习的时空；要引导学生发现问题、分析问题、解决问题从而发展学生的智力，培养学生的能力，使学生掌握规律性的知识，举一反三、触类旁通的境界。

1. 分析教学对象

学生是学习的主体，充分认识学生、了解学生是上好课的前提和基础，也是教学工作的首要问题，说课也是一样。学情分析主要包括学生的年龄特点、学习态度以及学习能力等。对于中职学生，教师在课前一定要先备学生，而会计专业的学生，一般来说女生居多。

（1）学生的特点。对于中职的学生来说，学生的基础普遍较差，学习新知识的兴趣不浓，学习主动性不强，缺乏好的学习习惯；但是多数学生喜欢表现，学生喜欢通过活动来学习，而且学生的动手能力也比较强，在活动中好奇心较强，可以带动他们在活动中思考，在活动中学习和收获。

（2）学生的学习能力。在进行新知识教学时，认真分析和掌握学生已有的学习方法和学习能力，可以有针对性地指导学生从已有学习方法和学习能力体系中搜索有用的信息，培养学生独立分析问题、解决问题能力。

案例分析：

以中职会计专业，企业财务会计课程中《银行存款的清查》课题为例，"说教法"其中如何分析教学对象的。

本节课的教学对象是中职会计二年级的学生，学生已经完成了《基础会计》的学习，具备单据的填写与审核能力，掌握了简单的账务处理。本校建有校企合作共建的会计工作室，学生可以到工作室粘贴单据，学习真账处理业务，所以学生对本节课的银行对账单原始单据比较熟悉，而且学生经常与企业老师探讨问题，长期在企业环境下成长，养成了较强的自学能力，这为本节课学习银行存款的清查奠定了基础。

本次说课在说教材过程中，充分体现出学生的学习能力。平时在工作室所学的相关单据中就有本次说课的"银行对账单"，这为学习本节课有一定的帮助，所以在说课中要体现学生的学习基础。同时学生们具备了较强的自学能力，

2. 确定教学目标

教学目标是指教学活动实施的方向和预期达成的结果，是一切教学活动的出发点和最终归宿，它既与教育目的、培养目标相联系，又不同于教育目的和培养目标。课堂教学目标就是课堂教学过程中的教与学的互动目标。

课堂教学目标是课程目标分解、细化了的一小部分。当完成和落实了每一个课堂小教学目标的同时，课程需要关注的大目标也就实现了。课堂教学目标在45分钟之内，是可以达到的，并不是理想目标那样的遥远，可望而不可及。平时人们常说的教学目标，在没有特殊说明的情况下，实际上指的就是课堂教学目标。课堂教学目标常常被人们简化为"教学目标"。课堂教学目标有三个维度：知识与技能目标称为知识目标；过程与方法目标称为能力目标；情感、态度与价值观目标称为情感目标。

案例分析：

以中职会计专业，Excel在会计中的运用课程中《Excel在编制利润表中的应用》课题为例，"说教法"中如何说教学目标。

针对教材的特点以及学生的情况，将教学目标定为以下三个方面：首先是认知目标：（1）熟知一张完整的报告式利润表的结构。（2）熟悉利润表的各项要素的计算公式。其次是能力目标：（1）能正确使用SUMIF函数从总账中调出数据计算利润表的各个项目。（2）会使用快捷键编制利润表各项目公式。结合前面的两个目标，将情感目标定为：体验使用Excel制作利润表的便捷，在活动中体验探索知识的乐趣。

在定本节课的教学目标时，遵循了三维目标的原则。认知目标定为在认识和熟悉知识点阶段，将本节课的基础知识全面地概括，并界定学生首要完成教学目标。而能力目标则是要求学生在认知层面上一个级别达到运用的阶段，《Excel在编制利润表中的应用》课程实践性比较强，所以学习了本节课能让学生自己熟练

操作就达到教学目的。情感目标是学生通过学习本节课除了知识点之外还有其他方面的提升，例如通过本节课的探知活动让学生体验 Excel 制作利润表的操作，带了探索知识的乐趣，这样直接影响学生在其他学科也可以通过探索去获取更多的知识。

3. 教学重点与难点

教学重点是教学内容中最基本、最核心的知识与技能。基本知识主要有基本概念、基本原理、基本方法等；基本技能主要指通过基本知识去完成某些学习任务，并且通过练习在实践中获得运用知识的一种能力。

（1）教学重点、难点的确定。

教师在准备说课时，要充分利用教学资源，详细阅读教材，深刻领会教材编写的基本理念、整体框架，阐述编者对教学内容的编排意图。说出学习重点、难点是什么，同时要说明确定这些重点、难点的依据。教学重点是教材中起决定作用的内容，它的确定要遵循课程标准和围绕教学目的。教学难点是学生学习时困难所在，需依据各学科特点和学生的认知水平而定。教学的难点往往与教学的重点相联系，难点大多表现在对知识的理解和技能的有效掌握上，化解了难点就可以为学生完整地掌握重点铺平道路。

（2）教学重点、难点的关系。

教学重点与教学难点是两个不同概念，教学重点不一定是教学难点，教学难点也不一定是教学重点。一般情况下，教学重点中的局部内容很可能是教学难点。在特定条件下，教学重点与教学难点又具有同一性，即教学重点就是教学难点，教学难点就是教学重点。

（3）教学重点、难点的处理。

说课者要全面正确地把握教学重点，应该从以下三个方面做起。

①认真研读会计专业教学标准。会计专业教学标准对专业教学理念、专业教学目标、专业课程内容、教学要求和教学建议等方面做了全面的阐述，因此，会计专业教学标准是教师确定教学重点的重要依据。

②深入、细致地钻研教材。教材是课堂教学的主要依据，教学重点体现着教学内容的主要脉络和内在逻辑联系，备课时要加以罗列和梳理，力求做到科学合理、全面准确。

③全面了解学生的知识结构和学习技能。学生是学习的主体，任何教学活动

都是在学习现有知识结构和学习能力基础上进行的,因此,教师深入了解学情显得尤为重要。如果大多数学生已经掌握或容易掌握的教学重点,就没有必要花费许多时间,可腾出更多的时间让学生自己去感悟与体验。

教学重点通常是教师难教、学生难学的内容。一般情况下,难点是因为学生基础知识和认识能力不足造成的。难点的突破与化解可以通过以下做法来排除。

一是降低坡度。教师在讲解难点时,要适当放慢学习节奏,尽力缩小问题之间的跨度,要给学生充分的思考时间与空间。

二是直观形象。在说教学难点时,说课者要讲清楚教学是如何充分应用各种直观教学手段,帮助学生增加感性认识,努力使复杂语言直观化、抽象符号形象化、抽象问题具体化的;是如何利用教具、挂图、实务、音像、动画和现场模拟等教学资源形象生动的补充感性知识,然后归纳总结上升为理性知识。

三是分散化解。有些教学内容难点可以逐步分解,说课者要讲清教学时是怎样采取分散讲解、逐个击破的原则,当各个难点化解以后再使用何种方法组合起来讲清该难点的概念或规律的。

案例分析:

承接 Excel 在会计中的运用课程中《Excel 在编制利润表中的应用》课题为例,"说教法"其中教学重点、难点是如何进行说课的。

为实现教学目标,我将教学重点确定为:正确理解利润表数据来源;教学难点是:正确使用 SUMIF 编辑利润表的各项要素的计算公式;教学的关键是体验使用 Excel 制作利润表的便捷,在活动中体验探索知识的乐趣。

4. 教学方法

教学方法是指授课者为了实现教学目标,有教学过程中运用的方式与手段。目前在教学实践中运用的教学方法不胜枚举。有人曾进行过不完全统计,目前在教学中卓有成效的教学方法有 700 余种。前章节介绍了职业院校会计专业常用教学方法分别有讲授法、讨论法、演示法、练习法、情境教学法、对比教学法、案例教学法、游戏教学法、角色扮演法、任务驱动法、混合式教学法、头脑风暴法等方法。

手段为目的服务,方法为内容服务,介绍教学方法和教学手段的要点和条理要清楚,同时要说明采用这些教学方法和手段的理论依据。教育家叶圣陶先生曾说过"尝谓教师教各种学科,其最终目的在达到不复需教,而学生能自为研索,自求解决",在说课过程中教法学法可以列出来单独讲,也可以渗透到教学步骤中讲,但一定要有理论依据。另外,值得注意的是教学手段和教法的运用都必须根据学校的设备条件、教材、学情以及教师本人对教学道具的使用情况而定。

(三) 说学法

学法是指学生学习知识、掌握知识的方法和途径。说学法要结合具体的教学环节,说明当学生处于学习情境(包括困境)中,教师为指导学生学习或学会解决学习问题所采取的对策。

说学法还要结合教学内容说出在教学过程中指导学生学习或学会使用什么学习方法,即通过什么活动,培养学生哪些学习习惯,教会学生哪些思维方法,通过什么途径,培养学生哪些学习技能或学习能力,如何巧妙地组织课堂教学,优化学情,指导学生形成良好的学习心态,做到在学会知识的同时,掌握学习这类知识的学习方法。

教法是通过学法来体现和完成的,教学过程也是教与学对立统一的发展过程。因此,教师要努力做到"学生怎么学,教学就应该怎么教,教学怎么教就应该指导学生怎么学",努力促使学生获取知识与掌握学法同步,帮助学生构建适合自己的学习风格和学法体系,使学法真正成为重要的教学内容。

(四) 说教学过程

说教学过程是说课的重要核心内容。说教学过程要说清各教学环节的名称、主要教学内容和教学活动的组织安排,即教师计划在哪个教学环节,教哪些知识点或训练哪个技能,提出哪些问题,做哪些练习(教什么),组织哪些课堂活动,采用什么组织方式"怎样教"等。说教学过程还要说清各环节教学活动的时间分配,如何突出重点、突破难点,各教学环节如何衔接过渡实现教学目标,预期效果等,尽量勾画出课堂教学概貌。一般来说,教学过程有以下六个部分。

1. 说教学环节

教学环节,就是教师依据课程标准和教学目标来构建教学过程,根据教学内容,配以教学方法手段来组织教学。传统课堂教学思路为:组织教学—复习旧知—导入新课—讲授新知—应用新知—巩固练习—小结作业。在新课程改革中,要求课堂上突出以学生为主体、教师为辅的地位。因此,现代课堂教学思路通常为:设置问题情境,激发学习兴趣(学会参与)——引导信息加工,构建知识网络（学会学习）——设计实践活动，内化能力结构（学会迁移）。例如，《基础会计》中财产清查的设计可为：情景导入—确定任务—自主探究—仿真练习—实战练习—任务提交—总结评价—知识拓展等。

2. 说教学结构与流程

教学结构不同于教学过程，教学结构是教师对教学具体程序的归纳，形成若干板块，而教学过程是教学流程中的步骤。现代教学强调教与学的互动，情境创设与情感体验。教师在课堂教学中充分思考设计若干师生互动的板块，例如财产清查设计中情景导入、确定任务、自主探究、仿真练习、实战练习、任务提交、总结评价、知识拓展。就是一种组合式块状的说课表达。

教学结构要区别于教学流程，教学流程是需要说清楚具体的教与学的安排以及这样安排的理论依据。在说教与学的内容时，不能像给学生上课那样详细讲解，而要力求做到详略得当，重点内容重点说，难点突破详细说，理论依据简单说。只要让听者知道"教什么""怎样教""为什么这样教"就可以了。同时，要适当说明这样安排的意图和将要达到的预期效果。

3. 说师生互动交流

课堂上活跃的师生双边活动是成功教学的重要标志之一，教学中学生参与学习的深度与广度是师生双边活动的重要体现。师生双边活动包括教师准备提哪些问题、这些问题的主要作用是什么、学生如何参与、教师如何组织、学生可能会出现哪些误区、教师有什么应对措施等。在说师生双边活动时，要根据需要说清楚为突出重点和突破难点的采取的具体做法，要在剖析、点拨、深入上下功夫。双边活动力求体现教法与学法的和谐统一、知识传授与智力开发和谐统一、德育与智育的和谐统一。

4. 说信息化教学

信息化教学，是以现代教学理念为指导，以信息技术为支持，应用现代教学方法的教学。在信息化教学中，要求观念、组织、内容、模式、技术、评价、环境等一系列因素信息化。每节课都可能涉及信息化教学，现有越来越多的教师认识到信息化教学的重要性，以及教师的信息化教学能力也在不断提高。例如，讲授填写记账凭证或登记账簿时，可以考虑在课前或课中通过智慧教学平台发布微课视频资料给学生观看并指导学生实训等。信息化教学模式明确以学生为中心，强调情境对信息化教学的重要作用，强调协作学习的关键作用，强调对学习环境的设计，强调利用各种信息资源来支持"学"。教师只有充分认识到信息化教学模式的特点，才能更好地把握住信息化教学的特点，才能胜任信息化教学。说课时教师需要说明本节课利用哪些信息化教学资源，设计目的是什么，教学效果达成度如何等。

5. 说板书设计

板书是直观教学的重要组成部分，很能体现教师的教学风格，通过教师的板书也能够看出教师对教材的把握情况。学生看着板书就能了解教师讲课的思路，了解教材的逻辑线索，因而有经验的教师很注重板书设计的艺术。学生把板书的内容记在本子上，课后看着笔记本就能复述该节课的主要内容。

近年来不少教师上课时直接忽略掉板书设计或者板书的随意化。从目前的教学情况来看，多媒体还不能完全取代板书，因为多媒体室滚动的，而板书是相对静止的。多媒体课件一般都比较快，学生记录不下来，而板书留在了黑板上，便于学生记录和思考。

说板书主要说板书结构和设计意图。板书设计要视具体说课要求而定，一般地，若是教学研究活动中的说课，这一环节可以省略；若是业务评比，则可在说课的过程中直接在黑板上演示。

6. 说教学评价

教学评价是课堂教学的重要组成部门，它包括教师对学生的评价和学生对教师的评价以及学生之间的相互评价等。根据课程标准的要求，在课堂教学中，要做到评价主体多元化和评价方式多样化。具体到某一节课，评价就涉及教师是怎样开展评价的、在课堂教学中主要评价了什么、其设计意图是什么以及效果如何等。在会计教学中，教学评价经常与课堂的成果展示联系在一起，成果展示往往采用的评价模式就是学生之间互评或者教师与学生共评，打破了传统的以教师评价为主的方式。

说教学评价，就是要说清楚自己采用了哪些评价方式，想要达到什么样的评价目的和评价效果。

（五）说教学反思

所谓教学反思，是指教师对教育教学实践的再认识、再思考，并以此来总结经验教训，进一步提高教育教学水平。教学反思一直以来是教师提高个人业务水平的一种有效手段，教育上有成就的学者专家一直非常重视。现在很多教师会从自己的教育实践中来反观自己的得失，通过教育案例、教育故事或教育心得等来提高教学反思的质量。教学反思围绕教学内容、教学过程和教学策略进行。

第一，教学内容方面：（1）确定教学目标的适用性；（2）对现目标所采取的教学策略做出判断。

第二，教学过程方面：（1）回忆教学是怎样进行的；（2）对教学目标的反思：是否达到预期的教学效果；（3）对教学理论的反思：是否符合教与学的基本规律；（4）对学生的评价与反思：各类学生是否达到了预定目标；（5）对执行教学计划情况的反思：改变计划的原因和方法是否有效，采用别的活动和方法是否更有效；（6）对改进措施的反思：教学计划怎样修改会更有效……

第三，教学策略方面：（1）感知环节：教师要意识到教学中存在问题与自己密切相关；（2）理解环节：教师要对自己的教学活动与倡导的理论，行为结果与期望进行比较，明确问题根源；（3）重组环节：教师要重审教学思想，寻求新策略；（4）验证环节：检验新思想、新策略、新方案是否更有效，形成新感知，发现新问题，开始新循环。

教师教学反思的过程，是教师借助行动研究，不断探讨与解决教学目的、教学工具和自身方面的问题，不断提升教学实践的合理性，不断提高教学效益和教科研能力，促进教师专业化的过程。也是教师直接探究和解决教学中的实际问题，不断追求教学实践合理性，全面发展的过程。

四、会计说课的过程

说课的过程就是说课实施的过程，一般分为准备、述说、评说三个基本发展阶段。

（一）准备

准备是说课的起始阶段，主要任务是收集资料、备好课以及上好课、完成说课稿，对要进行的述说做出整体设计。

准备阶段分为三步：首先，教师平时要注意了解国内外教育改革的动态，对先进的教育理念、教育思想、课程知识和理论、教学方法等形成知识积淀。其次，教师在上课前备好课并完成说课稿的撰写，对述说进行合理的结构设计；若是反思型说课，就要在上完课后，将上课中的实际情况补充到说课稿中。

教师在说课时避免出现以下问题：按照写好的教学设计逐字逐句地背出来，或者是仅就讲课内容来说课，没有教学理念和思想的体现，再就是说课过于突出"说理性"，实践操作性差。为避免出现以上问题，教师在准备说课稿时，应当充分运用一定的教育理念和专业教学标准对说课内容进行分析，注重问题解决的实效性，运用清晰简洁的语言表达自己的见解，达到分析问题、解决问题的目的。

（二）述说

述说是说课活动的中心环节，是建立在精心准备的基础之上，说课者通过大脑的思维加工组合，运用口头语言等媒介把说课信息传递给听评者的过程。说课者的述说，首先，要求说的事实、概念、原理、观点是正确的，所呈现的课题设计及选取这种设计的思维活动过程，以及联系的理论知识都是恰当、与事实相符的；其次，述说要条理清楚、层次分明、重点突出；最后，述说者要讲究语言艺术，声音响亮、语言完整、简明扼要、组织严密。

教师在述说时出现较多的问题是：说课当成上课，将听者当作学生，对教学内容进行详细解说；说课重点不够突出，严重超时；说课思路不清楚，层次不够分明，处理问题的方式过于简单。

述说是教师综合能力的体现。教师要按照教学思路，有重点、有层次，有理有据的述说，突出自身的教学风格和创新创意。

（三）评说

评说是促进教师业务能力提升的主要环节，是一种对教学问题的共同研讨，是有关教学信息相互传递和转化的过程。在评说过程中，评说者结合述说和实践，运用教育理论，按照评价标准，结合自己对内容的理解，做出全面的评价和研讨。这样，形成群众性的教研局面，达到共同探讨、交流、总结和提高的目的。

听者在评说时容易出现的问题是：只是将说课者的内容做了简单的附和，没有做客观的评价；或者是只提缺点或优点，不做深入的研讨。

听者应该本着客观公正、实事求是和辩证性原则，全面公正地对说课内容做出评价，对说课观点的不同之处，既要辩证分析，又要提出自己的见解，做到知无不言、言无不尽，这样，才能达到发挥说课"教研"功能的目的。

五、说课的方法

说课方法是说课者将说课内容清晰、明白地表达给听评者的方式方法，它是连接说课者、听评者和说课内容三者的中介。在说课实践中，教师们常采用的有效的说课方法包括平铺直叙法和一问一答法。

（一）平铺直叙法

平铺直叙法是目前实践中最普遍使用的说课方法，就是由说课者根据已经准备好的内容，从课题出发，按部就班地进行说课，然后再由听评者评价的方法。使用平铺直叙法时，说课过程可以分为两个时间段：一是说课者述说阶段；二是听评者评价阶段。因为两个时间段的发言人是固定的，因此，使用这种方法的优点在于：说课者和听评者都有清晰、连贯的交流思路，使教师们方便从整体上把握对方的意思。

在这种方法中还可以加入多媒体的辅助手段，例如，在时间允许的情况下，将说课内容做成课件，特别是可以用流程图表示出授课的主要环节，同时使说课的重点内容随着述说的进行出现在听评者面前，有助于增强说课的效果。

（二）一问一答法

一问一答法主要在教师们研究课或集体备课时使用，是说课者根据准备好的内容，按照听评者的提问来逐步进行述说的方法。因为这种说课方法使用时是"一个问题一个问题地过"，因此，它的优势在于：说课者和听评者可以随时就一个问题各抒己见，进行深入讨论，达成共识后，再进行下一问题的述说，大大提高教学研究质量。在研究课或集体备课时，采用这种逐一解决问题的方法，可以边说课边记录教学各环节的内容，将教学目标、各环节的编排、练习和作业题目的设置等内容进行统一，随时制作出课堂教学使用的课件。

总之，不论采用哪种说课方法，说课者和听评者都要很好地将说课信息清楚明白地传递给对方，而且，说课的方法要因学科而定、因课题而定、因课型而定、因说课者的自身条件而定，也要因听评者的特点而定，这样才能实现教师们有效地、灵活地、创造性地使用说课方法，达到优化说课过程的目的。

六、说课的策略

说课的策略包括说课、备课、上课的区分策略，说课稿的撰写策略和"说"

的策略等多个方面。

（一）说课、备课、上课的区分策略

1. 正确理解说课、备课、上课的联系

说课是以备课为基础，对备课成果进行理论提炼和反思。换言之，说课是从理论高度认识备课，对备课成果进行延伸与升华，是备课得以理论化的深化过程。或者说，说课是教师对教材、学情、教法、学法和教学过程设计进行更为系统的理性思考。首先教材分析和学情分析使得教学目标的确定更加科学合理，对教法学法的精确选择使得教师在兴趣激发、提问策略、思维训练、环节衔接、突出重点以及突破难点等方面进行深思熟虑，为引导学生学习、保证学生学会、促进学生会学提供了保证；其次对教学过程设计的高度重视，推动了备课质量的提高，提升了上课的质量。因此，说课被视为"对备课的理论反思，是对上课的理论准备"。

2. 准确把握说课、备课、上课的区别

备课的对象是学生，写出的教案供教师上课使用，规范教案要列出教学程序的具体内容，写清"教什么"和"怎么教"。上课的对象也是学生，是依据教案、创造性地使用教案进行传授知识、训练技能、培养能力、发展智力和教书育人的教育教学活动。说课的对象是同行教师和教研人员，说课稿供教师说课使用。由于听课者是同行或专家，有关教学程序的具体内容可做简要介绍，只要听课者听清楚"教什么"和"怎样教"即可，主要侧重讲清"为什么这样教"。

备课的思维过程是隐性的，侧重教学设计和教案的撰写；说课使教师备课的思维过程显性化，侧重表述备课思路的形成过程及其理论依据的论证过程；上课则侧重知识的传授和技能的形成过程，是创造性地运用备课的思维成果的过程。说课侧重理性和思路，要说透教材，说明教法、学法，说清教学过程设计及其理论依据；上课重感性和实践，侧重教学设计的实施、教学任务的完成、教学信息的反馈和教学效率的提高。

（二）说课稿的撰写策略

1. 突出教学理念

教学理念是教师进行教学的最高原则，是教师对教学的观念与基本假设。在这些基本观念与假设的指导下，教师才能做出教学的决策和选择。比如"学生是

教育活动的中心，每个学生的人格应受到充分的尊重，无论他们的能力、行为和学习表现如何""教给学生方法比教给他们单纯的知识更有效""我要让学生对数学（语文、英语、物理等）感兴趣""没有差劲的学生，只有差劲的老师""教师宽容学生的错误，学生就能更自由、大胆、有创见地思考""学生的不敢尝试错误与教师高频率的摇头与指责有关"等等。这些教学理念就好像是茫茫大海中的一根指南针，它指给教师方向，或终极目标。说课稿应将教师在这一节课中所贯彻的教育教学理念反映出来。

2. 突出理论依据

"教书匠"和教育家的区别就在于教育家是在一定的理论指导下，有目的地、自觉地进行教学，而"教书匠"则仅凭经验，靠"我过的桥比你走的路还多"来盲目教学的。以理论指导教学使教师的教学活动趋于科学化，以最小的投入，获取最大的效益，而且还能创造出更好的方法。这也是对教师的一个考验，是提高教师职业地位的有效途径。说课稿将教学设计中所运用的教育学、心理学或其他理论阐述出来，回答在教学过程中的"为什么这样教"，以接受评者的检验，使自己的教学更加科学有效。

3. 突出特色

说课稿不必面面俱到，不必从教材说起一直说到教学反思。相反，也许其他教师认为必须要说的内容，例如作业的布置、教具的选择、时间的安排、实践活动等。总之，教师应把那些自己认为最值得告诉评者，又最能体现自己的教育教学理念说出来，而不是教学设计条目的罗列。

4. 深入分析

分析即解剖麻雀，是教师对自己的教学准备或教学实践进行剖析，寻找根据的过程，它既回答"是什么"，又回答"为什么"，以及将会"怎么样"，使教学更具有预见性。分析可以是对教学过程所有要素的分析，也可以是对某一个或某几个要素的分析。

(三)"说"的策略

1. 说课的角色策略

说课的对象是本学科的教师或教研人员，他们有一定的课堂教学经验，熟知课堂教学的情境，能够根据说课教师的语言描述做出近于课堂教学真实情境的想象。因此，说课者要有角色意识，要站在上课和听课的临界点，该详的详，该略的略、边说、边做、边释、边评，尽可能使说者、听者思维同步，使听者在想象课堂教学全貌的同时，能够体会出教学设计的理论依据。

2．说课的语言策略

说课者大部分采用独白语言。由于说课是通过"说"来帮助听者想象课堂教学全貌，判定和推断教学效果，给听者足够的思维时间和空间就显得十分重要。通常情况下，说课者要言之有理，言之有物，演示要生动形象，富感染力，语速要快慢交替，条理清楚，切忌拿着事先写好的说课稿以"读"代"说"，更不能一字不漏地以"背"代"说"。

3．说课的风格策略

由于学科、课型、教学内容和教学对象不同，说课的目的、类型、说课教师对教材的理解和处理以及教师的自身素质等诸多差异，没有必要建立或过分强调固定的说课模式。只要教师能准确把握说课要素，能在规定时间内说明一节课的教学设计及理论依据，综合论述都能达到说课目的，个性化的说课更具教研价值和教师素质评价价值。

七、会计说课案例

〔案例5-2〕"坏账准备的核算"说课稿。（作者：张爱芬）

尊敬的各位评委：

大家好！

今天我说课的课题是：坏账准备的核算。

我的说课主要从以下五个模块进行：一说教材、二说教法、三说学法、四说教学过程、五说教学反思。

一、说教材

我选用的教材是高等教育出版社，由葛家澍和耿金玲两位老师主编的《企业财务会计》；本节内容节选第三章第1节第（4）小点：坏账准备的核算。之前，学生已经学习了坏账及坏账的概念。在讲授本节课时，我对教材进行了简单处理，通过增加案例，引入工作任务，增加学生学习的趣味，并让学生体验在"做中学，学中做"，充分体现了课堂上以学生为主体的作用。

二、说教法

本节课的教学对象是中职二年级的学生，这些学生的特点变现为思维比较活跃，偏重于形象思维，对新鲜事物有一定的探知欲。另外，学生接收信息的能力较强，具备一定的知识迁移能力，但是学生的学习自主性比较差，喜欢做实际的工作任务。

结合学生的这些特点，我讲本节课的教学目标定为三个层次：一是知识目标，归纳坏账准备计提及账务处理，坏账发生和转回时的账务处理；二是能力目标，能运用应收账款余额百分比法的计提坏账准备，为后续学习其他准备金奠定基础；结合前面两个目标，我将第三个情感目标定为让学生通过计提坏账准备，要求学生要遵守职业的谨慎性原则，具备一定的职业判断力。

本节课的教学内容和教学重点有：（1）坏账准备金的计提及账务处理；（2）坏账的发生及坏账转销又收回的账务处理。教材难点是：坏账准备账户期末应计提金额的计算。

本节课的教学方法，在讲授新课前，我运用案例教学法导入案例，吸引学生的注意力，然后再讲授新课时，采用游戏教学法，增加学习的趣味，在前面两个教学方法的基础上，在讲授新内容时将"坏账准备"比喻成"存钱罐"，采用形象化比喻教学法使学生理解更简单易懂。

三、说学法

为坚持"以学生为主体，以教师为主导"的原则，在教学过程中，主要采用小组讨论法和游戏竞争法相结合，以小组进行讨论，组与组之间形成竞争，让学生成为课堂的主体，体验在"做中学、玩中学"，培养学生的学习兴趣。

四、说教学过程

在本节课的教学过程中，我注重突出重点，条例清晰，最大限度地调动学生的积极性，自主性。主要分为以下五个环节进行：（1）案例导入，复习旧知，用时10分钟；（2）学习新知，游戏教学，用时30分钟，同时也是突破本节课的教学重难点；（3）直观到抽象，引入分录，用时15分钟；（4）学以致用，理实结合，用时15分钟；（5）归纳总结，课后提升，用时10分钟。

在上课前，我根据学生平时的表现和学习能力进行调查，结果显示如下：根据调查比例，我将学生分为六个小组完成本节课的教学。

首先是复习旧知。导入案例"隐藏在应收账款里的秘密"，引导学生一起阅读案例内容，结合案例情况让学生以小组的方式讨论"应收账款里隐藏的秘密是什么"？这一设计，运用案例教学，激发学生的学习兴趣。

学生经过激烈的讨论后，由我带领大家揭秘：隐藏的秘密就是应收账款可能会发生坏账，为预防坏账的发生，需计提坏账准备，达到复习的目的。然后指出采用手账款余额百分比法计提坏账准备，并让学生思考：坏账准备应计提的金额是否就是公式计算的金额？

带着问题，我们进入第二环节：游戏教学。

通过引用存钱罐的故事，将存钱比喻成"坏账准备"，取钱比喻成"坏账"，通过完成游戏来解决问题，这一设计：从身边的案例接入，更加吸引学生的兴趣，然后直接公布游戏的规则。

游戏是以小组的方式进行的，每组下发一个存钱罐和 10 张 1 000 元的模钞，再下发一份任务书，根据任务书来完成"存钱罐里该存多少钱"这份表。首先由小组的第一位学生操作业务 1，当期末余额为 100 万元时，根据应收账款余额百分比法计算存钱罐里该保留 5 000 元，因为刚开始存钱罐是空的，所以应往存钱罐放 5 000 元，并将金额填在相应的表格里；接着由第二位学生操作业务 2，发生坏账 4 000 元，坏账的发生直接导致存钱罐减少 4 000 元，所以往存钱罐取走 4 000 元，剩余 1 000 元，并将金额填在相应的表格里；然后由第三位学生操作业务 3，当期末余额是 140 万元时，存钱罐里应保留 7 000 元，但此时存钱罐只剩下 1 000 元，所以应往存钱罐存 6 000 元才够，操作完后并将存钱罐的金额和计提的金额填在相应的表格里；以此类推，剩下的学生轮流完成一项业务操作，填写表格金额，最后核对存钱罐的金额是否正确。在这一过程中，学生玩得很开心，而我主要是引导学生完成游戏。

在学生完成游戏的过程中，我要根据小组的完成进度与准确率进行评价各小组并且公布本次游戏的结果。然后根据存钱罐游戏总结坏账准备各项业务相对应的类型，并且再次提出问题让学生思考"这些业务的会计分录该如何编制？"

带着问题，我们进入下一环节：引入分录。根据各业务类型，引入"坏账准备"账户，因为坏账准备是备抵账户，所以账户的结构是贷增借减，根据各项业务导致存钱罐增加的记在贷方，减少的记在借方，金额正是相对应计提的金额，并重点强调应收账款余额百分比法公式的金额应是期末应保留的金额，并非计提金额，突破本节课的教学难点。

分析各业务类型对坏账准备的影响，根据"坏账准备"的账户结构，结合业务计提的金额——编制分录。在这一过程中，我主要是引导学生完成分录的编制。

接着，进入巩固练习环节。这一环节，我用PPT投放课堂练习，并下发一份小组评分表。而学生以组为单位完成练习继续发挥小组的作用，利用存钱罐原理计算坏账准备。而我主要巡查学生完成情况，反馈学生对知识的掌握度。

各小组完成练习后，由我讲评练习，同时6个小组之间进行相互审核答案并进行互评，对错误之处写出原因，然后提交互评评分表。

最终进入归纳总结环节。首先总结小组的两次完成情况，并对完成较好的第3组和第6组进行奖励。此时，学生也纷纷道出了自己在本节课中的收获，有学生说：老师，我喜欢这样的上课方式，既轻松又能玩，还能学到知识；这时也有其他学生说：不但有趣味性，还能促进同学的感情……

其次，进入本节课的知识归纳阶段，各项经济业务导致坏账准备增加的记在贷方，减少坏账准备的记在借方。并且布置课后作业，由每位学生独立完成。由于本节课的内容是本章的难点，特设班级QQ群供学生讨论，解答疑难。另外还运用流行于师生的沟通方式，微信留言，即时通过语音进行回复解答，达到共同学习的目的。

五、说教学反思

综合本节课的教学内容与教学效果，主要从以下三个方面进行总结。

教学设计：采用游戏教学法，充分考虑了学生的特点，通过形象化比喻理解坏账准备，使学生学会类比学习，更容易接受教学内容。

教学理念：在教学过程中，充分发挥学生主体地位，在"做中学，学中做"，让学生快乐学习、自主学习、学会学习。

不足之处："坏账准备"是本章知识难点，仅通过课堂练习远远不够，课后需多督促学生做题，以达到知识巩固。

〔案例5-3〕"揭开货币的神秘面纱"说课稿。（作者：唐明燕）

一、说教材

1. 教材内容

"揭开货币的神秘面纱"是人民教育出版社《思想政治必修一·经济生活》第一单元"生活与消费"中第一课"神奇的货币"的第一框。

2. 教材地位

本框题从学生具有一定生活体验的"钱"入手，了解商品货币理论，是全书的开篇，起着引领和导入作用，是深刻认识各种经济现象，进行后续学习的基础。

3. 教材结构

本框题共三个目："货币的本质""货币的基本职能""纸币"。三个目题是层层递进的关系，逻辑性强，层次清晰，有助于学生对教材的把握。

4. 教学目标

（1）知识：货币的本质、货币的职能、纸币的含义。

（2）能力：培养学生透过现象看本质，运用基本原理分析现实问题以及提高鉴别假钞的能力。

（3）情感、态度、价值观：逐步确立与市场经济相适应的商品货币观念，既要认识货币在经济生活中的作用，培养不盲目崇拜金钱，树立正确的金钱观，确立与市场经济相适应的诚信、公平竞争意识。

5. 重、难点解读

（1）关于商品。商品是马克思主义政治经济学的最基本概念，是货币的起点与重要基础，具有较强的理论性，是全课最基本的内容。学生不仅在理解商品概念上有理论难度，而且容易混淆物品、劳动产品、商品。

（2）货币的本质是一般等价物。正确理解一般等价物这一概念，对于科学地揭示货币的本质具有重要意义，是把握"神奇的货币"一课知识的重要基础和关键。只有理解了货币的本质，才能进一步理解商品和价值规律的含义，使学生对货币有正确认识，抑制拜金主义和"金钱万能"的腐朽思想，树立正确的金钱观。

（3）货币的基本职能。在马克思主义政治经济学货币理论中，货币的职能是与货币的起源和本质紧密联系的内容，货币职能是货币本质的具体体现。现实经济生活的方方面面都离不开货币，了解了货币的职能，可以更好地适应经济生活的需要。流通手段和商品流通的关系如果学生死记硬背，容易出现错误。价格与价值关系在后续内容中经常被提到。

（4）纸币。在今天的现实经济生活中，人们经常接触的货币之一就是纸币。因此，掌握有关纸币的知识，才能更好地参与经济生活。纸币的制作是有成本的，为什么又说纸币没有价值呢？纸币作为货币符号能代替金属货币的哪些职能呢？纸币的流通为什么要有国家法律强制力量的保证？学生不容易理解。因此，掌握好纸币对于更好地理解货币及其本质有重要作用。

二、说教学过程

1. 创设情境，导入新课

多媒体播放电影：《天下无贼》中的傻根想把打工赚的 6 万元钱带回家娶媳妇。他兴致勃勃地来到商场买家电，放眼一看海尔标价 6 900 元，海信标价 3 200 元，长虹标价 2 880 元……（图片＋配音），傻根一番讨价还价后付给商场 2 800 元买走了长虹电视，5 600 元买走了笔记本计算机……傻根决定浪漫一把带着媳妇欧洲度蜜月感受异国风情，别人告诉他出国旅游必须到银行兑换欧元或美元等外币。（图片＋配音）最后，6 万元没花完还剩 1 万元，太好了，存到银行以备不时之需……从此，傻根过上了幸福的生活（图片＋配音）。

2. 引领思维，合作探究

（1）傻根搬回家的彩电、笔记本计算机为什么是商品？为什么笔记本计算机价格比彩电视高？

第一问学生很易答出花钱购买的，教师引领学生归纳出：用于交换。教师进一步启发学生：商家为什么不统统白送呢？学生想法很多，相互讨论后，教师再进行引领，商家付出劳动要有回报，引导学生归纳出：劳动产品。教师继续追问，傻根为什么要买彩电和计算机呢？引领学生归纳出：使用价值。

第二问引导学生回顾前面提到的商家之所以不能白送是因为付出劳动，即无差别的人类劳动，生产计算机会付出更多的人类劳动，让学生进一步懂得：价值。

（2）傻根的 6 万元钱为什么可以买到彩电、计算机并出国旅游呢？

教师先设疑：你认为历史上先有商品还是先有货币？学生进行辩论后，教师帮助学生澄清误区，得出结论：先有商品。为突破难点货币的本质是一般等价物，教师引导学生做个游戏，通过游戏体会物物交换的困难，探讨货币的起源和本质。在游戏中让学生明白：交换比例不同引出等价物，交换双方恰好需要对方的商品引出一般等价物，钱并不神秘，货币的本质是一般等价物（对学生进行正确金钱观教育）。在"一般等价物"含义中教师重点讲解"一般"的两层含义，一是它在市场上可以和"一切"商品交换；二是它可以表现"一切"商品的价值。这时突出两个"一切"很必要。最终启发学生从刚才的分析中得出商品、一般等价物与货币的相同与不同点。

游戏：分角色扮演，体会复杂物物交换的困难和一般等价物出现的必要性。

一组代表（手中有书，但需要书立）；

二组代表（手中有书立，需要字典）；

三组代表（手中有字典，需要书包）；

老师（手中有书包，需要书）。

请各组的代表想尽办法实现自己的需求。

（3）傻根娶媳妇的消费过程体现了货币的哪些职能？

学生自主学习教材了解货币有哪些职能。教师引导学生回顾傻根娶媳妇的消费过程并提出问题：不同彩电的标价不同，货币在执行哪种职能？为什么商品前只摆放价格标签，而不是货币？帮助学生正确理解价值尺度职能。在傻根娶媳妇的消费过程中教师继续设问：傻根付给商场 2 800 元买走了长虹电视，货币起到了什么作用？傻根买彩电时，商场会不会接受观念上的货币？帮助学生明确流通手段职能。同时引导学生区分流通手段与商品流通。假如你是彩电生产者，你怎样做才能实现从商品到货币的"惊人一跃"，对学生进行利他的思想道德教育。货币还有其他职能，结合情境进一步从三个角度进行设问：①老板发的 6 万元工资表明货币在执行什么职能？②傻根欧洲蜜月之行为什么必须兑换欧元或美元等外币？③傻根把 1 万元钱存在银行表明货币在执行贮藏手段的职能吗？使学生明确货币的支付手段、世界货币和贮藏手段职能。

（4）傻根这 6 万元人民币就是货币吗？首先，播放视频《中国古代纸币的产生发展及消亡》。其次，教师引导学生自己从视频中提取信息，使学生知道纸币的产生原因、发行者、违背货币流通规律发行纸币的后果。在这一过程中懂得纸币与金属货币的最大区别是什么？既达成知识目标又提高学生提取信息的能力。最后，教师引领学生将视频中伪造纸币给予严厉的处罚和傻根勤劳致富进行对比，帮助学生树立正确的情感、态度、价值观目标，即对待金钱要取之有道。

3. 归纳总结与反思

教师结合板书进行小结。

【知识巩固】

(1) 简述说课的概念及其特征。

(2) 简要介绍说课的内容。

(3) 简要说明说课稿的撰写策略。

(4) 简要说明说课中"说"的策略。

【实践训练】

依据会计教学设计方案（4.0 版），按说课的基本要素内容，编写说课稿。

附录1　中等职业学校教师专业标准（试行）

为促进中等职业学校教师专业发展，建设高素质"双师型"教师队伍，根据《中华人民共和国教师法》《中华人民共和国职业教育法》《中华人民共和国劳动法》，特制定《中等职业学校教师专业标准（试行）》（以下简称《专业标准》）。

中等职业学校教师是履行中等职业学校教育教学工作职责的专业人员，要经过系统的培养与培训，具有良好的职业道德，掌握系统的专业知识和专业技能，专业课教师和实习指导教师要具有企事业单位工作经历或实践经验并达到一定的职业技能水平。《专业标准》是国家对合格中等职业学校教师专业素质的基本要求，是中等职业学校教师开展教育教学活动的基本规范，是引领中等职业学校教师专业发展的基本准则，是中等职业学校教师培养、准入、培训、考核等工作的基本依据。

一、基本理念

（一）师德为先

热爱职业教育事业，具有职业理想、敬业精神和奉献精神，践行社会主义核心价值体系，履行教师职业道德规范，依法执教。立德树人，为人师表，教书育人，自尊自律，关爱学生，团结协作。以人格魅力、学识魅力、职业魅力教育和感染学生，做学生职业生涯发展的指导者和健康成长的引路人。

（二）学生为本

树立人人皆可成才的职业教育观。遵循学生身心发展规律，以学生发展为本，培养学生的职业兴趣、学习兴趣和自信心，激发学生的主动性和创造性，发挥学生特长，挖掘学生潜质，为每一个学生提供适合的教育，提高学生的就业能力、创业能力和终身学习能力，促进学生健康快乐成长，学有所长，全面发展。

（三）能力为重

在教学和育人过程中，把专业理论与职业实践相结合、职业教育理论与教育实践相结合；遵循职业教育规律和技术技能人才成长规律，提升教育教学专业化水平；坚持实践、反思、再实践、再反思，不断提高专业能力。

（四）终身学习

学习专业知识、职业教育理论与职业技能，学习和吸收国内外先进职业教育理念与经验；参与职业实践活动，了解产业发展、行业需求和职业岗位变化，不断跟进技术进步和工艺更新；优化知识结构和能力结构，提高文化素养和职业素养；具有终身学习与持续发展的意识和能力，做终身学习的典范。

二、基本内容

维度	领域	基本要求
专业理念与师德	（一）职业理解与认识	1. 贯彻党和国家教育方针政策，遵守教育法律法规。 2. 理解职业教育工作的意义，把立德树人作为职业教育的根本任务。 3. 认同中等职业学校教师的专业性和独特性，注重自身专业发展。 4. 注重团队合作，积极开展协作与交流
	（二）对学生的态度与行为	5. 关爱学生，重视学生身心健康发展，保护学生人身与生命安全。 6. 尊重学生，维护学生合法权益，平等对待每一个学生，采用正确的方式方法引导和教育学生。 7. 信任学生，积极创造条件，促进学生的自主发展
	（三）教育教学态度与行为	8. 树立育人为本、德育为先、能力为重的理念，将学生的知识学习、技能训练与品德养成相结合，重视学生的全面发展。 9. 遵循职业教育规律、技术技能人才成长规律和学生身心发展规律，促进学生职业能力的形成。 10. 营造勇于探索、积极实践、敢于创新的氛围，培养学生的动手能力、人文素养、规范意识和创新意识。 11. 引导学生自主学习、自强自立，养成良好的学习习惯和职业习惯
	（四）个人修养与行为	12. 富有爱心、责任心，具有让每一个学生都成为有用之才的坚定信念。 13. 坚持实践导向，身体力行，做中教，做中学。 14. 善于自我调节，保持平和心态。 15. 乐观向上、细心耐心，有亲和力。 16. 衣着整洁得体，语言规范健康，举止文明礼貌

续表

维度	领域	基本要求
专业知识	(五) 教育知识	17. 熟悉技术技能人才成长规律，掌握学生身心发展规律与特点。 18. 了解学生思想品德和职业道德形成的过程及其教育方法。 19. 了解学生不同教育阶段以及从学校到工作岗位过渡阶段的心理特点和学习特点，并掌握相关教育方法。 20. 了解学生集体活动特点和组织管理方式
	(六) 职业背景知识	21. 了解所在区域经济发展情况、相关行业现状趋势与人才需求、世界技术技能前沿水平等基本情况。 22. 了解所教专业与相关职业的关系。 23. 掌握所教专业涉及的职业资格及其标准。 24. 了解学校毕业生对口单位的用人标准、岗位职责等情况。 25. 掌握所教专业的知识体系和基本规律
	(七) 课程教学知识	26. 熟悉所教课程在专业人才培养中的地位和作用。 27. 掌握所教课程的理论体系、实践体系及课程标准。 28. 掌握学生专业学习认知特点和技术技能形成的过程及特点。 29. 掌握所教课程的教学方法与策略
	(八) 通识性知识	30. 具有相应的自然科学和人文社会科学知识。 31. 了解中国经济、社会及教育发展的基本情况。 32. 具有一定的艺术欣赏与表现知识。 33. 具有适应教育现代化的信息技术知识
专业能力	(九) 教学设计	34. 根据培养目标设计教学目标和教学计划。 35. 基于职业岗位工作过程设计教学过程和教学情境。 36. 引导和帮助学生设计个性化的学习计划。 37. 参与校本课程开发
	(十) 教学实施	38. 营造良好的学习环境与氛围，培养学生的职业兴趣、学习兴趣和自信心。 39. 运用讲练结合、工学结合等多种理论与实践相结合的方式方法，有效实施教学。 40. 指导学生主动学习和技术技能训练，有效调控教学过程。 41. 应用现代教育技术手段实施教学
	(十一) 实训实习组织	42. 掌握组织学生进行校内外实训实习的方法，安排好实训实习计划，保证实训实习效果。 43. 具有与实训实习单位沟通合作的能力，全程参与实训实习。 44. 熟悉有关法律和规章制度，保护学生的人身安全，维护学生的合法权益
	(十二) 班级管理与教育活动	45. 结合课程教学并根据学生思想品德和职业道德形成的特点开展育人和德育活动。 46. 发挥共青团和各类学生组织自我教育、管理与服务作用，开展有益于学生身心健康的教育活动。 47. 为学生提供必要的职业生涯规划、就业创业指导。 48. 为学生提供学习和生活方面的心理疏导。 49. 妥善应对突发事件

续表

维度	领域	基本要求
专业能力	（十三）教育教学评价	50. 运用多元评价方法，结合技术技能人才培养规律，多视角、全过程评价学生发展。 51. 引导学生进行自我评价和相互评价。 52. 开展自我评价、相互评价与学生对教师评价，及时调整和改进教育教学工作
	（十四）沟通与合作	53. 了解学生，平等地与学生进行沟通交流，建立良好的师生关系。 54. 与同事合作交流，分享经验和资源，共同发展。 55. 与家长进行沟通合作，共同促进学生发展。 56. 配合和推动学校与企业、社区建立合作互助的关系，促进校企合作，提供社会服务
	（十五）教学研究与专业发展	57. 主动收集分析毕业生就业信息和行业企业用人需求等相关信息，不断反思和改进教育教学工作。 58. 针对教育教学工作中的现实需要与问题，进行探索和研究。 59. 参加校本教学研究和教学改革。 60. 结合行业企业需求和专业发展需要，制定个人专业发展规划，通过参加专业培训和企业实践等多种途径，不断提高自身专业素质

附录2 广东省中等职业学校专业课教师和实习指导教师资格考试面试大纲

一、测试性质

面试是中等职业学校专业课教师和实习指导教师资格考试的组成部分，属于标准参照性考试。笔试科目《专业知识与教学能力》的考察结合面试环节进行。

二、测试目标

面试主要考察申请中等职业学校专业课教师和实习指导教师资格人员应具备的新教师基本素养、职业发展潜质、教育教学能力、专业基础知识和基本技能，主要包括：

1. 良好的职业认知、心理素质和思维品质。
2. 较好的专业基础知识，必需的基本技能。
3. 仪表仪态得体，有一定的表达、交流、沟通能力。
4. 能够恰当地运用教学方法、手段，教学环节规范，较好地达成教学目标。

三、测试内容与要求

（一）职业认知

1. 热爱教育事业，能正确认识、理解中等职业教育专业课教师和实习指导教师的职业特征，遵守教师职业道德规范，能够正确认识、分析和评价教育教学实践中的师德问题。

2. 关爱学生、尊重学生，公正平等地对待每一位学生，关注每一位学生的成长。遵循学生身心发展规律，以学生发展为本，培养学生的职业兴趣、学习兴趣和自信心，激发学生的主动性和创造性，发挥学生特长，挖掘学生潜质，为每一个学生提供适合的教育，提高学生的就业能力、创业能力和终身学习的能力，促进学生健康快乐成长，学有所长，全面发展。

（二）心理素质

1. 积极、开朗，有自信心。具有积极向上的精神，主动热情工作；具有坚定顽强的精神，不怕困难。

2. 有较强的情绪调节与自控能力。能够有条不紊地工作，不急不躁；能够冷静处理问题，有应变能力；能公正地看待问题，不偏激，不固执。

（三）仪表仪态

1. 仪表整洁，符合教育职业和场景要求。

2. 举止大方，肢体语言得体，符合教师礼仪和教学内容要求。

（四）言语表达

1. 语言清晰，语速适宜，表达准确。口齿清楚，讲话流利，发音标准，声音洪亮，语速适宜；讲话中心明确，层次分明，表达完整，有感染力。

2. 善于倾听、交流，有亲和力。具有较强的口头表达能力，善于倾听别人的意见，并能够较准确地表达自己的观点；在交流中尊重对方、态度和蔼。

（五）思维品质

1. 能够迅速、准确地理解和分析问题，有较强的综合分析能力。

2. 能够清晰有条理地陈述问题，有较强的逻辑性。

3. 能够比较全面地看待问题，思维灵活。

4. 能够提出具有创新性的解决问题的思路和方法。

（六）教学设计

1. 能体现所任专业对应行业的产业发展和技术发展的现状和趋势，了解教学课程在专业人才培养中的地位、作用。

2. 能根据所任专业的基础知识和专业特点，准确把握教学目标、教学内容、教学重点和难点。

3. 能体现学生的主体性，教学方法和手段符合中等职业学校学生特点、内容要求和场景要求，因材施教。

（七）教学实施

1. 能够有效地组织学生的学习活动，注重激发学生的学习兴趣，有与学生交流的意识。

2. 能够科学准确地表达和呈现教学主题、教学目标、教学内容和教学要求，主题突出，层次分明，板书工整、美观、适量。

3. 能合理运用教学器材或实训设备展示操作技能和操作规范，有良好的安全意识。

4. 能够较好地把握教学时间和教学节奏，合理运用信息化手段，较好地达成教学目标。

（八）教学评价

1. 在教学实施过程中注重对学生进行评价。

2. 能客观评价自己的教学效果。

四、测试方法与流程

（一）测试方法

采取结构化面试和情境模拟相结合的方法，通过抽题、备课、专业概述、试讲（演示）、答辩等方式进行。

（二）测试流程

1. 抽取试题。考生根据自己所报考的专业，自带一本正式出版的本专业中职或以上学校的专业课或实习指导教材，工作人员从教材中随机抽取章节作为考试题目。

抽题方法：第一步，抽题室工作人员对教材进行审核，查看本教材有多少章，用相应的号码球对应不同的章，由考生随机抽取第几章；第二步，工作人员查看考生抽取的章含多少节，用相应的号码球对应不同的节，由考生随机抽取相应的节；第三步，工作人员将考生随机抽取的章节内容作为备课和试讲内容，登记在备课纸上，考生签名确认。

2. 备课。考生根据抽取的备课内容，进行教学设计。时间20分钟。

报考专业课教师应按理论课或理实一体化课的要求，进行教学设计。报考实习指导教师应按实验实训课的要求，进行教学设计。

3. 专业概述。考生针对拟任教专业进行专业概述。时间 5 分钟。

4. 试讲（演示）。考生按照准备的教学方案进行试讲（或演示）。时间 10 分钟。

5. 答辩。考官进行提问，考生答辩。时间 5 分钟。

6. 评分。考官根据考生面试过程中的表现，进行综合性评分。

五、评分标准

序号	测试项目	权重	分值	评分标准
一	职业认知	5	3	热爱教育事业，有较强的从教愿望，能正确认识、理解中等职业教育专业课教师和实习指导教师的职业特征，遵守教师职业道德规范
			2	关爱学生，尊重学生、公正平等对待学生，关注每个学生的成长
二	心理素质	5	3	积极、开朗，有自信心
			2	有较强的情绪调节与自控能力
三	仪表仪态	5	2	衣着整洁，仪表得体，符合中等职业教育专业课教师和实习指导教师职业特点
			3	行为举止稳重端庄大方，教态自然，肢体表达得当
四	言语表达	10	5	语言清晰，表达准确，语速适宜
			5	善于倾听、交流，有亲和力
五	思维品质	10	4	思维缜密、灵活，富有条理，看待问题全面
			3	迅速地抓住核心要素，准确地理解和分析问题
			3	具有创新性的解决问题的思路和方法
六	教学设计	30	10	能体现所任专业对应行业的产业发展和技术发展的现状和趋势，了解教学课程在专业人才培养中的地位、作用
			10	能根据所任专业的基础知识和专业特点，准确把握教学目标、教学内容、教学重点和难点
			10	能体现学生的主体性，教学方法和手段符合中等职业学校学生特点、内容要求和场景要求
七	教学实施	30	5	能够有效地组织学生的学习活动，注重激发学生的学习兴趣，有与学生交流的意识
			10	能够科学准确地表达和呈现教学主题、教学目标、教学内容和教学要求，主题突出，层次分明，板书工整、美观、适量
			10	能合理运用教学设备或实训设备展示操作技能和操作技术规范，有良好的安全意识
			5	能够较好地把握教学时间和教学节奏，合理运用信息化手段，较好地达成教学目标
八	教学评价	5	3	能在教学实施过程中对学生进行评价
			2	能客观地评价教学效果

附录3　中等职业学校会计专业教学标准（试行）

一、专业名称（专业代码）

会计（120100）

二、入学要求

初中毕业或具有同等学力

三、基本学制

3年

四、培养目标

本专业坚持立德树人，面向中小企业和会计服务机构，培养从事出纳、会计核算及财经相关服务工作，德、智、体、美全面发展的高素质劳动者和技能型人才。

五、职业范围

序号	对应职业（岗位）	职业资格证书举例	专业（技能）方向
1	出纳员 会计核算员 成本核算员 办税员 收银员	会计从业资格证 计算机文字录入员 收银员	企业会计
2	会计代理 税务代理 招标采购代理 统计员 财经文员	会计从业资格证 统计从业资格证	会计服务

说明：可根据区域实际情况和专业（技能）方向取得1或2个证书。

六、人才规格

本专业毕业生应具有以下职业素养、专业知识和技能。

（一）职业素养

1. 具有良好的职业道德，能自觉遵守行业法规、规范和企业规章制度。

2. 具有爱岗敬业、诚实守信、廉洁自律、客观公正、坚持准则的会计职业精神。

3. 了解会计职业生涯发展要求、具有自主学习和适应职业变换的能力。

4. 具有良好的人际交往能力、沟通协调能力、团队合作精神和服务意识。

5. 具有正确的就业意识、良好的创业意识和一定的创新精神。

6. 具有现代社会公民基本的文化基础知识、科学素养、环境保护意识和健康生活态度。

（二）专业知识和技能

1. 理解会计的基本概念和相关专业术语。

2. 熟悉与会计职业相关的财经法律法规、小企业会计准则以及会计基础工作规范等知识。

3. 掌握会计基本核算方法、核算程序、会计政策等知识。

4. 掌握点钞、字录、小键盘输入、会计数字书写等会计基本技能。

5. 能够从事小企业出纳工作。

6. 能够从事小企业会计业务核算工作。

7. 能够从事小企业会计电算化核算工作。

8. 能够从事小企业税务核算与申报工作。

专业（技能）方向——企业会计

1. 能够从事企业收银服务工作。

2. 能够从事小型制造企业成本核算工作。

3. 能够从事小型商品流通企业会计核算工作。

4. 能够从事小型服务业企业会计核算工作。

专业（技能）方向——会计服务

1. 能够从事企业财经文员工作。

2. 能够从事小企业统计信息整理和申报工作。

3. 能够代理小企业会计事务。

4. 能够办理采购招标代理事务。

5. 能够撰写一般商务文案和会计基本文书。

七、主要接续专业

高职：会计、会计电算化、财务管理、会计与审计。

本科：会计学、财务管理、审计学。

八、课程结构

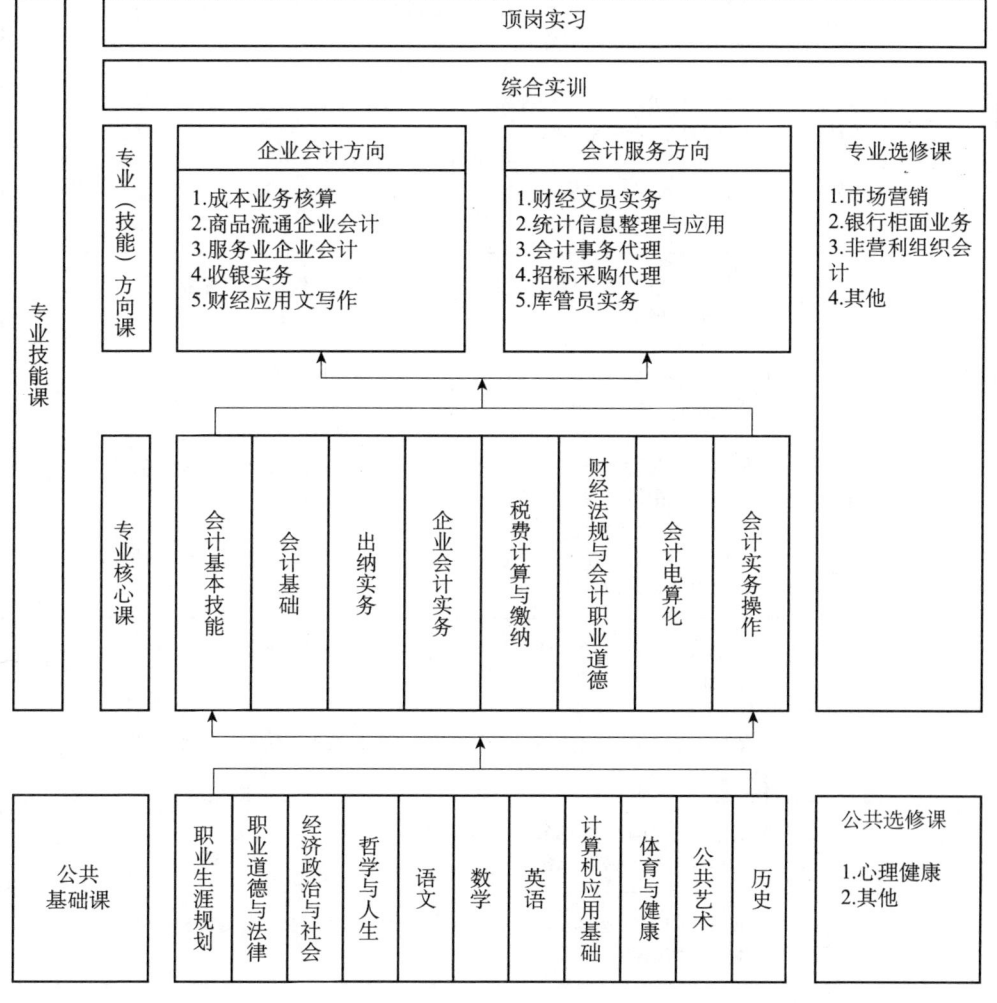

九、课程设置及要求

本专业课程设置分为公共基础课和专业技能课。

公共基础课包括德育课、文化课、体育与健康、公共艺术、历史，以及其他自然科学与众人文科学类基础课。

专业技能课包括专业核心课、专业（技能）方向课和专业选修课，实习实训是专业技能课教学的重要内容，含校内外实训、顶岗实习等多种形式。

（一）公共基础课

序号	课程名称	主要教学内容和要求	参考学时
1	职业生涯规划	依据《中等职业学校职业生涯规划教学大纲》开设，并与专业实际和行业发展密切结合	32
2	职业道德与法律	依据《中等职业学校职业道德与法律教学大纲》开设，并与专业实际和行业发展密切结合	32
3	经济政治与社会	依据《中等职业学校经济政治与社会教学大纲》开设，并与专业实际和行业发展密切结合	32
4	哲学与人生	依据《中等职业学校哲学与人生教学大纲》开设，并与专业实际和行业发展密切结合	32
5	语文	依据《中等职业学校语文教学大纲》开设，并注重在职业模块的教学内容中体现专业特色	144
6	数学	依据《中等职业学校数学教学大纲》开设，并注重在职业模块的教学内容中体现专业特色	144
7	英语	依据《中等职业学校英语教学大纲》开设，并注重在职业模块的教学内容中体现专业特色	144
8	计算机应用基础	依据《中等职业学校计算机应用基础教学大纲》开设，并注重在职业模块的教学内容中体现专业特色	144
9	体育与健康	依据《中等职业学校体育与健康教学指导纲要》开设，并与专业实际和行业发展密切结合	180
10	公共艺术	依据《中等职业学校公共艺术教学指导纲要》开设，并与专业实际和行业发展密切结合	36
11	历史	依据《中等职业学校历史教学大纲》开设，并与专业实际和行业发展密切结合	36

（二）专业技能课

1. 专业核心课

序号	课程名称	主要教学内容和要求	参考学时
1	会计基本技能	掌握点钞、中英文录入、数字录入与数字书写的基本方法；能熟练运用单指、多指技法点钞；能熟练操作计算机英文和数字键盘；会正确填写支票、发票等开票日期及大小写金额；会正确登记账簿数字	72
2	会计基础	了解会计工作职责与要求，熟悉会计核算工作程序；领会会计核算对象、会计核算方法体系和会计基础工作规范要求；会填制与审核原始凭证；会运用借贷记账法填制企业主要经济业务记账凭证；会登记主要会计账簿；会编制简单资产负债表和利润表	108
3	出纳实务	了解企业出纳员岗位设置及其工作职责与任务；理解现金及银行结算制度要求；会办理库存现金、银行存款收付与盘点业务；会填制常用的现金结算和银行结算单据；会登记现金日记账和银行存款日记账	54
4	企业会计实务	了解企业会计岗位设置及其工作职责与任务；理解企业会计事项的确认、计量和计算方法。会填制和审核典型经济业务的原始凭证；会计填制小企业经济业务记账凭证；会登记总账及其属明细账；会编制资产负债表和利润表	162
5	税费计算与缴纳	了解企业现行税费体系与基本法律规定；掌握小企业增值税、消费税、企业所得税、个人所得税等税种的计算、申报和缴纳	72
6	财经法规与会计职业道德	了解企业工作法律法规、制度与职业道德体系；熟悉会计从业资格对财经法规与职业道德的基本要求；能够识记、理解和辨析会计法律法规、支付结算法律制度、税收征管法律法规等主要条款内容	72
7	会计电算化	了解企业会计电算化实施与工作规范；了解小企业主要会计电算化软件及主要功能模块；会实施会计账套管理初始工作；能熟练运用总账、报表、工资、固定资产等基本功能核算小企业日常经济业务	108
8	会计实务操作	认真执行财政部颁布的《小企业会计准则》和现行税法以、独立或分岗完成一家小型制造企业某会计期间经济业务的模拟训练，初步接触企业经济业务会计核算全过程，包括建账、填制和审核原始凭证、填制和审核记账凭证、登记会计账簿、对账与结账、编制会计报表、整理会计档案等	72

2. 专业（技能）方向课

（1）企业会计

序号	课程名称	主要教学内容和要求	参考学时
1	成本业务核算	了解成本费用的基本概念与类型；理解企业成本核算的基本程序与基本方法；能对小企业要素费用进行归集与分配；了解分步法基本原理；会运用品种法、分批法和分类法核算小企业产品成本；会编制小企业常用成本费用报表	72
2	商品流通企业会计	了解商品流通企业经营方式与会计管理要求；理解商品流通企业会计核算特点；能正确核算商品流通企业日常经济业务	36
3	服务业企业会计	了解服务业企业经营方式与会计管理要求；理解服务业企业会计核算特点；能正确核算服务业企业日常经济业务	36
4	收银实务	了解收银员工作职责、安全管理和条形码识别知识；理解商业企业收银工作基本流程；能熟练操作POS机及关联设备；会办理收银票款结算业务；能运用收银礼仪与服务用语；会妥善处理顾客纠纷	72
5	财经应用文写作	了解常见财经应用文的体例与书写要求；理解企业相关经营合同等文书条款；会撰写市场调查报告，以及小企业财务情况说明书、财务人员工作总结、减税免税申请书等基本文书	72

（2）会计服务

序号	课程名称	主要教学内容和要求	参考学时
1	财经文员实务	了解企业财经文员主要工作职责与工作内容；掌握商务活动接待与沟通要领；熟练使用办公设备及办公软件；能够处理一般办公事务、会务服务、商务旅行等工作；能撰写一般商务文案。同时，还能兼顾市场信息收集与整理、档案管理、工资计算与工资统计等工作；兼顾办理企业年检、社会保险、纳税申报等事务	72
2	统计信息整理与应用	了解国民经济和社会发展主要统计指标，企业统计工作主要职责与内容；理解企业统计指标经济含义与数量关系；能够熟练运用Excel整理和应用企业统计信息；会编制和报送小企业统计报表	72
3	会计事务代理	了解会计事务代理机构服务内容和工作流程；能够代办企业工商登记、企业税务登记、增值税一般纳税人认定、发票业务、减免税及社保等会计事务	36
4	招标采购代理	了解招标采购相关法律法规体系；理解《政府采购法》和《招标投标法》主要条款；会办理公开招标、邀请招标、竞争性谈判、单一来源和询价等方式采购文书和程序	72
5	库管员实务	了解企业仓库管理员岗位基本职责与财产安全保管知识；理解企业物料收发工作流程与管理要求；会登记企业相关物料明细账和编制相关报表；能掌握库存物料的盘存方法和安全管理知识	36

3. 专业选修课

（1）市场营销；

（2）银行柜面业务；

(3) 非营利组织会计;

(4) 其他。

4. 综合实训

综合实训是本专业必修的校内实训环节,要以国家财经法律法规和岗位能力需要为依据,通过手工记账或借助财经类仿真实训软件等方式,有序开展点钞、翻打传票、出纳员岗位实训、收银员岗位实训、办税员岗位实训、会计电算化上机训练等综合性实训项目,对本专业职业岗位应完成的工作任务、应具备的职业技能和职业道德进行系统化训练,为学生未来就业或创业打下基础。

5. 顶岗实习

顶岗实习是本专业最后的实践性教学环节,要认真落实教育部、财政部关于《中等职业学校学生实习管理办法》的有关要求,保证学生顶岗实习的岗位与其所学专业面向的岗位(群)基本一致。在确保学生实习总量的前提下,可根据实际需要,通过校企合作,实行工学交替、多学期、分阶段安排学生实习。通过企业顶岗实习,学生能更深入地了解企业会计及相关服务岗位的工作环境和管理要求,熟悉企业生产经营活动过程,明确会计及相关岗位的工作任务与职责权限,能够用所学知识和技能解决实际工作问题,学会与人相处与合作,树立正确的劳动观念与就业态度。

十、教学时间安排

(一) 基本要求

每学年为52周,其中教学时间40周(含复习考试和集中实训),累计假期12周,周学时一般为28学时,顶岗实习按每周30小时(1小时折合1学时)安排,3年总学时数为3 000～3 300学时。学校可根据实际情况调整课程开设顺序和周课时安排。

实行学分制的学校,一般16～18学时为1学分,3年制总学分不得少于170学分。军训、社会实践、入学教育、毕业教育等活动以1周为1学分,共5学分。

公共基础课学时约占总学时的1/3,允许根据行业人才培养的实际需要在规定的范围内适当调整,但必须保证学生修完公共基础课的必修内容和学时。

专业技能课学时约占总学时的2/3,在确保学生实习总量的前提下,可根据实际需要集中或分阶段安排实习时间,行业企业认知实习应安排在第一学年。

课程设置中应设选修课,其学时数占总学时的比例应不少于10%。

（二）教学安排建议

课程类别			课程名称	学分	学时	学期 1	学期 2	学期 3	学期 4	学期 5	学期 6
公共基础课			职业生涯规划	2	32	√					
			职业道德与法律	2	32		√				
			经济政治与社会	2	32			√			
			哲学与人生	2	32				√		
			语文	8	144	√	√				
			数学	8	144	√	√				
			英语	8	144	√	√				
			计算机应用基础	8	144	√	√				
			体育与健康	10	180	√	√	√	√	√	
			公共艺术	2	36		√				
			历史	2	36		√				
			公共基础课小计	54	956						
专业核心课			会计基本技能	4	72	√					
			会计基础	6	108	√					
			出纳实务	3	54		√				
			企业会计实务	9	162		√	√			
			税费计算与缴纳	4	72			√			
			财经法规与会计职业道德	4	72			√			
			会计电算化	6	108				√		
			会计实务操作	4	72				√	√	
			小计	40	720						
专业技能课	专业（技能）方向课	企业会计	成本业务核算	4	72					√	
			商品流通企业会计	2	36					√	
			服务业企业会计	2	36					√	
			收银实务	4	72					√	
			财经应用文写作	4	72					√	
			小计	16	288						
		会计服务	财经文员实务	4	72					√	
			统计信息整理与应用	4	72					√	
			会计事务代理	2	36					√	
			招标采购代理	4	72					√	
			库管员实务	2	36					√	
			小计	16	288						
			综合实训	6	108					√	
			顶岗实习	30	540						√
			专业技能课小计	92	1 656						
			合计	146	2 612						

说明：(1) "√" 表示建议相应课程开设的学期。

(2) 本表不含军训、社会实践、入学教育、毕业教育及选修课教学安排，学校可根据实际情况灵活设置。

十一、教学实施

（一）教学要求

1. 公共基础课

公共基础课教学要符合教育部有关教育教学基本要求，按照培养学生基本科学文化素养、服务学生专业学习和终身发展的功能来定位，重在教学方法、教学组织形式的改革，教学手段、教学模式的创新，调动学生学习积极性，为学生综合素质的提高、职业能力的形成和可持续发展奠定基础。

2. 专业技能课

专业技能课教学，按照相应职业岗位（群）的能力要求，强化理论实践一体化，突出"做中学、做中教"的职业教育教学特色。围绕会计核心能力培养，通过会计基础训练、会计手工综合实训、会计电算化综合实训等环节开展多维仿真训练，达到提升职业能力的目的。对于知识性、理论性教学内容，建议采用案例教学、对比教学等方法；对于方法、技能性教学内容，建议采用任务教学、角色扮演、情境教学等方法，利用校内外实训基地，将学生的自主学习、合作学习和教师引导教学等教学组织形式有机结合。

（二）教学管理

各学校依据本标准制定实施性教学计划。要加强对教学过程的质量监控，改革教学评价的标准和方法。顶岗实习原则上安排在最后一学期，学校要加强实习学生的日常跟踪管理，为学生办理企业顶岗实习期间的意外伤害保险。学校在本专业开展订单培养时，应保证必修公共基础课和专业核心课的教学要求，在此基础上可根据合作企业要求将订单特设课程作为专业方向课程实施。

十二、教学评价

（1）注重职业道德教育，构建学生、老师、家长、企业、社会广泛参与的学生多元主体德育评价体系。

（2）以过程性评价为主体，将学生日常学习态度、学习表现、知识技能运用规范纳入课程成绩评价范围，形成日常学业评价为主、期末考试为辅的过程性学业评价体系。

（3）以职业资格鉴定基础，将学业考核与职业资格鉴定相结合，允许用职业资格证书替代一定专业课程成绩或学分。

（4）以行业、企业评价标准为依据，形成学校与企业专家共同参与学生企业顶岗实习环节的评价机制，切实加强和细化学生顶岗实习教学内容要求。

十三、实训实习环境

本专业应配备校内实训实习室和校外实训基地。

（一）校内实训实习室

校内实训实习必须具备的实训室及主要工具和设施设备的名称、数量如下。

序号	实训室名称	主要工具和设施设备	
		名称	数量
1	会计基本技能鉴定室	练功券	1 600 把
		扎条	5 000 根
		印章印泥等用具	40 套
		计算器或数字录入设备	40 套
		多媒体教学设备	1 套
		桌椅	40 套
		点验钞机	10 台
		训练题本	40 套
2	手工会计实训室	记账凭证	40 本
		现金日记账	40 本
		银行存款日记账	40 本
		总账	40 本
		各种明细账	40 本
		各种印章	40 套
		财务办公用品	40 套
		凭证装订机	10 台
		打印机	10 台
		会计模拟实训软件	1 套
		计算机	40 台
		多媒体教学设备	1 套
		实训工作台、椅	40 套
		手工会计实训资料	40 套

续表

序号	实训室名称	主要工具和设施设备	
		名称	数量
3	会计信息化实训室	各种印章	40套
		财务办公用品	40套
		凭证装订机	10台
		打印机	10台
		会计软件	1套
		计算机	40台
		多媒体教学设备	1套
		实训工作台、椅	40套
		会计信息化实训资料	40套
4	收银实训室	收银POS机	40台
		磁卡读卡器	40套
		扫码器	40套
		收银管理软件	1套
		多媒体教学设备	1套
		实训桌、椅	40套
		超市收银工作台全套设备	5套
		收银实训资料	40套

说明：主要工具和设施设备的数量按照标准班（40人/班）配置。

（二）校外实训基地

本专业应建立两类校外实训基地。根据会计岗位实习要求，依托企业财务部门、会计师事务所等机构建立专业认知和会计工作顶岗实习基地；根据收银员、财经文员等岗位实习需要，依托商贸服务企业，建立营销、收银等服务岗位顶岗实训基地。

十四、专业师资

根据教育部颁布的《中等职业学校教师专业标准》和《中等职业学校设置标准》的有关规定，进行教师队伍建设，合理配置教师资源。专业教师学历职称结构应合理，至少应配备具有相关专业中级以上专业技术职务的专任教师2人；建立"双师型"专业教师团队，其中"双师型"教师应不低于30%；应有业务水平较高的专业带头人。本专业专任教师应具有会计或会计相关专业本科及以上学历、中等职业学校教师资格证书、会计从业资格证书。专业带头人应有较高的业务能力，具有讲师以上专业技术职务和会计师职业资格。教师业务能力要适应行业企业发展需求，参加企业实践和技术服务。专业实训指导教师必须具有行业、企业工作经历或经过行业、企业培训。应根据专业课程开设的需求，聘请一定数量的行业、企业的专家或专业技术人员作为外聘教师。外聘教师应具有中级以上专业技术职称，参与学校教学与实践活动指导。

十五、其他（略）

附录 4　中等职业学校会计电算化专业教学标准（试行）

一、专业名称（专业代码）

会计电算化（120200）

二、入学要求

初中毕业或具有同等学力

三、基本学制

3 年

四、培养目标

本专业坚持立德树人，面向中小企业和会计服务机构，培养从事会计核算、出纳、收银、财务软件应用与维护、财务软件营销与服务等工作，德智体美全面发展的高素质劳动者和技能型人才。

五、职业范围

序号	对应职业（岗位）	职业资格证书举例	专业（技能）方向
1	出纳员 会计核算员 成本核算员 会计信息录入员 收解兼后台管理员 财经文员	会计从业资格证 计算机文字录入员证 ERP 应用资格证 收银员	企业会计

续表

序号	对应职业（岗位）	职业资格证书举例	专业（技能）方向
2	出纳员 财务软件客服员 财务软件营销员 会计信息录入员 统计员 财经文员	会计从业资格证 会计软件基础认证 ERP 应用资格证 统计从业资格证	会计服务

说明：可根据区域实际情况和专业（技能）方向取得 1 或 2 个证书。

六、人才规格

本专业毕业生应具有以下职业素养、专业知识和技能。

（一）职业素养

1. 具有良好的职业道德，能自觉遵守行业法规、规范和企业规章制度。

2. 具有爱岗敬业、诚实守信、廉洁自律、客观公正、坚持准则、参与管理的会计职业精神。

3. 具有适应会计职业生涯发展、自主学习和继续学习的能力。

4. 具有良好的人际交往、沟通协调能力、团队合作精神和服务意识。

5. 具有认真仔细、沉着稳健的作风。

6. 具有现代社会公民基本的文化基础知识、科学素养、环境保护意识和健康生活态度。

7. 具有操作 Office 办公软件的基本能力。

（二）专业知识和技能

1. 掌握会计的基本概念和基础知识。

2. 熟悉与会计职业相关的财经法律法规、小企业会计准则以及会计基础工作规范等知识。

3. 掌握会计基本核算方法和核算程序，能按会计操作规范核算企业主要会计业务。

4. 掌握点钞、汉字录入、数字录入、账簿书写等会计基本技能。

5. 能够根据货币资金管理规定，规范从事收银和出纳工作。

6. 熟悉会计电算化操作的一般流程和操作要求，能够运用财务软件从事企业会计电算化核算工作。

7. 能够从事企业税费计算与申报工作

专业（技能）方向——企业会计

1. 能够从事制造企业成本核算及信息化处理。
2. 能够从事企业收银、后台数据处理和系统管理工作。
3. 能够用 Excel 对财务信息进行统计及信息化处理。
4. 能够胜任财经文员工作，能撰写简单的商务文案。
5. 能够熟悉一款 ERP 软件，能操作其中的财务系统模块。
6. 能够从事"财务业务一体化"操作。

专业（技能）方向——会计服务

1. 具有财务软件维护能力，能对财务软件运行的环境进行日常维护。
2. 能够从事财务软件营销与服务工作。
3. 能够用 Excel 对财务信息进行统计及信息化处理。
4. 能够熟悉一款 ERP 软件，能操作其中的财务系统模块。
5. 能够胜任财经文员工作，能撰写简单的商务文案。

七、主要接续专业

高职：会计、会计电算化、财务管理、会计与审计。

本科：会计学、财务管理、审计学。

八、课程结构

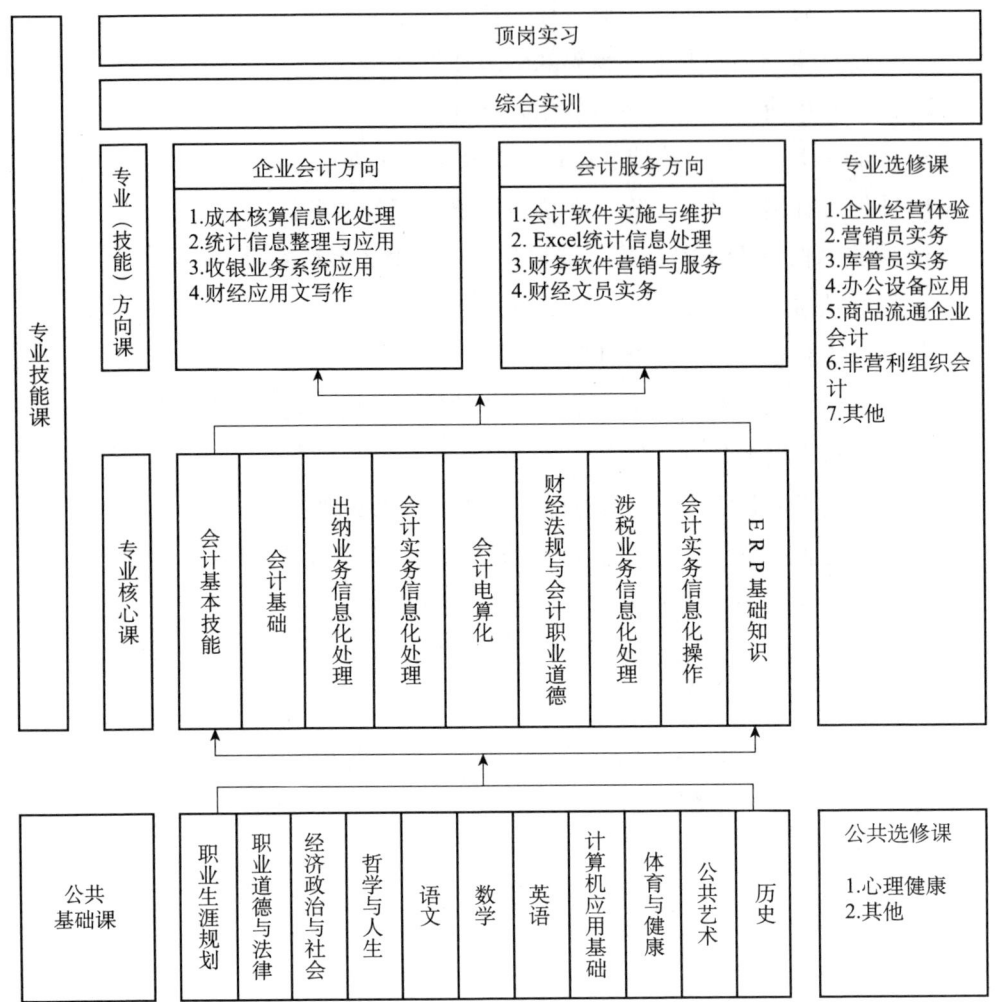

九、课程设置及要求

本专业课程设置分为公共基础课和专业技能课。

公共基础课包括德育课、文化课、体育与健康、公共艺术、历史，以及其他自然科学与众人文科学类基础课。

专业技能课包括专业核心课、专业（技能）方向课和专业选修课，实习实训是专业技能课教学的重要内容，含校内外实训、顶岗实习等多种形式。

（一）公共基础课

序号	课程名称	主要教学内容和要求	参考学时
1	职业生涯规划	依据《中等职业学校职业生涯规划教学大纲》开设，并与专业实际和行业发展密切结合	32
2	职业道德与法律	依据《中等职业学校职业道德与法律教学大纲》开设，并与专业实际和行业发展密切结合	32
3	经济政治与社会	依据《中等职业学校经济政治与社会教学大纲》开设，并与专业实际和行业发展密切结合	32
4	哲学与人生	依据《中等职业学校哲学与人生教学大纲》开设，并与专业实际和行业发展密切结合	32
5	语文	依据《中等职业学校语文教学大纲》开设，并注重在职业模块的教学内容中体现专业特色	144
6	数学	依据《中等职业学校数学教学大纲》开设，并注重在职业模块的教学内容中体现专业特色	144
7	英语	依据《中等职业学校英语教学大纲》开设，并注重在职业模块的教学内容中体现专业特色	144
8	计算机应用基础	依据《中等职业学校计算机应用基础教学大纲》开设，并注重在职业模块的教学内容中体现专业特色	144
9	体育与健康	依据《中等职业学校体育与健康教学指导纲要》开设，并与专业实际和行业发展密切结合	180
10	公共艺术	依据《中等职业学校公共艺术指导纲要》开设，并与专业实际和行业发展密切结合	36
11	历史	依据《中等职业学校历史教学大纲》开设，并与专业实际和行业发展密切结合	36

（二）专业技能课

1. 专业核心课

序号	课程名称	主要教学内容和要求	参考学时
1	会计基本技能	掌握点钞、中英文录入、数字录入与数字书写的基本方法；能熟练运用单指、多指技法点钞；能熟练操作计算机英文和数字键盘；会正确填写支票、发票等开票日期及大小写金额；会正确登记账簿数字	72
2	会计基础	了解会计工作职责与要求，熟悉会计核算工作程序；领会会计核算对象、会计核算方法体系和会计基础工作规范要求；会填制与审核原始凭证；会运用借贷记账法填制企业主要经济业务记账凭证；会登记主要会计账簿；会编制简单资产负债表和利润表	108

续表

序号	课程名称	主要教学内容和要求	参考学时
3	出纳业务信息化处理	了解出纳员工作职责与任务；了解现金及银行结算制度要求；会在会计信息化环境条件下填制常用现金收支业务凭证、银行结算收支凭证；能办理货币资金收付款业务；会登记日记账、出具出纳报告单协助会计账账核对；掌握银行对账流程，会处理对账业务，能出具余额调节表；能处理网上银行业务；能在出纳实务软件平台上进行单项和综合出纳业务模拟操作	54
4	企业会计实务信息化处理	了解小企业会计准则和企业内部控制基本规范；掌握资产、负债、所有者权益、收入、费用、利润及报表等内容的相关理论与核算处理；通过典型财务软件，了解信息化环境下财务业务一体化各项业务的处理方法和处理流程	162
5	会计电算化	了解会计电算化的基础知识和会计软件的基本知识；掌握企业会计电算化基本工作规范；熟悉计算机方式下会计核算基本流程；掌握账务处理模块、财务报表模块、应收/应付账款核算模块、工资核算和固定资产核算模块的基本操作方法，以及财政部会计从业资格考纲规定的其他内容	108
6	财经法规与会计职业道德	了解会计工作法律法规、制度与职业道德体系；熟悉会计从业资格对财经法规与职业道德的基本要求；能够识记、理解和辨析会计法律法规、支付结算法律制度、税收征管法律法规等主要条款内容	72
7	涉税业务信息化处理	掌握增值税、消费税、企业所得税、个人所得税等主要税种的基本法律条款；能对主要税种进行税费计算；能运用税控机开具发票；会进行企业税收网上申报、税收扣款；能够独立熟练完成企业主要税种的期末网上申报	72
8	会计实务信息化操作	熟悉财政部颁布的《小企业会计准则》和现行税法，熟练使用会计信息化软件中的总账、报表、工资、固定资产、进销存等模块，采用上机操作与手工记账同步方式，独立或分岗完成一家小型制造企业某会计期间经济业务的会计核算，包括建账、审核与填制原始凭证、审核与填制记账凭证、登记会计账簿、对账与结账、编制会计报表、整理会计档案等	72
9	ERP 基础知识	了解 ERP 的发展历程和核心思想；了解 ERP 系统的生产制造、物流管理和财务管理等主要模块的功能；能根据企业的需要在 ERP 系统中录入和提取信息；能运用 ERP 系统整合部门之间的业务联系；能在 ERP 系统不同功能模块间传递和整合信息；能对 ERP 软件财务模块进行基本操作	72

2. 专业（技能）方向课

（1）企业会计。

序号	课程名称	主要教学内容和要求	参考学时
1	成本核算信息化处理	了解成本核算的基本程序与一般方法；掌握要素费用归集与分配方法；了解分批法和分步法基本原理；会编制常用成本费用报表；能在会计信息化环境条件下熟练运用品种法核算企业的产品生产成本等	72

续表

序号	课程名称	主要教学内容和要求	参考学时
2	统计信息整理与应用	了解国民经济和社会发展主要统计指标，企业统计工作主要职责与内容；理解企业统计指标经济含义与数量关系；能够熟练运用Excel整理和应用企业统计信息；会编制和报送小企业统计报表	72
3	收银业务系统应用	了解收银工作业务范畴和收银工作业务流程；熟悉收银业务信息系统及收银工作后台管理知识；能够掌握账套管理、进货管理、商品录入、商品销售、价格管理、生鲜管理、仓库管理、财务管理等信息管理系统；会常用收银软件的基本操作；能进行后台数据的基本处理；能够胜任收银业务信息处理工作	54
4	财经应用文写作	了解常见财经应用文的体例与书写要求；理解企业相关经营合同等文书条款；会撰写市场调查报告，以及小企业财务情况说明书、财务人员工作总结、减税免税申请书等基本文书	72

（2）会计服务。

序号	课程名称	主要教学内容和要求	参考学时
1	会计软件实施与维护	掌握一款常用财务软件的安装、调试和使用；能对财务软件运行的环境进行日常的基本维护	72
2	Excel统计信息处理	熟悉企业主要统计报表；掌握主要指标统计方法；会办理统计表报送工作；掌握Excel的基本操作、各种数据的输入、工作表的格式设置、公式的输入与编辑以及常用统计函数的使用等；能熟练运用Excel进行数据的整理、汇总、统计指标计算和自动生成，对财务信息进行统计处理等	72
3	财务软件营销与服务	了解营销基本知识；能根据需要进行市场调研；会搜集客户需求信息并进行整理、归纳和分析；能对客户进行培训和长期跟踪；能解答客户疑问，并就存在的问题提出有效解决方案	54
4	财经文员实务	了解企业财经文员主要工作职责与工作内容；掌握商务活动接待与沟通要领；熟练使用办公设备及办公软件；能够处理一般办公事务、会务服务、商务旅行等工作；能撰写一般商务文案。同时，还能兼顾市场信息收集与整理、档案管理、工资计算与工资统计等工作；兼顾办理企业年检、社会保险、纳税申报等事务	72

3. 专业选修课

（1）企业经营体验。

（2）营销员实务。

（3）库管员实务。

（4）办公设备应用。

（5）商品流通企业会计。

（6）非营利组织会计。

4. 综合实训

综合实训是本专业必修的校内实训环节，要以国家财经法律法规和岗位能力需要为依据，以财经类仿真实训软件为平台，有序开展点钞、翻打传票、出纳员岗位实训、收银员岗位实训、办税员岗位实训、财务业务一体化应用、财务软件实施与维护等综合性实训项目，对本专业职业岗位应完成的工作任务、应具备的职业技能和职业道德进行系统化训练，为学生未来就业或创业打下基础。

5. 顶岗实习

顶岗实习是本专业最后的实践性教学环节，要认真落实教育部、财政部关于《中等职业学校学生实习管理办法》的有关要求，保证学生顶岗实习的岗位与其所学专业面向的岗位（群）基本一致。在确保学生实习总量的前提下，可根据实际需要，通过校企合作，实行工学交替、多学期、分阶段安排学生实习。通过企业顶岗实习，学生能更深入地了解企业会计及相关服务岗位的工作环境和管理要求，熟悉企业生产经营活动过程，明确会计及相关岗位的工作任务与职责权限，能够用所学知识和技能解决实际工作问题，学会与人相处与合作，树立正确的劳动观念与就业态度。

十、教学时间安排

（一）基本要求

每学年为52周，其中教学时间40周（含复习考试），累计假期12周，周学时一般为28学时，顶岗实习按每周30小时（1小时折合1学时）安排，3年总学时数为3 000~3 300学时。课程开设顺序和周学时安排，学校可根据实际情况调整。

实行学分制的学校，一般16~18学时为1学分，3年制总学分不得少于170学分。军训、社会实践、入学教育、毕业教育等活动以1周为1学分，共5学分。公共基础课学时约占总学时的1/3，允许根据行业人才培养的实际需要在规定的范围内适当调整，但必须保证学生修完公共基础课的必修内容和学时。专业技能课学时约占总学时的2/3，在确保学生实习总量的前提下，可根据实际需要集中或分阶段安排实习时间，行业企业认知实习应安排在第一学年。课程设置中应设选修课，其学时数占总学时的比例应不少于10%。

（二）教学安排建议

课程类别			课程名称	学分	学时	学期 1	2	3	4	5	6
公共基础课			职业生涯规划	2	32	√					
			职业道德与法律	2	32		√				
			经济政治与社会	2	32			√			
			哲学与人生	2	32				√		
			语文	8	144	√	√				
			数学	8	144	√	√				
			英语	8	144	√	√				
			计算机应用基础	8	144	√	√				
			体育与健康	10	180	√	√	√	√		
			公共艺术	2	36		√				
			历史	2	36	√					
			公共基础课小计	54	956						
公共基础课			会计基础	6	108	√					
			出纳业务信息化处理	3	54		√				
			会计实务信息化处理	9	162		√	√			
			会计电算化	6	108				√		
			财经法规与会计职业道德	4	72			√			
			涉税业务信息化处理	4	72				√		
			会计实务信息化操作	4	72				√		
			ERP 基础知识	4	72				√		
			小计	44	792						
专业技能课	专业（技能）方向课	会计	成本核算信息化处理	4	72				√		
			统计信息整理与应用	4	72				√		
			收银业务系统应用	3	54				√		
			财经应用文写作	4	72				√		
			小计	15							
		会计服务	会计软件实施与维护	4	72				√		
			Excel 统计信息处理	4	72				√		
			财务软件营销与服务	3	54				√		
			财经文员实务	4	72				√		
			小计	15	270						
			综合实训	20	360					√	
			顶岗实习	30	540						√
			专业技能课小计	109	1 962						
			合计	163	2 918						

说明：（1）"√"表示建议相应课程开设的学期。

（2）本表不含军训、社会实践、入学教育、毕业教育及选修课教学安排，学校可根据实际情况灵活设置。

十一、教学实施

（一）教学要求

1. 公共基础课

公共基础课教学要符合教育部有关教育教学基本要求，按照培养学生基本科学文化素养、服务学生专业学习和终身发展的功能来定位，为学生综合素质的提高、职业能力的形成和可持续发展奠定基础。

2. 专业技能课

专业技能课教学要按照本专业学生所应具备的专业能力要求，强化理论实践一体化，突出"做中学、做中教"的职业教育教学特色。围绕会计核心能力培养，通过会计基础训练、手工会计综合实训、会计信息化综合实训等环节的实施，提升学生会计信息化处理能力，培养面向小企业和会计服务机构，从事收银、出纳、会计、会计服务等工作的高素质劳动者和技能型人才。

（二）教学管理

（1）各学校依据本标准制定实施性教学计划，根据各地区会计专业学生实际情况选择开设专业（技能）选修课和公共选修课，课时规划上可视学生程度、师资队伍状况、社会需要及本校实习实训设备情况适当调整。

（2）实施企业顶岗实习，应有校企联合制定的实习计划和明确的评价要求，学校要加强实习学生的日常跟踪管理，为学生办理企业顶岗实习期间的意外伤害保险。

（3）学校在本专业开展订单培养时，应保证必修公共基础课和专业核心课的实施，在此基础上可根据合作企业要求将订单特设课程作为专业方向课程实施。

（4）教师实施课程教学，要由学校组织教师编写课程授课计划，设计相关教学方案，明确课程实施的教学目标、教学内容、教学方法、学习方法与组织方式、资源保障要求与质量评价要求。

十二、教学评价

（1）教学评价应与课程目标一致，既要关注学生知识与技能的理解、掌握和能力的提高，又要关注学生情感与价值观；既要关注学生学习的结果，又要关注学生学习过程；既要关注教师对学生的评价，又要关注学生对教师的评价。

（2）注重教和学过程性评价，将学生日常学习态度、学习表现、知识技能运用规范纳入课程成绩评价范围，形成日常学业评价和期中、期末考试结果为要素的学业评价体系。

（3）以会计从业资格证书考证为教学抓手，将学业考核与职业资格考证相结合，允许用职业资格证书替代一定专业课程成绩或学分。

（4）以企业评价标准为依据，形成学校与企业共同参与的学生企业顶岗实习环节的评价机制，切实加强和细化学生顶岗实习教学要求。

十三、实训实习环境

本专业应配备校内实训实习室和校外实训基地。

（一）校内实训实习室

校内实训实习需要具备手工会计实训室、会计信息化实训室、会计基本技能鉴定室和收银实训室，主要功能如下。

（1）手工会计实训室：用于出纳、会计实务、税费计算与缴纳等实训。

（2）会计信息化实训室：用于出纳业务信息化、会计业务信息化、涉税业务信息化、财务软件维护等实训。

（3）会计基本技能鉴定室：用于会计基本技能课程训练与水平检测。

（4）收银实训室：用于会计基本技能和收银实务课程实训。

校内实训实习必须具备的实训室及主要工具和设施设备的名称、数量见下表。

序号	实训室名称	主要工具和设施设备	
		名称	数量
1	手工会计实训室	记账凭证	200 本
		现金日记账	100 本
		银行存款日记账	100 本
		总账	100 本
		各种明细账	100 本
		科目汇总表	500 页
		会计印鉴	40 套
		计算器	40 个
		装订机	10 台
		实训工作台、椅	40 套
		手工会计实训资料	若干套
		手工会计实训软件平台	1 套

续表

序号	实训室名称	主要工具和设施设备	
		名称	数量
2	会计信息化实训室	会计印鉴	40 套
		装订机	10 台
		会计信息化实训软件	1 套
		计算机	40 台
		多媒体教学设备	1 套
		服务器及网络设备	1 套
		工作台、椅	40 套
		打印机	10 台
		专用会计教学软件	若干套
		专业公司财务软件	若干套
		专业公司 ERP 软件	1 套
3	会计基本技能鉴定室	练功券	10 箱
		扎条	10 箱
		印章印泥等用具	140 套
		翰林提或计算器	40 台
		桌椅	40 套
		多媒体教学设备	1 套
		点验钞机	10 台
		训练题本	若干套
4	收银实训室	收银 POS 机	40 台
		磁卡读卡器	40 台
		扫码器	40 台
		收银管理软件	1 套
		多媒体教学设备	1 套
		服务器及网络设备	1 套
		超市收银工作台全套设备	5 套
		收银实训资料	若干套

说明：主要工具和设施设备的数量按照标准班（40 人/班）配置。

（二）校外实训基地

本专业应建立两类校外实习基地。根据会计岗位实习要求，依托企业财务部门、会计师事务所等机构建立专业认知和会计工作顶岗实习基地；根据收银员、财经文员等岗位实习需要，依托商贸服务企业，建立营销、收银等服务岗位顶岗实训基地。

十四、专业师资

根据教育部颁布的《中等职业学校教师专业标准》和《中等职业学校设置标准》的有关规定，进行教师队伍建设，合理配置教师资源。专业教师学历职称结构应合理，至少应配备具有相关专业中级以上专业技术职务的专任教师 2 人；建立"双师型"专业教师团队，其中"双师型"教师应不低于 30%；应有业务水平较高的专业带头人，专业带头人应具有讲师（含讲师）或会计师（含会计师）以上专业技术资格。学校专任教师应具有本专业或相关专业本科以上学历，并拥有中等职业学校教师资格证书。专业教师应具有良好的师德风尚和终身学习能力，能够按照人社部门和财政部门要求，完成教师和会计技术职务继续教育项目。能够每两年参加不少于 2 个月的企业实习与实践活动。具备现代职教理念，积极开展课程教学改革，能够在教学中采用做中学、做中教的方法。

十五、其他（略）

附录5　高等职业学校会计专业教学标准

一、专业名称（专业代码）

会计（630302）

二、入学要求

普通高级中学毕业、中等职业学校毕业或具备同等学力

三、基本修业年限

3年

四、职业面向

本专业职业面向如表1所示。

表1　　　　　　　　　　本专业职业面向

所属专业大类（代码）	所属专业类（代码）	对应行业（代码）	主要职业类别（代码）	主要岗位群或技术领域举例
财经商贸大类（63）	财务会计类（6303）	会计、审计及税务服务（7241）	会计专业人员（2-06-03-00）	会计核算；会计监督

五、培养目标

本专业培养理想信念坚定，德、智、体、美、劳全面发展，具有一定的科学文化水平，良好的人文素养，职业道德和创新意识，精益求精的工匠精神，较强的就业能力和可持续发展的能力，掌握本专业知识和技术技能，面向各类中小微

型企业和非营利组织的会计专业人员职业群，能够从事会计核算会计监督等工作的高素质技术技能人才。

六、培养规格

本专业毕业生应在素质、知识和能力等方面达到以下要求。

（一）素质

（1）坚定拥护中国共产党领导和我国社会主义制度，在习近平新时代中国特色社会主义思想指引下，践行社会主义核心价值观，具有深厚的爱国情感和中华民族自豪感。

（2）崇尚宪法、遵法守纪、崇德向善、诚实守信、尊重生命、热爱劳动，履行道德准则和行为规范，具有社会责任感和社会参与意识。

（3）具有质量意识、环保意识、安全意识、信息素养、工匠精神、创新思维。

（4）勇于奋斗，乐观向上，具有自我管理能力，职业生涯规划的意识，有较强的集体意识和团队合作精神。

（5）具有健康的体魄，心理和健全的人格，掌握基本运动知识和1~2项运动技能养成良好的健身和卫生习惯，以及良好的行为习惯。

（6）具有一定的审美和人文素养，能够形成1~2项艺术特长或爱好。

（二）知识

（1）掌握必备的思想政治理论，科学文化基础知识和中华优秀传统文化知识。

（2）熟悉与本专业相关的法律法规以及环境保护，安全消防等知识。

（3）掌握经济、财政、税务、金融、企业管理、市场营销等基础知识。

（4）掌握企业财务会计、企业成本核算与管理、企业财务管理、企业财务分析、管理会计、企业内部控制的理论知识。

（5）掌握企业会计制度设计的相关知识。

（6）掌握社会审计、内部审计的相关知识。

（三）能力

（1）具有探究学习、终身学习、分析问题和解决问题的能力。

（2）具有良好的语言、文字表达能力和沟通能力。

（3）具有文字、表格、图像的计算机处理能力，本专业必需的信息技术应用能力。

（4）具备出纳岗位工作能力，能够选择合理的结算方式，完成资金收付结算。

（5）具备会计核算能力，能够准确进行会计要素的确认、计量和报告，熟练进行会计凭证审核与编制、账簿登记以及报表编制。

（6）具备成本核算与管理能力，能够合理选择产品成本计算的方法，正确计算产品成本，科学进行成本分析与管理。

（7）具备涉税事务处理能力，能够正确计算各种税费，并进行规范申报，能够进行基本的纳税筹划和纳税风险控制。

（8）具备一定的管理会计能力，能够进行财务、业务信息的处理、分类、分析、输出，提供企业决策所需的信息。

（9）具备企业内部管理与控制的基本能力，能进行中小微企业和非营利组织会计核算制度的设计，并能合理应用内部控制的基本原理和方法进行内部会计控制。

（10）具备一定的审计工作能力，能够收集整理审计凭证和有关审计信息，编制审计工作底稿，协助审计人员编制审计报告。

（11）具备一定的财务管理能力，能够运用财务管理的基本原理和方法，进行中小微企业筹资、投资及营运方案的分析，能够运用预算编制的基本方法，编制企业收入、成本费用以及项目预算。

（12）具备撰写财务会计报告、财务与成本分析报告的能力。

七、课程设置及学时安排

（一）课程设置

本专业课程主要包括公共基础课程和专业课程。

1. 公共基础课程

根据党和国家有关文件规定，将思想政治理论、中华优秀传统文化、体育、军事理论与军训、大学生职业发展与就业指导、心理健康教育等列入公共基础必修课；并将党史国史、劳动教育、创新创业教育、大学语文、信息技术、经济应用数学、公共外语、健康教育、美育、职业素养等列入必修课或选修课。

学校根据实际情况可开设具有本校特色的校本课程。

2. 专业课程

专业课程一般包括专业基础课程，专业核心课程，专业拓展课程，并涵盖有关实践性教学环节，学校可自主确定课程名称，但应包括以下主要教学内容。

（1）专业基础课程。

专业基础课程一般设置6~8门，包括财经法规与会计职业道德、经济学原理、财政金融基础、统计基础、经济法基础、财务会计基础、管理会计基础、出纳业务操作等。

（2）专业核心课程。

专业核心课程一般设置6~8门，包括企业财务会计、成本核算与管理、纳税实务、企业财务管理、企业财务分析、会计信息系统应用、企业内部控制、会计制度设计等。学校可根据实际情况，适当调整1~2门课程。

（3）专业拓展课程。

专业拓展课程一般包括三类，一是拓展学生应用能力的课程，如数据收集与整理，Excel财务应用、ERP沙盘模拟训练、财经应用文写作、会计英语等；二是促进人才深层次发展的课程，如中国会计文化、审计基础与实务、管理会计实务，行业会计比较、企业管理、市场营销等；三是体现学校特色的课程。

3. 专业核心课程主要教学内容

专业核心课程主要教学内容如表2所示。

表2　　　　　　　　　专业核心课程主要教学内容

序号	专业核心课程名称	主要教学内容
1	企业财务会计	财务会计概念框架；存货、金融资产、长期股权投资、固定资产、无形资产、投资性房地产、资产减值等资产的核算；流动负债和非流动负债的核算；所有者权益的核算；收入的核算；费用的核算；利润的核算；财务会计报告
2	成本核算与管理	成本核算程序、费用归集和分配、品种法、作业成本法、目标成本法、标准成本法、变动成本法、成本报表的编制和成本分析与管理
3	纳税实务	税收管理、增值税计算与申报、消费税计算与申报、关税计算与申报、企业所得税计算与申报、个人所得税计算与申报以及其他税种的计算与申报，纳税筹划与风险管控
4	企业财务管理	货币时间价值、筹资管理、投资管理、营运资金管理、收益分配管理、全面预算管理等

续表

序号	专业核心课程名称	主要教学内容
5	企业财务分析	财务分析基本原理、资产负债表分析、利润表分析、现金流量表分析、成本费用分析、财务综合分析、表外信息的理解与分析等
6	企业信息系统应用	总账报表核算子系统、职工薪酬核算与管理子系统、固定资产核算与管理子系统、往来核算与管理子系统、存货核算与管理子系统、采购与销售管理子系统以及其他信息子系统的应用
7	企业内部控制	企业内部控制基本规范、企业内部控制应用指引（小企业内部控制规范）、企业内部控制评价指引等
8	会计制度设计	会计机构设计、会计人员配备、会计岗位设计、会计职责划分、会计科目设计、会计凭证设计、会计账簿设计、会计报表设计、会计业务处理流程设计、相关业务管理制度设计等

4. 实践性教学环节

实践性教学环节主要包括实验、实训、实习、毕业设计、社会实践等。实训可在校内实训室、校外实训基地等开展完成；实践性教学主要包括：点钞捆钞、凭证整理与装订、小键盘录入、会计书写、办公软件应用等会计基本技能实训以及出纳岗位技能训练、ERP沙盘模拟训练、会计岗位技能训练、会计综合技能训练、纳税申报技能训练等。应严格执行《职业学校学生实习管理规定》和《高等职业学校会计专业顶岗实习标准》。

5. 相关要求

学校应统筹安排各类课程设置，注意理论与实践一体化教学；应结合实际，开设安全教育、社会责任、绿色环保、管理等方面的选修课程、拓展课程或专题讲座活动，并将有关内容融入专业课程教学，将创新创业教育融入专业课程教学和相关实践性教学，自主开设其他特色课程；组织开展德育活动、志愿服务活动和其他实践活动。

（二）学时安排

总学时一般为 2 500 学时，每 16~18 学时折算 1 学分，公共基础课学时一般不少于总学时的 25%。实践性教学学时原则上不少于总学时的 50%，其中，顶岗实习累计时间一般为 6 个月，可根据实际集中或分阶段安排实习时间。各类选修课程学时累计不少于总学时的 10%。

八、教学基本条件

（一）师资队伍

1. 队伍结构

学生数与本专业专任教师数比例不高于 25∶1，双师素质教师占专业教师比例一般不低于 60%，专任教师队伍要考虑职称、年龄，形成合理的梯队结构。

2. 专任教师

专任教师应具有高校教师资格；有理想信念、有道德情、有扎实学识、有仁爱之心；具有会计相关专业本科及以上学历；具有扎实的本专业相关理论功底和实践能力；具有较强信息化教学能力，能够开展课程教学改革和科学研究；有每 5 年累计不少于 6 个月的企业实践经历。

3. 专业带头人

专业带头人原则上应具有副高及以上职称，能够较好地把握国内外行业、专业发展，能广泛联系行业企业，了解行业企业对本专业人才的需求实际，教学设计、专业研究能力强，组织开展教科研工作能力强，在本区域或本领域具有一定的专业影响力。

4. 兼职教师

兼职教师主要从本专业相关的行业企业聘任，具备良好的思想政治素质、职业道德和工匠精神，具有扎实的专业知识和丰富的实际工作经验，具有中级及以上相关专业职称，能承担专业课程教学，实习实训指导和学生职业发展规划指导等教学任务。

（二）教学设施

教学设施主要包括能够满足正常的课程教学、实习实训所需的专业教室、校内实训室和校外实训基地等。

1. 专业教室基本条件

专业教室一般配备黑（白）板、多媒体计算机、投影设备、音响设备，互联网接入或 Wi-Fi 环境，并实施网络安全防护措施，安装应急照明装置并保持良好状态，符合紧急疏散要求，标志明显，保持逃生通道畅通无阻。

2. 校内实训室基本要求

（1）会计基本技能实训室。会计基本技能实训室应配备实训工作台、计算机（安装教学管理系统），投影设备和音响设备、点钞和捆钞机、凭证装订机；练功券、捆钞纸、书写纸、文件柜以及相关实训用资料和工具，互联网接入或Wi–Fi环境；支持分班进行点钞捆钞、凭证整理与装订、小键盘录入、会计书写、办公软件应用等会计基本技能实训。

（2）会计岗位实训室。会计岗位实训室应营造仿真企业财务室工作环境，配备隔断式工作台、计算机（安装教学管理系统以及相关实训系统）、凭证装订机、打印机、投影设备和音响设备，文件柜以及相关实训用资料和工具，互联网接入或Wi–Fi环境；支持会计岗位手工实训和信息化实训。

（3）ERP沙盘实训室。ERP沙盘实训室应配备实训工作台，计算机（安装教学管理系统以及相关ERP实训软件）、投影设备和音响设备、文件柜以及相关实训用资料和工具，互联网接入或Wi–Fi环境；支持模拟企业经营实训。

（4）会计综合实训室。会计综合实训室应配备实训工作台，计算机（安装教学管理系统以及会计综合实训软件）、投影设备和音响设备，文件柜以及相关实训用资料和工具，互联网接入或Wi–Fi环境，支持财务会计基础、管理会计基础、出纳业务操作、企业财务会计、纳税实务、企业成本核算与管理、会计信息系统应用、企业财务管理、企业财务分析、企业内部控制、会计制度设计等专业课程实训。

3. 校外实训基地基本要求

校外实训基地基本要求为：具有稳定的校外实训基地；能够开展会计专业等实训活动，实训设施齐备，实训岗位，实训指导教师确定，实训管理及实施规章制度齐全。

4. 学生实习基地基本要求

学生实习基地基本要求为：具有稳定的校外实习基地；能提供会计核算、会计监督等相关实习岗位；能涵盖当前相关产业发展的主流技术，可接纳一定规模的学生实习；能够配备相应数量的指导教师对学生实习进行指导和管理；有保证实习生日常工作、学习、生活的规章制度，有安全、保险保障。

5. 支持信息化教学方面的基本要求

支持信息化教学方面的基本要求为：具有可利用的数字化教学资源、文献资料、常见问题解答等信息化条件；鼓励教师开发并利用信息化教学资源、教学平台，创新教学方法，引导学生利用信息化教学条件自主学习，提升教学效果。

(三)教学资源

教学资源主要包括能够满足学生专业学习、教师专业教学研究和教学实施所需的教材、图书文献及数字教学资源等。

1. 教材选用基本要求

按照国家规定选用优质教材，禁止不合格的教材进入课堂。学校应建立专业教师、行业专家和教研人员等参与的教材选用机构，完善教材选用制度，经过规范程序择优选用教材。

2. 图书文献配备基本要求

图书文献配备能满足人才培养、专业建设、教科研等工作的需要，方便师生查询、借阅。专业类图书文献主要包括：有关财会专业理论、技术、方法、思维以及实物操作类图书等。

3. 数字教学资源配置基本要求

建设、配备与本专业有关的音视频素材、教学课件、数字化教学案例库、虚拟仿真软件、数字教材等专业教学资源库，应种类丰富、形式多样、使用便捷、动态更新，能满足教学要求。

九、质量保障

（1）学校和二级院系应建立专业建设和教学质量诊断与改进机制，健全专业教学质量监控管理制度，完善课堂教学、教学评价、实习实训、毕业设计以及专业调研、人才培养方案更新、资源建设等方面质量标准建设，通过教学实施、过程监控、质量评价和持续改进，达成人才培养规格。

（2）学校和二级院系应完善教学管理机制，加强日常教学组织运行与管理，定期开展课程建设水平和教学质量诊断与改进，建立健全巡课、听课、评教、评学等制度，建立以企业联动的实践教学环节督导制度，严明教学纪律，强化教学组织功能，定期开展公开课、示范课等教研活动。

（3）学校应建立毕业生跟踪反馈机制及社会评价机制，并对生源情况、在校生学业水平、毕业生就业情况等进行分析，定期评价人才培养质量和培养目标达成情况。

（4）专业教研组织应充分利用评价分析结果有效改进专业教学，持续提高人才培养质量。

参考文献

[1] 皮连生. 教学设计（第 2 版）[M]. 北京：高等教育出版社, 2009.

[2] 刘继伟, 王觉. 会计专业教学法 [M]. 北京：中国财政经济出版社, 2011.

[3] 谢幼如, 柯清超, 尹睿. 教学设计原理与方法 [M]. 北京：高等教育出版社, 2016.

[4] 赵志群. 职业教育行动导向的教学 [M]. 北京：清华大学出版社, 2016.

[5] 张晓景. 微课设计与制作专业教程 [M]. 北京：清华大学出版社, 2017.

[6] 李军. 基于任务驱动的《电工技术基础》课程教学设计的研究 [D]. 2012.

[7] 金美君. 游戏教学法在中职信息技术课程教学中的应用研究 [D]. 2016.

[8] 梁晶. 中职学校《基础会计》翻转课堂的设计与实践 [D]. 河北师范大学, 2016.

[9] 黄曼琳. 情境模拟教学在中职会计专业教学中的应用研究 [D]. 河北科技师范学院, 2017.

[10] 夏茜. 促进中职生自主学习的教学策略研究 [D]. 华东师范大学, 2017.

[11] 张晓颖. 基于移动教学平台的中职会计专业混合式教学模式研究 [D]. 广东技术师范学院, 2018.

[12] 符智坤. 中职学校专业基础课微课设计开发与应用研究 [D]. 2019.

[13] 唐国雄. 浅谈微课制作的脚本撰写 [N]. 教育现代化, 2020.

［14］王蕾. 通过说课提高教师专业素质研究［D］. 山东师范大学，2018.

［15］唐明燕."揭开货币的神秘面纱"说课稿［N］. 思想政治课教学，2012.

［16］黄梅. 教学设计的评价范畴及其有效性探析［N］. 教育探索，2008.

［17］陈莉，倪刚. 基于流程图的可视化教学过程设计的研究［N］. 课程教育研究，2018.